市场机制中的事实与规范研究

黄晓光 著

U0330123

中山大学出版社
SUN YAT-SEN UNIVERSITY PRESS

·广州·

版权所有　翻印必究

图书在版编目（CIP）数据

市场机制中的事实与规范研究／黄晓光著. --广州：
中山大学出版社，2024.11. -- ISBN 978 - 7 - 306 - 08147 - 6

Ⅰ. F045.5

中国国家版本馆 CIP 数据核字第 2024R9G423 号

出 版 人：王天琪
策划编辑：李先萍
责任编辑：李先萍
封面设计：曾　斌
责任校对：舒　思
责任技编：靳晓虹
出版发行　中山大学出版社
电　　话：编辑部 020 - 84110771，84110283，84113349，84110779
　　　　　发行部 020 - 84111998，84111981，84111160
地　　址：广州市新港西路 135 号
邮　　编：510275　传　真：020 - 84036565
网　　址：http：//www.zsup.com.cn　E-mail：zdcbs@ mail. sysu. edu. cn
印 刷 者：佛山家联印刷有限公司
规　　格：787mm×1092mm　1/16　15.5 印张　258 千字
版次印次：2024 年 11 月第 1 版　2024 年 11 月第 1 次印刷
定　　价：58.00 元

如发现本书因印装质量影响阅读，请与出版社发行部联系调换本书的出版获广东海洋大学应用经济学特色重点学科经费项目、广东海洋大学 2023 年人文社科科研启动经费项目"债权结构与破产决策机制对企业价值的影响机制研究"（项目号：060302082301）的资助

目　录

第三编　作为事实的市场与作为规范的市场

导　论

在经济学理论中，市场机制对于进行策略行动的个人来说是一个事实。这个事实就像服从因果律的各类自然事实一样，能够以复杂的数理方法进行描述，也能够以精心设计的各种统计方法进行因果推断。虽然经济学家时常在一定的目标下设计各种激励机制，以引导策略性的行动者采取有利于集体目标的行动，但这并没有改变以下状况：在其中进行着策略行动的个人仍然将这种激励机制简单地看作一个事实，而不是一种在道德意义上可加以拒绝的实践对象。然而，当市场机制与社会的政治和道德观念发生冲突的时候，我们往往很容易感受到市场机制规范性的一面。因为在现实中，人们会反事实地思考包括市场机制在内的整个社会"应当变成怎样"，而不是盲目地把社会"眼下是怎样"当成一个既定的事实接受下来，任由市场机制把整个社会带到随意的状态中去（麦克米兰，2014）。经济学家认为观察和解释事实才是最重要的，但现在的问题恰恰就在于：到底什么是市场上发生的事实，什么是这些事实之外的规范？市场规律真的就像自然规律那样具有客观必然性吗？斯密（2015）在《国富论》中说，没有谁见过两条狗公平而又慎重地坐下来交换骨头，市场机制中的交换行为似乎是人类社会独有的。但是，自然中的生物也存在着很多互利共赢的合作，例如牙签鸟与鳄鱼、海葵和小丑鱼以及交换"房产"的寄居蟹等，单从其表面的形式上看，这似乎和人类通过市场交易形成的合作并无二致。那么，人类社会的交易与动物在自然环境中的合作有什么本质的不同？答案就隐藏在"公平而又慎重"这几个字中。人类的市场交易是财产制度、策略行为、正义和道德观念等相互交织的极其复杂的产物。对于人类社会来说，市场交易机制处于事实与规范之间。首先，它是一个事实，每个人通过市场交易利用他人的知识和能力，从而增进个人的能力，扩大个人实现自身目的的手段。其次，它又是一个规范，受到正义和道德观念的引导，有着"反事实"的一面。这主要表现在：人们不会任由市场交易来塑造社会的形态，不会盲目地把它产生的任何后果都当成一个简单的事实接受下来，就像自然界的生物任由残酷的竞争和偶然出现的合作塑造它们的生存空间一样。从这个意义上说，这是社会选择市场。只有人，才会面临这种事实与规范之间的关系问题，这就是市场机制区别于自然界生物竞争和合作的关键所在（卡西尔，2013）。① 经济学中那种试图把市场机制和社会制度"内生化"的努力，就体现了这种规范性的视角。这一视角把制度看成是能够人为加以选择和建构的对象，而不仅仅是一个有待发现的事实。但经济学往往在这个问题上不顾一切地走得太远。实际上，那种把一切加以"内生化"的企图，体现了一种站在"上帝视角"看待事物的妄想，因为只有不朽的上帝或造物主才能把一切事物都"内生化"，从而无须区分什么是必须接受的外部事实，什么是能够加以改变的行动方式；只有生活在经验世界中的有死之人，才需要面对这个问题，并追问什么是正义和道德。因此，单纯的"内生化"努力无法帮助我们判断，什么时候才能够把市场规律视作像自然规律那样的客观事实，什么时候应该把市场机制看作社会用于实现共同目的的、可加以改变的实践规范。由此引出的问题是：作为一个事实的市场与作为一个规范的市场，其边界到底在哪里？这就是本书要回答的核心问题。因为单指出市场机制具有作为事实的一面与作为规范的一面，还远远不够。只有继续追问清楚什么是

---

① "'现实'与'可能'的区别，既不对低于人的存在物而存在，也不对高于人的存在物而存在。低于人的存在物，是拘囿于其感官知觉的世界之中的，它们易于感受现实的物理刺激并对之作出反应，但是它们不可能形成任何'可能'事物的观念。而另一方面，超人的理智、神的心灵，则根本不知道什么现实性与可能性之间的区别。上帝乃是纯粹的现实性，它所构想的一切都是现实的。上帝的理智乃是一种原型的理智或创造性的直观，它在思考一物的同时就借助于这种思考活动本身创造和产生出此物。只有在人那里，在人这种派生的理智那里，可能性的问题才会发生。现实性与可能性的区别并非形而上学的区别而是认识论的区别。它并不表示物体的任何特性，而仅仅适用于我们关于事物的知识。"（参阅［德］卡西尔《人论》，甘阳译，上海译文出版社2013年版，第71页。）

作为一个事实的市场与作为一个规范的市场之间的边界，以及怎样到达这一边界，我们才有望最终获得一个看起来"自然且合理"的市场机制。个人在市场中的不幸只能归因于个人力有不逮或不可避免的外部自然困难，而市场机制本身则是无可抱怨的。这才是我们的最终目的。

本书内容分为三编。这三部分单从标题上看似乎相互独立，但笔者按照思考这一问题的过程来组织这三编的论述。第一编为"市场中的成本与正当成本"，主要提出问题。该部分主要运用新制度经济学的方法（核心是科斯定理），分析市场中的收益与成本概念是如何被制度构造出来的，揭示作为事实的市场所具有的规范性的一面，并提出本书拟探讨的问题。第二编为"正义制度与道德行为"，该部分是本书研究的主体。该部分在否定了策略行为理论解答笔者提出的问题的可能性后，转而探讨自律行为理论，试图在以康德、黑格尔、罗尔斯、桑德尔和麦金太尔等为代表的道德哲学和政治哲学理论中，找到回答本书核心问题的恰当思路。其中的困难是显而易见的：以康德和罗尔斯等为代表的自由主义理论，和以桑德尔、麦金太尔等为代表的共同体主义理论，两者关于个人与自律的设想和理解大相径庭。在这一部分，本书将论证：只有当"自律的个人"在一定形式条件下被恰当设想，从而使正义和道德的"普遍性"观念被恰当运用的时候，市场才有可能作为一个不涉及价值的事实为人们普遍接受；这样的市场所产生的结果不是归因于外部自然就是归因于个人，而没有留下什么余地让人们抱怨市场机制本身，此时市场机制作为一种制度是正义的。第三编为"作为事实的市场与作为规范的市场"，该部分重新回到本书一开始提出的问题，回到市场机制本身，把第二编的研究结论运用于分析市场机制的规范性限度，以及私有财产和公有财产制度的意识形态基础上。以上就是本书三个部分之间的理论联系。接下来，笔者将遵照各章的顺序，概述本书的主要研究内容。

目前，新制度经济学在交易成本概念和科斯定理的基础上，发展出了复杂的立法和制度变迁理论，试图在经济学的方法之下，为制度因何如此以及应当如此或者不应当如此提供一种可行的解释。但经济学的方法自身面临着严重的局限。本书第一章和第二章通过分析成本概念揭示了这些局限。这些局限主要体现在两个方面：第一，收益和成本的概念本身就是由制度创设出来的，制度的净收益计算依赖于事先确定的正当目的；第二，除了目的之外，由于策略行为依赖备择策略空间，而备择策略空间本身也是由制度创设的，因此令制度"内生化"于策略行为的理论本身，又必然依赖无法"内生化"解释的制度。这就导致了循环论证。总的来说，经济学（至少就目前来说）所提出的种种有关制度的理论，总是必须把某些制度（不论是正式的还是非正式的）作为事实接受，并以此为理论前提；而立法以及其他推动制度变迁的行为，体现的却是一种反事实地思考制度应当如此或不应当如此的规范性判断能力。标准的微观经济学教科书通常把经济学理解成一门关于个人如何在稀缺性之下实现福利最大化的科学。稀缺性使得各类资源具有了经济上的价值，这是一切经济理论的起点。然而，一旦考虑市场机制规范性的一面，我们不难发现，资源的稀缺性从来不是什么"自然的"事情，它本身很可能是制度的产物。当稀缺性与不正当的制度相关联，从而被人们认为有可能通过选择正当制度来消除困难时，这种稀缺性就会被人们理解为是人为的而不是自然的。这时候，人们面临的资源短缺以及围绕稀缺资源而进行的残酷竞争，很可能是"人祸"，而不是"天灾"。换言之，这种稀缺性根本不是人们应当甘心接受的事实，而是必须予以改变的不幸现状。稀缺性只有在正当的制度之下，才会被人们理解成自然的事实，同时也才会被理解为福利最大化行为所应当接受的事实性约束，而不是可以加以选择的社会福利最大化手段。[1] 因此，只有作为正当制度之产物的

---

[1]其实不仅仅是经济学，罗尔斯（1988）在提出他的正义理论时也认为，"什么是正义"这个问题如果要构成一个社会亟待解决的有意义问题，那么在这个社会中，"中等程度的稀缺"是必不可少的。也就是说，人们追求幸福所需要的资源既不会过于丰富，以致取消了人们之间的权利冲突；同时也不会过于稀缺，以致除了不择手段以图生存之外，人们再没有什么值得考虑的目标了。在罗尔斯理论中，这种"中等程度的稀缺"同样是正义理论的重要前提。但我个人认为，这一假定对正义理论来说并不是必须的，理由在于：第一，面对稀缺性这一事实，正义理论并不是唯一的解决办法，经济学家提出的策略性互动理论，或许在处理稀缺性问题上更为有效；第二，更进一步地，什么才应当被接受为事实的稀缺性，这一问题本身就需要正义理论去回答。把正义理论建立在稀缺性假定之上，从这个角度讲是一种循环论证。本书并不把任何程度和形式的稀缺性当作前提假定；本书认为，只要人还具备反事实地进行规范性思维的能力，不管生活多么丰裕或多么贫困，仍然能够说出"这个世界不应该是这个样子"或"我不应该如此行事"，那么正义和道德就有讨论的价值。

稀缺性，才是经济学理论的恰当起点；经济学理论也只有根据正当的制度，才能够把市场机制看成一个能够用博弈论和数理模型加以描述的自然事实。① 除了稀缺性之外，经济学中的外生性与内生性关系的确定，也与事实与规范之间的边界划分有关。在经济学中，我们说一种法律制度是外生的，意味着这种法律制度对于生活在其中的人的行为而言，是外部给定的。外生法律制度是个人行为的一个外部约束，它是个人据以行动的事实，而不是可以按照道德原则加以选择的对象。然而，当我们反过来说一种法律制度是内生的时候，就意味着法律制度同时也是人为的——用经济学的话来说，就是内生于利益最大化行为，是以利益最大化为目标的策略性行动的结果——而不仅仅是自然的或给定的。内生的法律制度不仅对个人行为构成约束，同时它也是个人行为的产物，是通过人的选择而成为现实的事物。此时，法律制度就不再单纯是一种外部给定的事实，而同时又是一种规范。我们在多大程度上将法律制度视为外生的还是内生的，取决于我们如何理解事实与规范之间的关系。又例如，像经济学中经常提到的"中性政府"概念，也只有在明确了政府相关制度的正当性前提下，才是一个有意义的概念。我们或许可以争辩说，经济学根本不需要这样一种关于制度和意识形态的规范性理论，仅仅以自然科学的方法，像研究物理、化学现象那样研究"经济事实"就足够了。但这样一来，关于立法和制度变迁的内容，经济学又能说出多少有现实意义的内容呢？当经济学家说出那些乍听起来有违正义和道德直觉的观点时，这些观点在多大程度上是可信的？市场机制看起来真的像经济学家所设想的那样，在正义和道德问题上是价值中立或价值无涉的吗？

---

①这让笔者想起了孟子说过的一段话："狗彘食人食而不知检，涂有饿莩而不知发；人死，则曰：'非我也，岁也。'是何异于刺人而杀之，曰：'非我也，兵也。'王无罪岁，斯天下之民至焉。"（参阅〔宋〕朱熹《四书章句集注》，中华书局1983年版，第204页。）沿着孟子的思路，我们现在要讨论的就是研究怎样才算得上"无罪岁"。

这是本书研究的出发点。①

既然以经济学为代表的策略行为理论并不能为我们提供答案，那么运用自律行为的理论解释或许是一种可行的办法。这是本书第三到第五章的主要内容。事实上，在道德哲学和政治哲学的传统中，正是有关自律行为的理论为我们提供了一种理解个人规范性思维能力的基础，这种规范性思维能力使个人能够反事实地把制度思考为应当如此或不应当如此。这自然就引出了正义与道德理论。我们似乎只有说清楚什么是正义，或者说清楚什么才是达到正义的可靠办法，前面的问题才有望得到回答。因为立法和制度变迁正体现了人们不满现实、追求正义的渴求；而只有说清楚人们应当如何思考正义，才能说清楚改变一种制度如何可能是正当的，以及说清楚市场机制如何才能被恰当地设想为一个价值中立的事实。

正义是人们只能够在经验事实之上通过自律地思考现实才有可能追寻得到的东西。正如罗尔斯所说，它本身不是一个事实，而是处理事实的方式②；或者更准确地，用本书的观点来说，正是我们对正义的思考，使我们得以自律地界定了事实与规范之间的边界③。但尽管如此，这并不意味着以下的研究方法是最为合适的：将经验事实的随意性影响尽可能

---

①事实上除了以上例子之外，经济学中还有大量的概念和理论隐含着规范性的前提。例如，经济学家卢卡斯（1976）根据一种被称为理性预期假说的观点指出，如果我们用一个包含各种参数的结构性计量模型来刻画一个经济体系，那么就算我们结合历史数据将这些参数都准确无误地估算出来，采取理性预期行为的人们也会使该模型不再具备有效的预测能力，因为根据理性预期做决策的个人会集体地改变参数本身。这就是宏观经济学中著名的"卢卡斯批判"（Lucas Critique）。

②"自然资质的分配无所谓正义不正义，人降生于社会的某一特殊地位也说不上不正义。这些只是自然的事实。正义或不正义是制度处理这些事实的方式。"（参阅[美]罗尔斯《正义论》，何怀宏等译，中国社会科学出版社1988年版，第102页。）

③把正义理解为处理事实的方式，这种观点实质上将事实视为一个独立的客观存在，能够为采取不同正义观点的个人所共同接受。这种观点很难说得上是合理的。因为，"接受事实"本身就是一种规范性的态度；在思考正义的同时，我们必然也会同时在思考哪些事实必须"不可避免地"或"无可奈何地"被接受，哪些事实则必须采取一种积极的态度加以改变。确定什么是事实的过程，本身就是在决定利用事实的方式，即实践的方式。

地从个人的意志和行为上分离出去，然后找到那个最能够被"意志自由的主体"接受的普遍原则。这正是康德和罗尔斯所采用的通常被称为自由主义的方法。之所以认为这种研究方法不一定最为合适，原因是该方法指向一个备受诟病、具有浓重形而上学色彩的"意志自由的主体"，认为只有这样才能够把个人设想为具有意志自律能力的主体，这个主体能够通过在经验事实之上反思现实来追求正义。事实上，通过对比不难发现，桑德尔（2011）和麦金太尔（1995）等支持的那种被称为"共同体主义"的方法，在把个人设想为具有意志自律能力的主体方面，并不比康德和罗尔斯的方法逊色，至少在方法上是同样合理且有效的。康德和罗尔斯的方法或许能有效地指引我们摆脱自然因素对行动准则的随意性影响，但他们并没有提出更有效的办法防止自己在追寻"意志自由的主体"时，走入被麦金太尔称为"情感主义"的那种充满个人随意性的观念中。因此，康德和罗尔斯的方法未必能同样有效地指引我们摆脱个人因素对行动准则的随意性影响。只要简单想象一下在现实中的情境就知道：当人们围绕一种制度的正当性进行辩论的时候，每个人却设法作为一个空无一物、脱离了任何信仰和传统的"意志自律的主体"去思考和提出正当性的理据，那么个人几乎就能做出任何可能的选择了；在这种场合下，要说服别人相信自己摆脱了个人激情、偏好和利益的随意性影响，几乎是不可能的，只会导致没完没了、毫不妥协的情绪之争。如果非要无限制地追求普遍性，那么我们生而为人而不是植物，就都是要被这种自律观点排除的偶然事实了。康德和罗尔斯肯定不是在这个意义上应用普遍性的，否则关于人类社会正义理论就没有什么实际的内容可阐述的了。从理论上说，麦金太尔（1995）认为，康德和罗尔斯式论证把一个意志自律的自我从具体的善观念中解放出来的做法，最终导致的不是新的道德标准的出现，而是已有道德传统的消亡，意志自律的自我最终也变成了情感主义的自我，这种自我并不具有为现实道德争论确立客观必然的道德标准的能力。因此，共同体主义的观点认为，只有依赖于持久存在于一个共同体之中的宗教信仰和道德传统，以此作为出发点进行反事实的思辨，才能够有效摆脱个人情绪和利益的任意性而实现真正的道德自律。由此可见，想在已有的理论中找到现成的答案，似乎是无望的了。

我们不妨先退一步，正义应当满足怎样的形式条件，才能够被各方的观点（包括经济学的观点）所接受。当我们在生活中遭遇不幸之时，使我们陷于不幸的原因不是自然的，就是人为的。除此之外，似乎再找不到其他的可能性了。如果在人的能力限度内已经尽可能地做到了最好，那么不幸就只能是自然带来的，没有任何具体个人能够被埋怨。但如果我们认为，在人力所及的限度内我们并没有做到最好，那么我们还需要确定，到底是我遭受了来自他人的不公正的对待，还是我自己没能采取恰当的行动去达到目标。一个正义的社会理应能够使发生于个人身上的经验事实，不是被视为自然的，就是被视为个人的，再没有什么可归因于社会的东西。在正义的社会中，幸福不是来自自然的运气，就是得益于个人超凡的努力；不幸不是由于无可奈何的自然障碍，就是由于个人采取了错误的手段。不论是幸福还是不幸，在这两种状况下，社会已经为每个人尽其所能地做到了最好，所有人与人之间的差异都得到了最恰当的处理，个人对社会和他人再没有什么可抱怨的。仔细检视各种有关正义的观点后，我认为似乎如此理解的正义不会被任何一方所排斥，包括经济学在内。假如这就是我们的目标，那么接下来的问题自然就是：传统上有关意志自由和道德自律的各种观点，能够帮助我们实现这一目标吗？

在前面提到的自由主义与共同体主义之争中，尽管我们发现不同的观点都试图设想一个摆脱了偶然个人偏好、能够反事实地进行规范性判断的自我，但我们仍能够发现存在着两种截然不同的理解个人意志自律能力的方式。一种是从个人的意义上去理解的自律，以康德（1986；2003）和罗尔斯（1988）为代表，他们认为个人能够通过不断地剥离包括人与人之间的差异在内的全部经验事实，从而达到普遍的正义原则（即康德的定言命令以及罗尔斯在"反思的平衡"中所指向的正义原则）；这一原则不会被任何经验事实所决定，它是自给自足的，是自由意志直接为自身颁布的行为准则。由于它抛开了包括人与人之间的差异在内的全部经验事实，因此它是客观的或普遍的；同时由于它抛开了经验而只有纯粹的形式，因此它是必然的或先验的。另一种是从集体的意义上去理解的自律，我们在黑格尔（1961）、麦金太尔（1995）、桑德尔（2011）、泰勒（2012）和道格拉斯（2018）等学者的观点中都能看到对自律的这种理解。这种观点似乎认为，康德和罗尔斯指向的那种个人意义上的自律纯粹是一种空洞的形而上学，在现实中，只有通过立足于那些最为人们所接受的各种宗教信仰和道德传统，从这些信仰和传统出发进行自律性的反思，才能更有效地达到个人意志的自律。通过这种方法达到的正义准则，同样是客观的和必然的。我们说它是客观的或普遍的，是因为它对所有被视为有理性的个人都同等有效，看起来就像是上帝、天道和社会这类形而上的集体概念不加区别地对所有人发布命令；同时，它也是必然的或先验的，因为它不偏不倚、抛开了一切偶然的经验内容直接规定个人意志，成为个人反事实地做出规范性判断的根据，而不会被任何个人偏好和利益这些带有经验随意性的事实所俘获。因此"遵循共同体或集体的意志去生活"并不一定会使个人陷入他律；只有在共同体或集体的观念下，我们才能够分享先辈的荣光，或者为先辈的罪行承担道德义务，也只有这样才能够使我们生活在其中的社会看上去是"有规律"的和合目的的，拥有整体上的自律发展能力，而不是任由个人的随意性和自然的偶然性裹挟着盲目前进。似乎只有在共同体观念下去设想个人意志的自律，我们生活在其中的社会才有可能被设想为有可能摆脱经验事实的随意性从而趋向于至善的东西。从这类自律观点来看，无论是个人还是国家，拥抱普遍的价值观并不代表缺乏自律或失去独立的人格和主权；相反，过度地以特殊性标榜自己，反倒可能是盲从和他律的表现。宏观经济学中那种以"社会计划者"设想最优均衡的思维方式，就可视作一种从集体意义上思维意志自律或理性决策的方式。为了简便起见，我把前一类设想意志自律的方式称为个人自律，后一种方式称为集体自律。

两种自律有一定的区别，本书认为，关键区别在于"普遍性"这一概念的运用。康德的定言命令或纯粹实践理性的基本法则认为，"要只按照你同时认为也能够成为普遍规律的准则去行动"（康德，1986：72）。而问题就在于如何才算得上是对"普遍性"的恰当设想。本书对个人自律和集体自律的定义为：意志自律就它的普遍性在经验的运用上存在一个限度而言，它是个人自律，且永远无法排斥对正义及道德的经验性解释；但就它以之为调节性目标、反事实地超越一切经验之上被设定的那个普遍性而言，它是集体自律。个人自律与集体自律可以理解为两种追求意志自律的方式，而这两种方式都有可能以经验为出发点走向错误的道路。个人自律观点在思考道德法则的普遍性运用时，认为集体概念除了是一个必要的先验悬设之外，什么也不是；即便道德法则的普遍性在经验的运用上存在限度，向经验事实妥协，并试图从一个经验上的集体意志的象征物出发去逐步摆脱这种限度，也是荒唐的事情。而集体自律的观点则相反，认为个人自律观点所追求的"意志自由的主体"至少和集体或共同体这类形而上的悬设一样空洞，从经验上的集体意志象征物出发反而能更有效地摆脱个人的随意性。两者目标一致，但出发点和方法却迥然相异。由于意志自律的普遍性运用在经验上必然会碰到一个限度，现实中通过不断地剥离包括人与人之间的差异在内的全部经验事实，最终达到的或许并不是康德和罗尔斯设想的那种理想的自律状态，而是被麦金太尔（1995）称为"情感主义"的那种观点。此时，个人被情绪、宗教、民族和阶级等因素左右，理所当然地认为这些偶然的经验事实就是正义和道德的普遍性边界。相反，由于意志自律同时也指向那个反事实地超越一切经验之上被设定的普遍性，最终达到或许也并不是桑德尔（2011）和麦金太尔（1995）所设想的那种由可靠宗教信仰和道德传统所规定的自律，而是激进地认为只有借助于上帝和天道在地上的代理人，通过在地上建立"上帝之国"，才能把人彻底从道德堕落的现状中拯救出来，才能让"社会"重新掌握自己的命运。这意味着，如果对道德"普遍性"的现实运用不加形式上的限制，意志自律就有走入相对主义和形而上学独断论的危险之中，导致自律变成一种实质上的他律。这也解释了为什么二十世纪的种种人道主义灾难，往往都是人们有意识地追求意志自由和思想解放的结果。单凭个人自律或集体自律两种思路，是达不到前面所说的那种最能为各方观点所接受的正义状态的。因为，如果仅从个人层面提供自律的论证，我们很可能会混淆个人与社会，幸运者可能过度地将其运气归因于个人努力，从而错误地维持社会现状，而不幸者则可能过度地埋怨社会，而不是将不幸归咎于个人的特殊行为，同时社会作为一个整体也缺乏恰当引导成员行为的能力；相反，如果仅从集体层面提供自律的论证，我们则很可能会混淆社会与外部自然，幸运者可能过度地将偶然的自然运气说成是良好社会制度的必然结果，从而错误地维持社会现状，而不幸者则可能认为社会作为一个神秘的、异己的意志应为偶然的外部自然事件负必然的责任。因此，只有对道德"普遍性"的现实运用加以恰当的形式限制，才能确保意志自律能够以个人与集体意义上相一致的方式来加以运用，使个人自律和集体自律无法相互拒斥，并最终把两种形式的自律都引导至那种最能为两方观点所接受的正义状态上去。

本书第六章谨慎地提出了一条有可能使个人自律和集体自律相一致的形式条件，该条件一定程度上扩展了康德的定言命令（康德，1986）以及罗尔斯的相互性标准（罗尔斯，2016）：如果一个社会能够被个人设想为既是个人自律的又是集体自律的，或者说，这个社会的制度能够被个人接受为不论从个人还是集体角度看都是自律的产物，那么这就要求个人如此看待自己和他人：个人对经验上可能的社会状态能够有所认知，同时对他人认知以及共同采取行动实现这些社会状态的可能性有所期待。这意味着，不管是从个人自律还是从集体自律角度得出的行为原则，也不管其中意志自律的状态会被如何设想，只有当这些原则既是通过个人的意志自律能力而成为可能的，又是通过他人的意志自律能力而成为可能的时候，它才是正义的。在第六章，笔者试图详细地解释这条形式规则的含义，并论证当违背这一规则的时候，个人自律与集体自律两种论证方式之间会如何相互拒斥，从而导致对正义社会的设想不论从哪个角度看都是漏洞百出的。当一种制度是正义的时候，由于它合乎个人自律，它就是个人在其经验限度内能够被设想的、对其而言最好的制度，社会已经为个人生活提供了其所能提供的最好的条件，个人的幸运与不幸都无法归因于社会的不公，只能归因于特殊的个人行为；由于这种正义制度同时也是集体自律，这也意味着个人在其经验限度内看来，社会也已经引导个人对外部自然因素的变化做出了最好的应对，个人的幸运与不幸同样无法归因于社会的不公，只能归因于特殊的外部自然因素。第六章正是论证了只有遵循这条使自律在个人与集体意义上相一致的形式条件，正义的社会或正义的制度才会具备在认识论上的可能性。因此，自律在个人和集体两个层面上的论证都是必不可少的：引入个人自律的论证能够使集体自律的观点更加恰当地对待外部自然的运气；相应地，引入集体自律的论证能够使个人自律的观点更加恰当地对待个人努力。不论是个人还是集体层面的对自律的论证，都互相需要对方来达成某种思维和论证上的平衡。一个社会的制度只有经受得起两方面的论证和推敲，才有可能被视为是客观的或合乎自然的，因此也是合乎正义的。

最后，本书第七章和第八章根据前面章节关于自律和正义的讨论，回到本书的最终目的——考察市场机制的规范性限度，以及私有财产和公有财产制度的意识形态基础。价格机制、自由市场以及私有财产制度，它们作为人们处理经验事实的诸多方式中的一种，并非价值无涉的。个人利益导向社会利益这一"看不见的手"原理要想真正成立，或者说市场机制和私有财产制度要想真正变得"价值无涉"，从而使个人利益的增减无法归因于市场机制和私有财产制度本身，那么，围绕市场机制展开正当性的论证将不可避免。笔者将论证，一种市场机制若被设想为客观的或合乎自然的，那么它必须同时被设想为合理且正当的；"合理"意味着它是达到目的的有效手段，"正当"意味着它所意图达到的目的合乎正义和道德。从这个意义上来说，追寻一个合乎正义和道德的市场机制与追寻一个能够被恰当地接受为自然事实的市场机制，是同一回事。

以上是本书全部研究内容的概述。

第一编　市场中的成本与正当成本

　　本编的目的是从经济学的视角提出本书要解决的核心问题。正如前面引言部分所述，经济学理论一般是把市场机制描述成一种客观的自然规律，它仅仅作为一个事实出现在个人面前，让个人得以策略性地利用市场机制来达到自己的目的。这使市场机制看起来就像是诸多自然现象之一种，人们能够以复杂的数理方法来对其进行描述，也能够以精心设计的各种统计方法来对其进行因果推断，但就是不能在道德和实践意义上对其加以拒绝。要清楚地、有说服力地揭示市场机制的这一特征并不容易，因为单纯地指出这一特征，仍然可能被人认为是不恰当地把某些规范性判断加诸市场机制之上。因此，我们最好还是让经济学理论"使用"自己的语言将其自身隐含的规范性内容表达出来。一种可行的办法是从"成本"的概念入手。通过对成本概念进行分析，我们将看到：假如我们试图把成本概念中的规范性含义剥离，那么趁火打劫、盗窃、奴役等行为就会和一般的市场交易一样合理，如此"价值中立"的成本概念并不能支撑经济学在通常情况下对理想市场机制的设想。这意味着，缺乏在规范意义上被恰当设计的制度，一种作为事实存在、能够在交易中被用于要求等价补偿的成本是不可想象的。

第一章　对正当成本的一个直观考察

第一节　成本概念中的规范性因素

市场机制的事实性与规范性维度在成本概念中有着明显的体现。尽管在通行的微观经济学教科书中，对"成本"这一概念的考察所占篇幅不大，在初级的微观经济学教科书中或许还能读到寥寥数语关于成本概念的论述，而在中级或高级的教科书中，翻开头几页就已经是关于选择公理和效用函数的数理分析了，关于成本的理论也被边际效用或边际替代率的微积分学所替代；但只要我们深入思考权利、集体行动、意识形态、共同价值或制度等更深层领域的问题，思考那些发生在经济学与政治学、社会学和法学等社会科学共同边界上的问题时，"成本"这一概念将会带来思想上最难以解决的困难。

在经济学意义上，"成本"概念通常与选择理论紧密联系，更准确地说，是与策略行为理论紧密联系。作为微观经济学基础的选择理论应该被理解为策略行为理论的一部分。在选择理论中，经济学家通常只关注外部约束下的个人选择行为，并不区分外部约束是来自自然禀赋还是他人的选择行为，正如效用函数和需求函数理论所做的那样。而在策略行为理论中，我们不仅关注来自自然禀赋的约束，而且还关注来自他人选择行为的约束，他人的选择行为构成了个人决策环境的一部分。埃奇沃思盒状图（Edgeworth Box）表述的一般均衡理论或博弈理论，就是一个极好的例子。策略行为的特点在于，决策的最优性取决于具有偶然性的外部约束；偶然的、不断变化的外部约束能够成为判断某一决策"有效率"或"无效率"的决定性理由。所谓"识时务者为俊杰""见人说人话，见鬼说鬼话"，策略行为理论恰恰表述着一种从道德观点来看容易令人心生鄙夷的功利和投机态度。

以价格理论和博弈论为代表的策略行为理论在理解市场机制上取得了巨大的成就，但这种理论似乎还无法解释那些看起来"不惜一切代价"的行为。从直觉上来看，我们日常生活中似乎普遍存在这样一种矛盾：一方面，我们试图在理论上把"收益—成本"方法扩展到所有的社会行为，在实践上通过测定代价并提供经济补偿的办法激励那些具有道德意义的行为；但另一方面，我们又希望这些行为是纯粹地出于良好意愿的动机，这种良好意愿的动机表明这些行为对行为人来说是具有内在的价值的，行为人无须要求任何数量的代价补偿，或者需要足够高的支付加以收买，就会实施这些行为，将其当成应负担的义务接受下来。简单来说，我们希望，具备良好意愿的行为对于行为人来说纯粹是一种道德自律；行为人在此表现出一种"不惜一切代价"的态度，以及一种对社会共同价值观或道德准则的坚定信念。

我们来看一些现实中的例子。对于政府公务员来说，我们通常希望公务员能够廉洁奉公，政府机构纪律严明。换句话说，我们希望那些由精心设计的法律所表达出来的公共利益和共同价值观，对政府公务员来说同样具有内在价值，它能够成为公务员秉公执法的动机。公务员如果要求增加报酬或提高财政拨款，那么就不能以放弃行政纪律相要挟，而是要证明过低的收入对行政纪律造成了实质性的损害。这说起来容易，然而在现实中如何平衡两种理由，可能是一件十分困难的事情，同时也没有什么先验上成立的理论标准供我们参考。我们或许可以使用高薪养廉的办法维持公务员的行政纪律，但这实质上把公务员置于一种在道德上不利的境地，因为这多少意味着高薪是在公务员放弃行政纪律的"要挟"下支付的，也可能在某种程度上把公务员在制度上描绘成对公共利益缺乏认同的投机分子。相较于从高薪中获得的收益，遵守纪律的成本若陡然增加，此时用更高的薪酬来养廉就将变成趁火打劫的代名词。因此，对于某些只把国家看成待价而沽的商品、对国家法律的正当性毫无认同的政府官员来说，再高的薪酬也不会把他们廉洁奉公的美德"养"

出来；越高的合法薪酬，对他来说只意味着越多的合法掠夺的机会。人们通常不愿意看到这种事情发生。

对于军人来说也是这样的，一个出于爱国情感和公民身份的自觉而参与战争的士兵，与一个单纯受金钱和风险收益诱惑而参与战争的雇佣兵，完全是不同个体。在前者身上我们能够看到那种无法被收买、纯粹出于道德自律的行为的坚定性，而在后者身上则看不到令人肃然起敬的爱国精神。对于大学教师群体，人们希望其对知识和学生的热爱能够成为教师行为的充足动机，对知识和学生的热爱对教师来说应该是自律的、具有内在价值的，放弃这种热爱不应成为教师增加报酬的要挟性理由，这种热爱也不应当被任何数量的金钱收买而放弃。这就引致了乍看起来十分矛盾的态度：从正当性角度看，我们希望教师能够"不惜一切代价"去热爱知识和学生，在最清贫的状态下也愿意坚持。但从策略性角度来看，我们也希望给予教师足够的报酬以维持其体面的生活，不至于使其像纯粹的商人一样嫌贫爱富；而同时报酬又不应高到不合理的水平，使某些对知识和学生不够真挚的教师在学术领域"投机取巧"。类似的矛盾还体现在立法成员、法官和医生等职业上。只要稍加观察，就不难在现实生活中发现这类矛盾。其他的一些问题也与该矛盾有明显的联系：灾难来临时商人是否可以坐地起价？发国难财的行为是否能够获得辩护？富裕的公民或企业应该在多大程度上履行所谓社会责任，而履行社会责任是否违背市场规律？道德行为与市场规律是否可能一致？总的来说，在上面这些例子中，我们往往希望道德本身能够成为行为人的充足动机，它本身对行为人来说具有足够的内在价值，使行为人在当前的基准报酬下不会以放弃道德为要挟要求额外补偿，同时也不会被高于当前基准报酬的支付收买从而放弃道德原则。道德伦理从来不像经济学理论所描述的那样，或者说是一种为了激励策略性行为的虚假说辞；它拥有自身的坚实性，无法在策略行为理论的框架内被解释。我们在随后的分析中将更清楚地看到这一点。

第二节　经济学为何需要一个规范理论

理解成本概念的另一个困惑发生在集体或社会层面。什么是一个集体或一个社会在选择其制度时面临的成本？我们凭什么能够要求一个人或一个团体做出牺牲以使另一个人或另一个团体受益？个人对于他投票反对却最终被立法机构采纳的公共支出方案，或者对于他投票反对却最终被立法机构通过的战争动员令，为何仍有着服从纳税及兵役的义务？上述问题触及了制度经济学理论中最为深刻的问题，其深刻性正体现在：该问题不仅仅受到经济学这门历史较短的新学科的关注，而且在政治学、伦理学等具有悠久历史的学科中也是重要的主题。在制度的选择和变迁中，我们时常能够从经济利益的角度发现一些人受损害、另一些人受益的情况。导致这种情况发生的制度选择和变迁如何可能是正当的？在新制度经济学中，制度意味着权利配置方案。不论是怎样的权利配置方案，只要它是具有经验的、具体可实施的，那么它总意味着禁止某些行为的同时允许另一些行为；总意味着否定了某些行为的收益，将其视为非法，同时肯定另一些行为的收益，将其视为合法。换言之，制度或权利配置方案的选择和变迁，总是具有成本的（霍尔姆斯、桑斯坦，2004）。

在经济学中，制度的成本需要通过科斯定理（Coase，1960）进行理解。科斯定理意味着：当谈判费用（或交易成本）为零时，私人之间的交易即可确定为最优的制度。此时，最有价值的权利将被保留下来，其价值的全部或部分能够通过转移支付的方式，补偿那些被放弃的权利。根据科斯定理，若被放弃的权利具有合法性，那么它就能要求从具有最优效率的权利那里获得等价的补偿；反之，若不具合法性，它就不能提出补偿的要求。科斯定理表明，只要谈判费用为零，不论是哪种权利配置方案，最优效率的方案最终得以实施的这一结果并没有改变，改变的仅仅是谁能够为权利的放弃提出合法的补偿要求。由此可见，根据科斯定理，在不考虑交易成本的条件下，任何权利配置方案都意味着某些行为的权利被禁止，而其他一些行为被允许；而不同的权利配置方案则意味着哪种权利能够在它被放弃的时候要求补偿，成为一种应被计算的"合法成本"。交易成本为零是一种极为特殊的、仅存在于理论中的情况。这种情况的特殊性体现在：不同的权利配置方案不改变资源的最终使用方式或人们的最终行为方式，仅仅改变这种最终状态的成本承担者——不具经济效率的权利最终都会被放弃，但如果该权利在特定权利配置方案下是合法的，那么它就能够从最有效率的行为或资产用途上要求补偿，让这些行为的实施者或资产的所有者成为成本的承担者；如果是非法的，那么它就只能默默承受这种成本。如果暴力是非法的，那么被放弃了的暴力收益就不可能被计入合法成本的一部分；但如果暴力是合法的，那么暴力的收益就会成为合法成本的一部分，要使他人放弃暴力只能通过提供足够的补偿来实现。如果缺乏正当性的论据，这种权利配置方案就等于公开承认抢劫的合法性了。交易成本为零条件下的科斯定理并未区分关于暴力的这两种权利配置方案。这两种方案在交易成本为零的条件下都是有效率的，关键的差别仅在于暴力的收益能否被计入合法成本的一部分，从而要求他人支付对价。摆出一件美观实用的商品让人掏钱，和掏出一支枪让人掏钱，完全是两回事。假定被枪指着的人能够从中获得"快乐"或效用，没有任何现实意义。我们需要借助什么才能区分两种权利配置方案呢？

通过上面关于暴力的例子可见，零交易成本条件下的科斯定理所描述的世界并不符合我们的直觉。我们在日常生活中感受到的，通常是对暴力不由分说地禁止。到底是什么因素让我们支持一种权利配置方案而否定另一种？科斯（Coase，1960）给出的一种解释是：存在交易成本。这是一种纯粹经济学角度的解释。科斯提出，当交易成本不为零时，权利配置方案的变化会改变资源的最终使用方式或人们的最终行为方式。我们知道，权利配置方案决定了哪种权利能够无条件地受益，放弃这种权利可作为合法成本之一部分要求对方支付对价。按照科斯的理论，当交易成本不为零时，最优的权利配置方案应该使交易成本最小化。这是什么意思呢？若最有效率的行为具有合法性，那么行为人就需要通过向行政机构支付税收、雇用私人保安等方式（即付出交易成本）保护其权利；而对于不具效率的行为来说，采取不具效率的行为去损害合法权利是不划算的，其收益不足以弥补合法行为的损失。因此，为了避免这种亏损，没有效率的行为人也将付出交易成本，采取行动避免对合法行为的损害。相反，若不具效率的行为具有合法性，相应的行为人同样需要通过向行政机构支付税收或向私人交易平台支付手续费等方式，确保其补偿能够充分实现；而对于最有效率的行为来说，也需要支付交易成本以保护正当成本①的边界，确保权利在合理对价下的充分转移。最优的权利配置方案应该使从各方面考虑的交易成本之和实现最小化。德姆塞茨（1992）曾经用汽车追尾的案例来说明这一点。为了降低交通事故发生率（制度的目标），我们通常的做法是把追尾的事故责任界定给后车（一种权利配置方案），原因是后车与前车相比，能够更容易地避免追尾事故，因为后车的司机能够更容易地保持车距和观察前车动态（责任界定给后车导致较低的交易成本），而这对前车司机来说则是十分困难的（责任界定给前车导致较高的交易成本）。显然，过高的交易成本可能会阻止任何交易的发生，从而使最有效率的行为最终无法被实现。因此，根据科斯定理，当交易成本不为零时，权利配置方案对经济效率来说不再是中性的，不同的权力配置方案对经济效率的实现具有重要的影响；给定效率最大化的目标，最优的权利配置方案应该使交易成本最小化，或使方案的净收益最大化。

科斯是从纯粹经济学的角度给出的解释，之所以这么认为，是因为以下两点。第一，由科斯定理所描述的制度或权利配置方案，其本身只是作为实现经济效率这一目标的手段而存在。"效率最大化"或"效用最大化"的目的对于制度来说是外生给定的，个人只是在制度约束下原子化的、有规律可循的策略性行动者，按照他律而非自律来行动。然而，制度的目标怎样可能是正当的，特别是当"效率最大化"被赋予经验上的具体内容之后？制度目标的价值是怎样成为一种共同价值，由那些受制度约束的所有成员分享，使遵守制度表现为个人在道德上的自律，而非经济学所描述的那样是出于最大化净收益的他律？以上问题，经济学

①请注意此处正当成本与合法成本的不同。笔者会在后续章节中给出这两个名词的明确定义。

没有给出回答。第二，由科斯定理所描述的权利都是可交易的，权利就像商品一样能够在市场上明码标价。然而，在现实中，似乎存在这样一些权利，其"标价"之高，使任何试图购买该权利的交易看起来都是行不通的；而且这些权利是如此神圣，对权利进行"标价"的行为，也成为对社会成员的一种亵渎和冒犯。这些权利包括生命权和其他基本人权等。孟子的"义先于利"、康德（2003）和罗尔斯（John Rawls，1988；2011a）的"正义优先于善"的观念都表达了这种思想。但假如他人自愿卖身为奴，为什么对一个具有正义感的公民来说是一种冒犯？在现代社会中，我们通常会通过立法来禁止卖身为奴的行为，绝对地否定暴力的合法性，在否定暴力收益被计入正当成本从而要求他人支付补偿的权利的同时，也禁止任何人向暴力付费，例如自卖为奴。我们为什么能够禁止他人采取一种策略性的、丛林竞争的态度，要求他们牺牲卖身为奴的收益，以维持其他人关于这些权利的共同价值观？他人自愿卖身为奴跟我有什么关系呢？如果说由于暴力是非生产性的，且与不同形式的暴力一对一谈判和反复谈判的交易成本高昂，因此我们需要用制度普遍地禁止向暴力付费，那么我们还需要解释：暴力的非生产性是对什么样的制度目标来说的？这一目标是否具有正当性，从而为社会成员共享，并以普遍的制度为标准否定一对一的、歧视性谈判的结果？我们为什么为了禁止这种暴力而允许另一种暴力与之对抗，例如以军队、警察和行政官员形式组织起来的暴力？黑帮在商场里亮出手枪要求商人交保护费，和税务官在商场里亮出纳税通知书要求商人交税，上缴的金额可能都是一样的，可两者有什么不同？[1] 一个人被枪指着脑袋离开劳动力市场，或被自愿卖身为奴的竞争对手排挤出劳动力市场，或被工作效率更高的竞争对手逼出劳动力市场，结果都是一样的，为什么他必须否定前两种方式，而甘愿接受第三种方式？土匪占着山头拦路抢劫也是收钱，海关官员拦

---

[1]话虽这么说，在历史上那些充满暴政的时期，把横征暴敛的税务官看成比强盗土匪还恶劣的家伙、把强盗土匪看成替天行道的义士，似乎并不是什么稀奇的事情。即使在政治开明的和平时期，合法暴力与非法暴力之间的界限也不是那么泾渭分明的，时常引起复杂的争论。

下货物也是收钱（关税），两者有什么不同？根据法律可以没收罪犯财产甚至将其处以死刑；以国家利益为理由可以要求百姓纳税、军人为国捐躯；为了平息神祇的愤怒可以要求人们献出财物充当供品；暴君为了图谋他人财富、炫耀自己的权势，可能通过行政命令剥夺百姓财产，甚至伤害他们的性命。不考虑制度的目的而单从结果上看，这些都使人的财产和生命遭受损失，但问题同样是：如果这些制度都剥夺了同样数量的财产，夺走了同样数量的人命，它们有什么不同？考虑这一点，我们似乎又回到上面提到的两个方面的问题。直觉告诉我们，这其中肯定存在某种深刻的区别，但这种区别是什么？经济学似乎没能对此做出足够的回应。

为什么经济学需要面对和探讨这些问题？一般来说，回答这些问题的通常是拥有悠久历史的道德哲学和政治哲学，而不是只有短短数百年历史的经济学。政治哲学家们在寻求正义、美德和理想社会的过程中，提出了无数雄辩的理论。《孟子》开篇就说道："王何必曰利？亦有仁义而已矣！"对这种"义先于利"的观点，我们在近现代的思想家（如康德和罗尔斯）的著作中也能找到呼应。许多古老的观点就算用现代社会的眼光来看，也仍然闪耀着智慧与理性的光芒，值得我们根据新的概念方法以及新的社会经验为之辩护。通过这种辩护，我们或围绕古老的观点形成一种更具说服力的理论，或另辟蹊径走上一条全新的道路。本书想做的，大体上也是这样一件事。

经济学是在功利主义思想传统中发展起来的一门社会科学。从效用、社会福利、理性经济人和社会计划者（social planner）等经济学理论常用的概念中，不难看出功利主义思想对经济学理论发展的强大影响力。但面对上述涉及正义、道德、意识形态及正当行为等问题的时候，经济学的态度通常是十分矛盾的。一方面，经济学家可能会指出，经济学的研究对象仅仅涉及人类社会中那种涉及利益计算的行为，或者说只涉及策略性的、人与人之间相互把对方看成手段的那种行为模式，这类行为能够用博弈论和价格理论加以描述；但另一方面，经济学家想做的事情却远不止于此。要是经济学家们真的弄清楚了利益计算和策略性行为的边界尚可，然而一种被称为"经济学帝国主义"的野心却经常把经济学带入危险的境地。这种充满野心的想法往往采取一种还原论的态度，把社会还原为原子化的、相互以策略性态度对待的个人，把正当行为或道德行为还原为个人的策略性行为，把制度的正当性简化为个人策略性行为的结果，甚至粗暴地理解为掩盖个人策略性行为目标的华而不实的托词。经济学家之所以时常会根据价格理论和"自由市场论"提出一些与人们道德和正义感直觉相悖的观点，例如为"发国难财"和"工资奴隶"辩护、用收益和成本权衡不同个人的生命以及对犯罪行为进行量刑等，原因就在这里。因此，出于弄清楚价格理论适用边界的动机，探讨这些问题也是十分必要的。由于笔者的目的并不是提出一种更完备的、更具综合性和说服力的价格理论或正义理论，所以本书将主要从经济学的角度顺藤摸瓜，努力回答这些问题，看看价格理论在解答这些问题的过程中进行到什么地步。在此过程中，阅读和分析那些伟大的道德哲学和政治哲学著作是必不可少的。从上面的直观考察推测，成本的概念或许是一个理想的切入点。所以，我们不妨先从经济学中的核心概念"成本"着手，逐步揭示这一问题背后隐藏的理论逻辑，然后再加以回答。

第二章　经济学中的成本概念及其规范性质

第一节　经济学中的成本概念

　　与选择行为相关的成本，在经济学中指的是"机会成本"这一概念。机会成本的概念纯粹是主观的、预期性质的。这一概念从它本身的性质来说，是先验的理论构造物。人作为理性的存在若能够设想不同的可能性，并根据其选择绝对地开始特定行动和引起后续的因果关系链条，那么选择的概念就具有了康德意义上的实践理性特征。如果我们进一步为选择赋予收益的目的，那么随之就会产生机会成本的概念。因此，机会成本概念本身是先验上的理论构造物，只有当我们尝试在经验条件下衡量其大小的时候，才赋予了其经验的内容。布坎南（James M. Buchanan）在《成本与选择》（2009）一书里提到机会成本概念的两个特征：一是它的纯粹推测性，二是它的非现实性。关于机会成本的纯粹推测性，或者说它的纯粹主观性和预期性，前面已论述；而它的非现实性，则意味着机会成本不是现实存在的，它从来没有实现，一旦人们做出选择之后，就没办法回到过去并在相同的时间和空间条件下重新决策。机会成本概念的非现实性更加准确地表达了这一概念的先验性质。但要说机会成本不可能在事实发生之后加以度量，我们似乎又把理论推进得太远了，陷入了康德所说的思辨理性的二律背反中。就像找不到一幅绘画能够表达最完备的美一样，我们或许在经验中也找不到一种方式能够最完备地测度机会成本。但机会成本概念作为一种先验的理论构造物，对它的调节性运用还是能够有效地帮助我们把社会经验现象安排得井然有序，而不是任其杂乱无章地摆放。

　　机会成本，或者称为代价，意味着采取某一选择而放弃了从其他选择上所能获得的最大收益。仔细审视这一概念，我们不难发现机会成本的概念有两个核心特征：一是个人必须具有选择的空间，二是只有放弃了的最大收益才被计算为成本。第一点是十分显然的，如果一个人没有任何选择的余地，他所有的一切行动都单纯地由外部环境和个体的生理与遗传因素决定的话，那么他就没有什么可以放弃的，也没有什么可供选择的，因此也就没有任何成本需要考虑和计算。第二点表示的是，成本仅以所放弃的选择中价值最高者作为衡量的依据。这意味着，给定一个人选择空间，同时假定对应每个选择他都赋予某种价值指标以权衡不同选择的价值大小，例如效用和货币数量，当他选定某个选项而放弃其余的选项时，成本就等于被放弃的全部选择价值中最大的那个。至于其他价值相对较低的被放弃选项，则是无关紧要的。如无其他约定，经济学中的成本一般来说指的就是机会成本，本书同样采取这一观点。

　　尽管成本的内容是主观的且是预期的，但并不意味着成本无法通过客观方式进行衡量。说清楚这一点十分重要，因为这涉及我们应当如何理解机会成本、会计成本、交易成本等其他更复杂成本概念之间的关系，更是理解制度成本的基础。关于这一点，笔者在《寻租、立法与官僚体制的纯经济理论》（2022）一书的第一部分有详细的论述，在此仅概述其中一些重要的论点。首先，关于机会成本与会计成本，通过一个直观的例子要比通过抽象的理论论述要更容易理解两者之间的关系。假设生产者持有商品，需求者持有货币，两者之间以两元的价格就一单位商品达成交易。对于需求者来说，如果他要获得这一单位商品的使用权（这里不区分使用权和所有权），那么按合约他就需要支付两元的代价。对于生产者来说，他面临着把这一单位商品留给自用或将其出售之间的选择。如果生产者决定出售一单位商品，那么按合同他将获得两元的收益；问题是，如果生产者决定继续持有商品的使用权，把商品留给自用而非出售，那么他支付的代价是多少？假设两元的价格是生产者在全部需求者中所能获得的最高价格，那么按机会成本的概念，生产者把商品留给自用所需支付的代价就是以两元作为衡量的，因为他放弃了出售商品的机会，而出售商品所能获得的最高价值正是以两元为标准来衡量的。从这个例子中我们不难发现这样的结论：对于一笔在特定时间和空间条件下达成的交易来说，交易双方不管是谁获得商品的使用权，他所付出的代价都是以两元的货币量作为标准来衡量的。虽然机会成本的内容是纯粹主观的和预期的，但在一笔已达成的交易合约中（例如上面的例子），各方所放弃的最大主观价值（即机会成本）都以两元的价格衡量，只是交易双方对这两元的主观评价可能有所不同。这是把机会成本概念应用于交易现象而直接得到的逻辑结果。用更抽象的经济学语言来说就是：在交易双方无差异曲线相切、从而边际替代率相等的那一点上，即使我们不知道均衡边际替代率上各方所获得的和放弃的效用量的绝对值，我们也能确定地说出，各方所获得和所放弃的效用量之比率（即均衡的边际替代率或相对价格）都是相同的。这就是在经济学中重要的是相对效用而不是绝对效用的原因。价格理论的原理通过对相对效用和边际替代率进行分析即可得到，对个人主观预期上的绝对效用量做任何先验假定都是多余的。

有了以上的结论，机会成本与会计成本之间的关系就容易理清楚。机会成本纯粹是主观的和预期的，表示的是个人为了获得某一选择的价值而需要放弃的最大价值；该被选择和被放弃的价值之间的比率，在价格理论中即表示为边际替代率。无差异曲线的形状就是通过边际替代率来描述的。相比之下，会计成本的内容则是客观的，它记录的是作为一种经验现象的交易结果。会计成本在经验上的偶然性，归根结底来源于交易所处的特定时间和空间条件，以及交易双方在该特定时空条件下的欲望和偏好等相关因素。在价格理论中，会计成本应该是由均衡的边际替代率表示的，即在过往特定时间、空间以及主体欲望等经验偶然性因素参与下，无差异曲线相切点处的边际替代率。虽然边际替代率上各方所获得和所放弃的效用绝对值可能在主观上差异巨大，但由于均衡点处的边际替代率（即所获得和所放弃的效用绝对值之比率）相等，各方所放弃的效用绝对值都在客观上以相同的会计成本作为衡量。因此，机会成本表述的是个人行动的逻辑，它是从个人存在选择以及对选择有所评价的两个假定中"分析"得到的，由此机会成本的概念抽象性的脱离了一切经验的内容，仅仅描述个人在既定事实下的行动逻辑，而不管这些事实具体是什么。而会计成本则相反，它是"沉没"的，又称为沉没成本；它是已经发生的事实，仅仅构成个人选择所面临的外部条件（既包括社会的也包括自然的条件），是接下来将要做出选择的现实出发点。例如，假设商品为 C，货币为 M，生产者为 S，需求者为 D，对于生产者 S 来说，要达成均衡使交易实现，那么他为了获得 Δu_S^M 的货币效用（生产者关于货币的边际效用），就必须以放弃 Δu_S^C 的商品效用（生产者关于商品的边际效用）为代价，Δu_S^C 就是生产者 S 为了获得 Δu_S^M 而支付的机会成本，生产者在这一选择上的边际替代率 $P = \Delta u_S^M / (-\Delta u_S^C)$。相应地，对于需求者 D 来说，要达成均衡使交易实现，那么他为了获得 Δu_D^C 的商品效用（需求者关于商品的边际效用），就必须以放弃 Δu_D^M 的货币效用（需求者关于货币的边际效用）为代价，Δu_D^M 就是需求者 D 为了获得 Δu_D^C 而支付的机会成本，需求者在这一选择上的边际替代率为 $\Delta u_D^C / (-\Delta u_S^M)$ $= 1/P$。也就是说，如果生产者 S 要把商品留为自用并且这一愿望在实际上是能够实现的，那么尽管他的机会成本 Δu_S^M 不一定等于需求者 D 的机会成本 Δu_D^M，但他们的机会成本在市场上都是以客观的、可观察的相对价格 $1/P$ 或 P 来表示的。

分析会计成本实际上分析的是即将做出的决策所面临的既定条件，而不是估计即将做出的决策的代价，除非我们在经验上认为作为历史因素的既定条件与作为预期因素的未来行为之间可能存在某种因果关系，使人们未来的行为在某种程度上是被既定条件机械地决定的。但这一假定本身与成本概念没什么关系，因为在这种状态中，人们没有什么需要选择的，一切都由机械的因果律决定，这时讨论成本概念没有任何意义。因此，理论上我们必须把会计成本视为未来选择所面对的既定条件（即看成沉没的成本），同时把未来选择和机会成本视为个人自由意志的结果，是个人具有选择能力和选择空间的体现。以上就是机会成本与会计成本之间的关系。

此外，关于机会成本与交易成本，与机会成本相比，交易成本是一个更容易令人困惑的概念。将交易成本作为一个明确的理论概念是从科斯的论文《企业的性质》（Coase，1937）开始的，并在后来成为分析产权和制度的核心工具。从科斯本人（Coase，1937，1960）以及后来的新制度经济学学者（诺斯，1992；巴泽尔，1997；威廉姆森，2002；哈特，2016）对交易成本概念的运用来看，交易成本似乎与生产成本是相对的概念。生产成本概念怎样与机会成本概念相联系，这一点似乎比较好理解，即当生产要素被用于生产一种商品而非另一种商品时，所放弃的另一种商品生产所能带来的收益，就是生产成本。生产成本的概念无论是从内容还是形式上看，似乎都能准确地归在机会成本的概念之下，没有什么令人困惑的地方。毕竟从古典经济学时代开始，我们就是通过生产成本来理解成本概念的。但理解交易成本如何能归在机会成本概念之下这个问题，相对就比较困难。

一般来说，交易成本（transaction cost）习惯上被理解为双方在达成交易过程中克服种种困难而需要支付的代价，例如谈判费用、拟出合约条款所耗费的时间和精力、确保合约履行的监督费用等都属于交易成本的范畴（Coase，1937；巴泽尔，1997；威廉姆斯，2002；哈特，2016）。如果只是单纯考虑交易成本与机会成本之间的关系，事情还相对简单：假设两份合约的生产成本是相同的，在不存在交易成本的场合收益也相同，但他们的交易成本存在差异（例如以贵金属交易或以银行汇票交易）；此时，如果眼下一份合约的交易成本相对较高（例如贵金属需要以复杂的技术检验成色，而银行汇票因为银行或国家的信用保证省却了这一负担），那么考虑生产成本和交易成本在内的全部投入若能在另一份合约中带来更高的收益，眼下合约就是值得放弃的。因此，交易成本就是订立一份合约而非另一份合约所需要放弃的东西，就这一点来说，交易成本就是归属于机会成本的概念之下的。

交易成本容易令人困惑的地方主要是它与生产成本的关系。在许多场合下，交易成本和生产成本之间的边界并非泾渭分明。笔者在《寻租、立法与官僚体制的纯经济理论》（2022）一书中，从三个方面讨论了这个问题。第一，从社会性或市场性的角度看，交易成本是"在一人世界中不存在的费用"（张五常，2015），它必然存在于拥有市场的社会之中，而生产成本则能够在一人的世界中存在。第二，从生产性的角度看，节省交易成本似乎不会改变商品的性质和用途，但节省生产成本却会。第三，从权利界定的角度看，交易成本是"权利界定的成本"，是指对附着于商品上的用途或权利进行界定的成本；而生产成本则是指改变商品性质或形态，使之产生特定用途的成本。在《寻租、立法与官僚体制的纯经济理论》一书中，笔者论证了：当我们从物理意义上的用途来看待商品时，交易成本和生产成本之间的边界就是清晰的，一旦我们确定了商品的物理性质，生产成本就只是指使生产要素显示出这些性质而支付的代价，因此生产成本是"生产性的"，而交易成本不是；但当我们从权利束的角度来看待商品时，就没有区分交易成本和生产成本的必要了，因为它们都能够看成是将特定商品的权利从生产要素中分离出来进行定价交易的成本。因此，交易成本和生产成本之所以会在上述三种视角下混淆不清、引发争论，主要原因是我们时而用商品物理性质的视角，时而用权利束的视角看待商品。那种指责交易成本概念无所不包、任何与理论不符的现象都归咎于存在交易成本的观点，是站不住脚的；一旦我们清楚区分商品物理性质和权利束两种视角，争议就烟消云散了。

根据上面的分析，在合约中列出的条款为双方界定交易商品的用途和性质提供了一个基准，由这些条款所确定的交易双方所需要放弃的东西，就可以理解成生产成本，因为合约条款的概念正意味着删除条款将导致交易双方对商品用途和性质预期的变化。合约内得到界定的成本在这个意义上说都是生产性的，删除它将导致合约内得到界定的商品用途和性质发生改变。当然，由于现实中存在种种困难，合约无法把所有的生产性因素都清楚列出。这样一来，交易双方都将面临这样的选择：如果要把更多生产性因素在合约中列明，那么他就必须耗费资源克服那些困难，即承受交易成本；如果要避免交易成本，那么就无法把全部的生产性因素在合约中列明，必须将一部分可能影响商品用途和性质的因素留在"公共领域"（public domain，巴泽尔，1997），从而导致事后的合约争议。因此，从商品物理性质的角度说，为了生产出由合约内条款得到描述的商品用途和性质而放弃的价值，就属于生产成本之列；但如果从权利束的角度说，仅仅在生产者方面生产出由合约内条款得到描述的商品用途和性质还远远不够保证需求者权利的实现，在需求者方面提出这些条款并监督条款实施所放弃的资源价值，同样是不可避免的，为了将其与前述生产成本区分，可称之为交易成本。如果我们不考虑任何的商品物理性质角度，只关注权利束的分割、交易和实施本身，就没必要区分交易成本和生产成本了，因为两者都是将权利从生产要素上分离出来定价和交易所需支付的代价，都在机会成本的概念下一并计算。

交易成本和生产成本的区分引出了一个重要的概念，即租金（rent）。在价格理论中，租金是指一种商品的最优用途和次优用途之间的价值差额，扣除这部分价值不会使商品改变当前的用途，从最优用途转到次优用途上去。从交易成本理论的角度看，租金存在交易成本时，由契约的不完全性（哈特，2016）或产权界定的不完全性（巴泽尔，1997）引起的，其实质是无法清晰写入合约（或无法建立排他性权利）的那部分价值，反映的是商品中无法清楚衡量其价值的那些可调整的边际量（黄晓光，2022）。在上一段提到的例子中，那些因避免交易成本而没有列入条款的生产性因素实质上会影响商品的用途和性质，使商品为需求者提供的价值受到影响，这部分由未列入条款的生产性因素提供的价值即租金。扣除以租金表示的这部分价值，不会使合约内得到清晰界定的商品用途和性质发生变化，但会引起那些无法清楚写入合约的商品用途和性质发生调整。由于交易成本的耗费，可以看成是把难以在合约内清晰界定的商品用途和性质在合约上"生产"出来的代价，这一"生产"过程把无法定价交易的商品用途和性质变成可以定价交易的合约内条款，因此交易成本就是由租金来补偿的。所以，张五常（2009）认为交易成本即消散的租金。用一个简单的例子来解释可能会更清楚一些，设想需求者向生产者预订一台设备，他需要向生产者逐一说明有关这台设备的形式和功能等需求。最初需求者以接近零的交易成本向生产者说明自己的需求，但他只是以最粗糙的方式表达，按此要求生产还远无法满足其全部需求。全部需求的效用量与按合约生产须支付的生产成本之间的差，即租金；全部需求的效用量与设备按合约生产所带来的实际效用量之间的差，即生产者通过节省未加约定的生产成本而侵占需求者的租金。接下来这名需求者需要增加对设备的描述，每增加一项更为精确的描述，他都必须承受为了表达更精确描述而耗费的时间和精力，即交易成本。这意味着，需求者如果为了限制生产者通过节省未加约定的生产成本而削弱设备功能，侵占需求者的租金，他就必须支付相关的交易成本。那么，需求者对设备需求的精确描述到什么程度呢？显然，当更精确的描述所挽回的消散租金不足以补偿由此增加的交易成本时，更精确的描述就是不划算的。但这在生产者看来，事情是相反的：由于制度对双方的权利未加规定，需求者这么做是在要求生产者承担未加约定的生产成本强化产品功能，侵占生产者的租金，因此生产者将有动机耗费交易成本，想尽办法节减那些未加约定的生产成本。因此，当交易成本存在时，合约或权利的界定总是不完全的。这就是不完全产权界定（巴泽尔，1997）和不完全契约理论（哈特，2016）的核心思想。

由于交易成本由租金补偿的这一特性，交易成本通常就不能像生产成本一样被清楚地写在合约中，构成交易合约的一部分，从而要求交易对方进行补偿，因为它本身就是订立和履行清晰合约所需要克服的困难。事实上，它如何补偿和由谁承担，取决于我们的制度安排，或交易双方之间的权利界定。在上面的例子中，如果制度优先保护需求者，当事后出现争议时，生产者就必须更严格地根据需求者对产品的描述调整生产，而由此导致的生产成本增加将得不到任何补偿，因为节省这部分成本是被制度确认为"不合法"的（如果制度还是正当的，那么就被确认为"不正当"，而不仅仅是"不合法"）；放弃由此获得的租金是生产者依法"应当"去做的事情，被放弃的租金也不应构成合法成本的一部分要求需求者等价补偿。当生产者在签订交易合约前预料到制度对需求者的这一保护时，他将乐意付出交易成本，并尽可能细致地追问清楚需求者对产品的要求，直到由此增加的租金收益不足以弥补交易成本为止。相反，如果制度优先保护生产者，当事后出现争议时，需求者就必须忍受生产者通过节省未加约定的生产成本来削弱设备功能，侵占需求者的租金。当需求者在签订交易合约前预料到制度对生产者的这一保护时，同样地，他也会愿意付出交易成本，尽可能细致地向生产者描述关于产品的要求，并承担由此而增加的生产成本，直到由此增加的租金收益不足以弥补交易成本为止。① 当交易成本为零时，优先保护需求者还是生产者并不重要；但当交易费用不为零时，优先保护需求者还是生产者，取决于谁能够以最低的交易成本达到最为细致的合约条款，从而最大限度地实现合约的价值。这正是科斯定理所表述的内容。

第二节　正当成本与正当制度

到目前为止，我们讨论了机会成本的概念，以及会计成本、生产成本和交易成本三种相关的成本概念。之所以花这么多篇幅讨论这些，目的是在此基础上引出本章核心的内容——"正当成本"的概念。接下来，我将给出正当成本的定义，并说明它的边界是怎样由正当的制度决定的。

经济学中的成本概念实际上隐藏着规范性的含义。在前面关于交易成本的讨论中，我们可以看到，若没有任何制度加以界定和约束，生产者在边际上将通过节省未加约定的生产成本来削弱产品功能，需求者则要求生产者承担未加约定的生产成本来强化产品功能。前者会损害需求者的利益，后者则会损害生产者的利益。由于缺乏制度的标准，双方都认为自身的行为是合理的。一旦制度对双方的权利进行界定，对行为进行约束，状况就会发生变化。如果制度赋予需求者享有未加约定的产品功能的权利，那么生产者将付出交易成本尽可能细致地追问需求者对产品的要求，并承担生产这些未加约定的功能的生产成本。相反，如果制度赋予生产者享有不生产未加约定的产品功能的权利，那么需求者将付出交易成本尽可能细致地描述对产品的要求，并承担由此增加的生产成本。在前一种制度下，需求者所损失的对未加约定的产品功能的享受，显然构成了他合法成本的一部分，能够要求来自生产者的补偿；相反，在后一种制度下，未加约定的生产成本显然构成了生产者合法成本的一部分，要使生产者放弃节省这部分生产成本，提供未加约定的产品功能，

---

①与产权配置有关的标准数理模型可参阅哈特的著作《企业、合同与财务结构》（2016）。

需求者则必须提供相应的补偿，承担这部分生产成本。从这里我们就可以看到，制度对合约形式和成本结构起着塑造作用。任何一种具体的制度或权力配置方案，都意味着禁止了某些行为，同时允许了另一些行为；意味着否定了某些行为的收益，同时肯定了另一些行为的收益；这也意味着某些成本被允许计入价格从而要求他人的等价补偿，而另一些成本则被禁止计入价格之内，否定其以任何形式向他人要求等价补偿的可能。当一项成本符合制度的形式规定，我们就称该项成本是在这一制度下的合法成本；如果规定这项成本的制度是正当的，那么就称该成本为正当成本。合法成本与正当成本之间可能一致，也可能不一致，这取决于相应的制度是否具有正当性。此外，由于收益和成本的概念是与行为相对应的，那么类似地，我们把符合制度形式规定的行为称为合法行为，把以正当制度为依据的行为称为道德行为或正当行为。

既然经济活动中的成本计算受到制度的约束，那么成本正当性与合法性之间的关系，自然就由制度是否具有正当性决定。从概念来看，合法成本不涉及任何的规范性判断，它只是单纯在描述关于成本的事实，即成本是否合乎制度的要求；只要与制度的要求相符合，成本就具有合法性，否则就不具合法性。合法成本在立法层面上不包含该成本"应该由谁承担"或"不应该由谁承担"这种规范性判断。只有在接受了制度的正当性事实的前提下，才能够对这两种规范性做出判断。因此，合法成本并不等于正当成本。当规定成本的制度不具有正当性的时候，符合这一制度的成本将只具有合法性却不具有正当性；唯有当制度是正当的时候，合法成本才与正当成本一致。相对地，正当成本意味着放弃了的价值理应得到他人的补偿，这涉及成本"应该由谁承担"或"不应该由谁承担"的规范性判断，而判断的根据则来源于正当性的制度。正当成本的边界，决定了哪些行为应具有"不惜一切代价"的特征，赋予行为以正义和道德①的色彩，人们不应以放弃这些行为作为要挟提出更多的补偿要求；也决定了哪些行为能够在市场中定价，能够被高价"收买"，应当索取恰当补偿。因此，如果说合法成本是单纯地描述事实，那么正当成本则是反事实的，有着实践理性的特征：它不满于事实也不被限制于事实之中，依据走在经验现象前面的准则做出判断（康德，1986，2003）。因此，要解释正当成本，关键在于解释正当制度，并且这种解释应具有足够的抽象和综合能力以接纳经济学对社会运行的最有力解释，并足以提供一个基准框架去判断"经济学帝国主义"在多大程度上走过了头，以及判断市场机制的价值中立性是如何存在的。假如不求助于更抽象的正当原则，单纯地看制度在特定处境下的起作用方式，那么它必然是厚此薄彼的，必然意味着要求牺牲某些行为以维持某些行为，甚至牺牲某些人的财产和性命以保存另一些人的财产和性命。某些制度可能会使我们在特定处境下面临类似于"电车难题"的困难。问题在于：我们如何能够在特定处境下要求一部分人做出牺牲以使另一部分人受益？这种要求怎么可能使做出牺牲的人称心如意，就像为了自己的利益做出牺牲一样？牺牲在表面上的不对称性，有没有可能在牺牲者和受益者眼里都是某种社会平衡的体现，这种平衡性不为偶然条件下牺牲的不对称性所动摇？我们必须借助于对制度的正当性分析才能回答这些问题②。

在日常生活中，个人在主观限度内经常会对商品价格是否过高或者

①这里要加以说明的是，本书并没有对正义和道德两个概念作特别的区分，而是将两者都看作反事实地对社会进行规范性思考之所得。在日常语境中，正义通常与法律的制定和执行、公权力的运用等有关，而道德则更多涉及那些无法诉诸外部法律和行政权威的个人良心活动。因此正义通常拥有明确的外部规则作为其表征，而道德则鲜有无可置疑的外部标准（斯密，2020）。本书不考虑正义和道德的以上差别，也并不打算对两个概念的划分方式进行综述和评价。因为，本书既然将两者都看作人们反事实地对社会进行规范性思考之所得，那么区分两者的关键就在于确定这些"所得"是否应由外部公权力机构来加以实现。这超出了本书的讨论范围了。

②合法成本及正当成本的概念，即使从经济学的角度来看也是十分自然且合理的，尤其是在制度经济学家的眼中。只要经济学不打算回避如何理解制度变迁以及导致制度变迁的集体行动这些问题，合法成本和正当成本的概念就会自然且合乎逻辑地走到经济学家的面前。布罗姆利（Daniel W. Bromley）在《充分理由：能动的实用主义》（2017）一书中提出的"能动的实用主义"理论，就是一个例子。

过低进行评判，但对个人来说是恰当的价格，对同一个人来说可能是正当的，也可能是不正当的，两者并没有什么关系。一般来说，人们对过高的价格会比较敏感，认为过高的价格中包含了从个人角度来看并没有多少价值的商品特性，即商品对他而言"性价比"过低。相反，人们往往可能对过低的价格并不敏感，只关心商品的特性相对于价格来说是否值得。除非过低的商品价格意味着潜在的产品功能缺失，否则人们对过低价格中可能隐藏的暴力行为（例如雇用童工、剥削劳动力等）是毫不在乎的，只有真正具有正义感和同情心的人才会在乎自己是否为此商品支付了"过少"的代价，从而愿意做出牺牲。因此，放弃购买价格过高的商品不等于个人认为该商品的价格是不正当的，这一价格可能已经充分计算了所有应被视为正当成本的因素，使购买者为所有具有经济价值的正当代价都支付了相应补偿，过高的价格防止了其他无力支付价款的人不正当地使用该商品。相反，购买价格过低的商品也不等于个人认为该商品的价格就是正当的，因为这一价格并未充分计算所有正当成本因素，使购买者并未为具有经济价值的所有正当代价都支付了足够补偿，而只是在不正当地使用该商品。类似地，个人在商业活动中亏损，并不一定意味着他受到了他人不正当的对待，他可能只是错误地计算了正当使用资源能为他带来的收益，也可能只是刚好运气不佳罢了，没有什么错误应归咎于社会及其制度的；相反，个人在商业活动中盈利，也并不一定意味着他多么具有商业头脑和经营能力，他可能只是不正当地使用资源、占有了从正当性角度看应当属于他人的收益，也可能只是单纯地碰上好运气而已。不借助于超出价格理论之外的对制度正当性的考虑，这些现象都是不可理解的。

到目前为止，我们借助科斯定理揭示了制度对经济活动中成本计算方式的决定作用。但由此我们也看到了科斯定理的一个十分关键的局限：关于制度的正当性，它没有给出任何有用的分析。正如第一章所述，不论是否存在交易成本，"效率最大化"或"效用最大化"的行为规则对于制度来说是外生给定的，个人只是在制度约束下原子化的、有规律可循的策略性行动者。但假如个人像康德（1986，2002）所说的那样具有实践理性下的自由意志，把作为行为第一原因的自我置于任何外生给定的行为规则之上，能够决定是否遵循"效率最大化"或"效用最大化"的规则行事，而不是被动地把外生规则作为自身的行为准则，那么科斯定理就没有解释为什么制度下的个人可能出于自律而非他律（例如避免来自制度的惩罚）把制度当成自身的行为准则，即使制度在特定处境下要求他做出牺牲却没有给予显而易见的报酬。没有说明这一点，"租金最大化"或"交易成本最小化"的原则就算是从单纯的理论角度考虑，也无法构成人们选择一种制度而放弃另一种制度的充分理由。因此，从斯密（2015）、李嘉图（1962）和维塞尔（1982）的"自然价格"、马克思（1975）的"劳动价值"或"社会平均劳动时间"到现代微观经济学的"均衡价格"，虽然经济学家通常不假思索地使用这些概念，但一旦离开背后支撑着它们的正当性观念，这些概念都是不可设想的；围绕这些概念进行的论战，通常也深刻地反映着隐藏在不同学者身后的正当性观念的冲突。因此，制度并不只是一种权利配置方案，它同时也是服务于正当目标的手段，它通过规定正当成本规定了人们达到正当目标、构建希望生活于其中的那个理想社会而所应采取的行动。要想理解人们如何选择制度，对正当性的分析是不可或缺的。

第二编　正义制度与道德行为

在第一编中，我们从成本概念着手，讨论了制度是怎样决定人们关于成本计算的方式的。从科斯定理为我们提供的理论分析框架中，我们可以看到，制度为处于交易中的各方分配了权利，这种权利配置方案为各方判断合法成本的边界提供了一个基准，确定了合法的权利享有和义务承担。依据这一基准，权利的享有确定了某些收益在被放弃的时候，能够要求获得等价的补偿，而其他的收益则不能；同时，义务的承担则确定了某些被放弃的收益（即成本）不得要求额外的补偿，必须作为应履行的义务接受下来，而其他的成本则可以计入合法成本之中。没有制度普遍地对权利进行配置，权利和义务是不可想象的，因为在缺乏制度的场合，一切收益目的都以手段的可能性为界限，一切成本都能成为要求等价补偿的充分理由。然而，合法的制度还不是正当的制度，合法的权利义务法则也还不是正当的权利义务法则，因为科斯定理只告诉我们应当如何有效率地达到制度的目标，或如何有效率地使制度所包含的目标的价值最大化，而没有告诉我们制度的目标及其价值如何可能对受制度约束的人来说是值得共同追求的。不说明这一点，我们就无法解释人们为什么必须接受某种计算制度收益成本的方式，而否定其他的方式；无法解释为什么一些人会选择参与一种制度，而另一些人会选择参与其他制度；也无法解释为什么通过不同制度表达出来的迥然相异的目标和价值观，会共存在这个世界上。由于科斯定理没有就制度具体说出目标及其价值，也没有讨论制度的目标及其价值观怎样被人们共同接受，所以科斯定理中的制度不涉及任何正当性问题，只是一种达到既定目标的手段罢了。尽管有的人可能只是单纯地因为好其奖励、畏其惩罚而遵守制度，但在制度下的所有人不可能都如此，因为制度及其规定的奖惩不会自动执行（巴苏，2020）。设想一下，假如制度下的所有人都不过是由于奖惩而遵守制度，那么谁会多管闲事，去主动对他人实施这种奖惩呢？因此，写在纸上的制度如果能够得到执行，则意味着最低限度内至少有两个人在该制度下进行合作，并建立起了一种关于正当性的观念去支撑这个制度。这种得到正当性观念有力支撑的制度，就是正义的制度。至于正义制度的普遍适用范围，则是另一回事了。本编要解释的是正义制度可能如何存在，以及人的行动需要满足怎样的条件，才能够使合乎正义的制度可被期待并付诸实践。

第三章　策略行为与自律行为

在着手研究正义制度之前，我们的首要工作是对制度的正当性问题所涉及的行为类型进行说明。在此所涉及的行为类型主要包括两大类：策略行为和自律行为。我在这里使用的概念较为特殊——尤其是对于经济学来说，除了策略行为之外，自律行为的概念似乎在经济学中是不存在的——因此需要仔细地说明笔者在这里使用这些概念的理由。这两类行为概念之间的不同，取决于我们以何种方式去看待行为背后的主体。本章接下来的部分将依次对这两大类行为概念进行说明，并说明制度的正当性是怎样和这两类行为相联系的。

第一节　策略行为的概念

经济学中的价格理论和博弈论，应该算得上是当前分析策略行为最完备的理论了。在策略行为模式下，个人的意志是被约束在策略空间或选择空间之下的。个人把外部自然禀赋、个人遗传和生理特征以及同样行动着的他人视为给定的约束，这些约束不会因个人意志而变化；个人在这些给定的外部约束之下，经验性地赋予不同选择以一定的"效用"，并按照效用最大化的原则决定自己的行为。在这个意义上来说，策略行为是他律，而不是自律，因为个人意志被置于选择空间以及经验性地赋予的效用值之下。这些从经验中被认知的外部约束和被赋予的效用值，直接决定了个人应当采取的最优行动。因此，在策略行为模式下，个人只是像一台进行精准计算的计算机那样去评估自己的选择，然后像一个上紧了发条的玩具一样行动。虽然经济学家在理论上赋予了这样的个人以选择空间，但实际上如果用康德式的自律观点来考察这个人的话，并没有什么是需要他去选择的。按策略行为模式来行动的个人，只是简单地把外部约束（如上所述，包括外部自然禀赋、个人遗传和生理特征以及同样行动着的他人等）视为给定的经验事实，而这些事实直接决定了个人的最优行动。他不需要有什么规范性的观念，只需要有关于事实的认知；他是否应当做某件事，只取决于他是否根据事实进行了正确的计算，甚至连计算的方式以及评估价值的标准都是作为事实被给定的。假如事后出现了不尽如人意的结果，他只会埋怨自己或怪罪时运不济，而不会埋怨他人和社会；他只会怪罪自己没能准确认清事实或根据事实做出正确的利益计算，而不会怀疑自己是否应当接受这样的外部约束，以及是否应当如此去评估行为目标的价值。

经济学运用策略行为的概念建立起来的价格理论和博弈论，在解释市场机制的功能以及推断人类策略互动的成果上取得了令人瞩目的成就，这些成就也大大激发了经济学家们的兴趣。不夸张地说，某些经济学家甚至希望通过构建模型，让两个原始人进行策略互动，然后形成我们眼前的这个高度文明的社会，认为人类社会的所有一切都是按科学的数学模型运行的。这种兴趣正体现在那些试图把正义和道德等因素"内生化"于人们策略互动的理论之中的做法里。这些理论试图把在正义和道德名义下采取的所有行动一律简单还原为策略行为，将其理解为掩盖个人自利动机的遁词。事实上，这严重违背了我们的日常生活经验。试想一下，一旦我们发现某些法官、学者、医生背后隐藏着最市井的利益，我们就会不禁感到他们身上某些具有价值的东西消失了；正义和道德等一旦还原为策略行为，那么某种附着在它们身上的魔力、某种我们虽然看不见但却真实地能够感受到的力量，就顿时消失得无影无踪了。问题是，我们究竟因此而丢失了什么？我们真的能够把一切行为都还原为策略行为吗？

一种被称为囚徒困境（prisoner's dilemma）的博弈论模型，简单而深刻地描述了策略行为模式所面对的上述困境。囚徒困境模型出现在几乎每一本博弈论的教科书上；在微观经济学教科书关于私人成本和社会成本、寡头竞争和定价等部分，我们也经常能够看到囚徒困境模型的变形。

囚徒困境模型用策略行为理论的语言描述了这样一种深刻的冲突：个人最大化自身利益的策略行为，不一定能产生从社会角度看对所有个人而言最好的结果。换句话说，如果能够假定存在这样一个"社会计划者"（social planer）——这是经济学尤其是宏观经济学十分青睐的假定——使社会作为一个整体能够像单独个人那样进行利益最大化决策，那么这个与个人一样同样精于计算的"社会计划者"，就会选择那个从社会角度看对所有个人而言最好的结果，而不是由个人分散决策所得到的结果。经济学通常将此称为个体理性与集体理性（或社会理性）之间的冲突。我们通过下面的例子①来看一下囚徒困境所描述的这种冲突。假设存在两个博弈的参与人，分别是甲和乙，他们分别能够选择的策略均为合作或不合作。囚徒困境博弈模型如图3-1所示：

参与人甲

		合作	不合作
参与人乙	合作	5，5	-1，6
	不合作	6，-1	0，0

图3-1 囚徒困境博弈模型

在上面的博弈模型中，对于任意的参与人来说，如果对方采取合作行为，那么采取合作行为将得到收益5，采取不合作行为将得到收益6；如果对方采取不合作行为，那么采取合作行为将得到收益-1，采取不合作行为将得到收益0。显然，对于任何一个参与人来说，不管对方采取合作或不合作行为，采取不合作行为都是占优策略。由此得到一个非合作博弈的均衡解为：双方都采取不合作的行为。然而，如果把参与人甲和参与人乙视作一个整体的社会，那么显然上述均衡解并没有使每个参与人的利益最大化，因而也没有使整个社会的利益最大化，尽管从参与人

①这个例子来自克雷普斯（David M. Kreps）的著作《博弈论与经济模型》，笔者略有改动。实际上囚徒困境模型的内容在任何一本博弈论教科书上都能找到，因此这里所选的例子是随意的。把这里的例子换成出现在其他教科书或著作中的例子，对我们在此要讨论的内容没有影响。

的个人视角看，他们都严格遵循了利益最大化的原则行事，稳定地采取着在各种状况下均占优势的策略。除非他们中间存在某种可执行的惩罚措施能够降低各方背离合作的利益，或者由一个社会计划者从社会利益的角度出发对个人行为发出指令，否则没有人能够从不合作的陷阱中逃脱。

囚徒困境模型描绘了我们在日常经验中遇到的许多现象，例如公地悲剧、乱抛垃圾、逃税、互敲竹杠以及趁火打劫等。囚徒困境模型虽然看起来简单，但它所表达的思想是十分深刻的，准确地刻画了当我们在日常生活中采取策略行为、按照个人利益最大化原则（通常是十分狭隘的个人利益）去行动时，可能产生的某些不合意的后果。在这些由囚徒困境模型描述的社会现象中，或许我们从个人利益计算的角度看，认为这些行为都是可理解的，但绝不意味着我们认为这些行为都是正确的，因为本来我们能够共同生活在一个对各方来说都更好的社会，而这个更好的社会现在因为个人的策略行为消失了。一个人可能在日常生活中经常乱抛垃圾，随意占道停车，抓住一切可能的机会规避纳税义务，对那些坚定地恪守道德行为的人以策略性的态度加以利用，但这并不意味着这个人必然会认为采取这些利用他人的策略行动是正确的。他可能会尊敬那些拥有崇高德行的人，赞美他们的美德，却把自己看成一个市井世俗之人，把眼前的社会状态当成一个需要适应的事实接受下来，也把自己的行为看成是在强大的异己力量压迫下，做出的无可奈何的妥协。笔者经常能从家里的老人口中获得这种世俗的教导——"你要去适应社会，而不是让社会适应你"。他们经历了漫长的岁月，在波谲云诡的社会和政治变迁中艰难地生存了下来。在他们眼里，面对一个由人构成的社会或许和经历一场狂暴的台风没有什么本质上的区别。但不管怎么说，直觉告诉我们，这里边肯定有哪里不对，肯定有一些正确且具有重要价值的东西没有得到评估，否则社会作为一个整体，不应该像某些残酷的外部自然力量一样，与个人选择形成如此强烈的冲突，让人失去对社会的最基本的规范性判断。

罗尔斯（2011a）以"合理的"（rational）行为和"理性的"（reasonable）行为描述了这种冲突。在罗尔斯的观点中，合理行为和理性行为的区别类似于康德假言命令（hypothetical imperative）和定言命令（categorical imperative）之间的区别（康德，1986）。合理行为一般而言是指个人根据经验事实、按照一定的有效技术程序来达到目标的行为。至于理性行为，罗尔斯写道，"当公民的代表仅仅被描述为自由的和平等的，而不属于这种或那种社会阶级，不拥有这些或那些自然天赋，也不拥有这种或那种（统合性的）善观念的时候，从他们的对应处境中所产生出来的限制就是理性的"（罗尔斯，2011a：102）。这显然是对理性概念的一种康德式的定义，包含着明显的实践理性含义。因此，按照罗尔斯的区分，囚徒困境博弈中的参与人采取占优策略"不合作"时，他是合理的，但并非理性的。这意味着，一个面对着囚徒困境博弈的个人，他可能会按照合理法则选择不合作，也可能会按照罗尔斯和康德所说的理性法则，无条件地按照那种能够实现一个更好状态（即双方均选择合作）的方式去行动，即使对方最终选择了不合作。他通过按照理性法则去行动，或者说采取道德行为，告诉了对方眼前的状态（即双方均选择不合作的状态）是"不应当"存在的，逃离这种状态也是可能的，有一个更加值得我们共同生活于其中的社会状态等待着大家共同去实现。这一更具价值的社会状态赋予了这种道德行为以真实的个人价值。如果把这种规范性表达功能的价值也计算在内，个人无条件进行合作的行为即使从经济学角度来看，也不算是那么地难以理解了。

到目前为止，我们看似已经把问题解决了：通过赋予合作行为一些可能被忽略的价值（例如上面所赋予的进行规范性表达的价值），我们或许能够在策略行为理论的框架内得到一个双方都选择合作的最优解，从而消解了社会与个人之间的冲突。这意味着，我们用策略行为理论的方法来解决这一冲突并非完全不可能，因为当我们察觉到个人利益最大化行为的结果与我们所希望的合意结果之间的不一致时，我们可以在理论中加入某种在过往决策中并未加以充分考虑的某些价值，使个人利益最大化行为的结果与从社会整体角度来看的最优结果之间不再存在差异。实际上，已有的不少理论就是这样设想的。例如我们可以武断地假定个人是利他的，他的个人收益会随着他人收益的增进而增进，随他人收益的减少而减少，从而在根本上改变囚徒困境的博弈结构；或者像通俗定理（folk theorem）那样，引入重复博弈并赋予时间以价值；又或者像我们在后面将要提到的强互惠理论（金蒂斯 等，2015）和引入信念的焦点均衡理论（巴苏，2020）那样，分别赋予惩罚行动和构造共同信念的行动以价值。

这种办法真的可行吗？上述的这些解决方案有一个共同的特点，即需要经济学家从上帝的视角给个人的行为赋予某种价值，从而改变个人真实面临的决策环境，包括策略空间以及在不同决策结果下的价值。但现在问题在于：我们怎么知道这些价值必然就是所有人都会接受的共同价值呢？我们怎么知道人们必然会认同经济学家从外部赋予的这种价值，而不会设想其他可能的评价方式呢？他们为什么必须在经济学家构造的规则下他律地行动，而不是更自主地设想一个对其来说可能更好的世界呢？实际上，通过赋予价值、改变博弈结构的方式使道德行为变成策略行为合理结果的做法是荒谬的，因为同样的做法我们一样能够相反地把囚徒困境的均衡解变成道德行为的结果，其中个人利益与社会利益是一致的，例如把图 3 – 1 中双方均不合作的收益从 0 改成 7。卖方诚实经营，拿出一件美观实用的产品让买方掏钱购买，我们通常认为买方能够从交易中获益；如果卖方掏出一支枪，买方也掏出同样数量的钱，我们通常则会认为买方的利益是受损的。但是，我们同样可以通过赋予价值的办法使后者也变成双方均获利的正当交易，只要假定买方具有某种受虐倾向，在被枪顶着脑袋的状态中获得正向的收益，问题就解决了。然而通过赋予价值的方式把道德行为还原为策略行为，就会产生类似的荒唐后果。之所以会产生这样的后果，根本原因是策略行为理论完全没有考虑人们为什么会愿意一致同意地遵守特定的共同规则以及特定的对事物的评价方式。换言之，尽管策略行为理论能够把给定的社会状态还原为策略行为的结果，但无法解释人们为什么可能会做出反事实的判断，认为自身所处的社会状态"不应该"是眼前的这个样子。例如阿西莫格鲁和罗宾逊在《政治发展的经济分析：专制和民主的经济起源》（2008）一书中，构建了包含精英（elite）和民众（citizens）两类主体的博弈模型来解释民主制度的形成和巩固。但问题在于，精英和民众两类主体本身就是制度的产物，我们怎么能够假定人们必须在给定的制度下行动，而不能反事实地设想一个没有精英的社会？当然，两位作者也认识到了博弈模型的这一局限。① 由于策略行为理论这一不可避免的局限性，我们或许应该断了通过它来达到构建正当制度、阐明正当制度可能性的念头。

总而言之，策略行为理论只能根据人们对过往行为的经验现象进行归纳，得到一套机械论的解释。这种机械论解释把行动的人理解成按照自然的因果性法则进行活动的事物，把已经发生的人的行动归结为一系列按自然的因果性法则发生的现象。这种机械论解释只是在把因果性法则运用于行动的经验现象，只是在描述和解释事实，它无法预测和决定人的未来行动。因为它所谓的预测必须建立在人只能按照给定的选择空间、价值标准和行动规则来活动的假设下，它并不能说明一个人为何无法设想一个其他可能的世界，并以理论模型所不能容纳的理由采取不符合理论模型预测的行动；它也不能告诉人们，经济学家通过策略行为理论所描述的世界为什么值得大家共同生活于其中，而不是政治哲学家、道德哲学家所提出的或许更有竞争力和说服力的方案。

第二节　自律行为的概念

前面我们讨论了策略行为理论在分析制度正当性问题时的局限性。从前面的讨论中我们可以看到，策略行为理论是与规范价值无涉的。在以策略行为相互对待的社会中，个人的所有行为都是他律的，个人只是单纯地把社会当成一个异己的外部力量，当成一个需要通过认识和加以适应的经验事实，就像看待一场台风和一场暴雨那样，而不是把社会看成是人们采取共同行动处理经验事实的一种方式；个人只会把由制度界定的社会状态和自然禀赋一同当成事实接受下来，而不会反事实地提出

---

① "当然，如果意识形态是第一位的，我们的很多分析就不相干了。然而，如果意识形态偏好出现，但还不足以重要到完全否定个人相关的经济考虑时，我们的分析的大部分和到目前为止提出的许多见解就继续适用。"（参阅 ［美］阿西莫格鲁、罗宾逊《政治发展的经济分析：专制和民主的经济起源》，上海财经大学出版社 2008 年版，第 185 页。）

社会状态"应该"是另一个样子的观点，也不会以这种反事实的态度去质疑眼前的制度是否"正当"。然而，正义的和道德的行为，表达的却是一种"天下有道，丘不与易也"① 的反事实态度。因此，在应该拥有一个怎样的理想社会这个问题上，按策略行为准则来行动的个人绝不可能是实践的，策略行为也毫不符合康德意义上的实践理性原则。② 既然在作为他律的策略行为中我们看不到解决问题的希望，我们不妨尝试转向剩下的另一条路，即自律行为。

笔者在此区分了个人自律行为和集体自律行为，这种区分主要涉及我们从个人还是集体的视角出发去达到自律。我们先把这暂且按下不提，因为目前首要的工作是说清楚自律行为的含义，不论它是个人的还是集体的，然后再在此基础上给出自律在个人意义上和在集体意义上的准确定义。为此，笔者转向康德哲学寻求新的视角。

要说明自律行为的概念，首先需要对康德的实践哲学做简单的说明。因为我在此使用的自律概念，正是基于康德所提出的实践理性的意义。之所以在此使用个人自律和集体自律的概念，而不是经济学中更加常用的个人理性和集体理性的概念，原因是"理性"一词在经济学中的运用是如此的随意和泛滥，很容易产生不必要的歧义。经济学所说的理性行为一般来说指的是罗尔斯所说的那种"合理的"（rational）行为，因此这种理性通常指的是准确地以经验事实为依据，并按照一定的有效技术程序来达到目标。如果读者仔细阅读过康德的《纯粹理性批判》（2004）和《实践理性批判》（2003），以及罗尔斯的《正义论》（1988）等著作，就不难发现：在什么是理性这个问题上，经济学家和哲学家之间简直是"鸡同鸭讲"，两者所说的理性完全不是一回事。自由的概念也是如此。意志的自由在康德和罗尔斯等哲学家那里是关于个人作为一个自在本体的悬设，是把个人设想为能够自律地行动而不是像博弈论中那样他律地

---

① 参阅〔宋〕朱熹《四书章句集注》，中华书局 1983 年版，第 184 页。

② 理性的实践运用"所关心的是意志的规定根据，这种意志要么是一种产生出与表象相符合的对象的能力，要么毕竟是一种自己规定自己去造成这些对象（不论身体上的能力现在是否充分）、亦即规定自己的原因性的能力。"（参阅〔德〕康德《实践理性批判》，邓晓芒译，人民出版社 2003 年版，第 16 页。）

行动所必要的先验设定；没有意志自由的悬设，个人反事实地对社会状态进行规范性判断是不可想象的，因此个人的行为也不可能是实践的。而经济学家所说的自由则随意而且模糊得多，更多地是指一种选择不受限制的状态。他们甚至可能把工人为了最低限度维持生命而出卖全部个人时间、把陷于困境的人们遭受"发国难财"行为的勒索盘剥，乃至把光天化日打劫的行为，都看成是自由交易的结果。如果不暗地里引入某种正当制度的约束或某种形式的道德和正义观念，经济学家很可能会沉溺在这种自由概念中不可自拔。因此，我们也无法使用个人自由和集体自由这些概念，因为在经济学家和哲学家的笔下自由概念差异巨大。为了避免歧义，我们最好还是将其搁置一旁。综合上述考虑，笔者决定在这里使用自律行为的概念，而不是在经济学中更常见的理性行为和自由选择行为的概念。但这是有代价的：由于自律的概念并非经济学中的常用概念，我们有必要在此花一定的篇幅对其进行详细说明。

笔者在这里所说的自律行为的概念，主要来自康德的《实践理性批判》（2003）和《道德形而上学原理》（1986）两本著作。要理解《实践理性批判》一书，关键在于理解道德命令（或纯粹实践理性的基本法则）与自由意志、上帝存有和灵魂不朽三个悬设的概念，以及四者之间的相互关系。而要理解《道德形而上学原理》一书，关键则在于理解以下四个方面的概念，以及这些概念之间的关系：

1. 假言命令和定言命令
2. 技艺性命令、实然命令和定言命令
3. 自由意志
4. 目的王国

在这里，笔者将围绕《道德形而上学原理》和《实践理性批判》这两部著作，简述康德实践哲学。让我们先从《道德形而上学原理》说起。

关于假言命令和定言命令，康德写道："一切命令式，或者是假言的，或者是定言的。假言命令把一个可能行为的实践必然性，看作是达到人之所愿望的，至少是可能愿望的另一目的的手段。定言命令，绝对命令则把行为本身看作是自为地客观必然的，和另外目的无关。"（康德，

1986：65）而定言命令是什么呢？康德认为，"定言命令只有一条，这就
是：要只按照你同时认为也能够成为普遍规律的准则去行动"（康德，
1986：72）。又或者说，"你的行动，应该把行为准则通过你的意志变为
普遍的自然规律"（康德，1986：73）。"要把来自意志准则的一切，都看
作是一个自身普遍立法的意志所制作的，因为只有这样，实践规律以及
意志所服从的命令才是无条件的，才是不以任何兴趣为根据的。"（康德，
1986：85）"除非我愿意自己的准则也变为普遍规律，我不应行动。"（康
德，1986：17）"你行动所依从的准则，要能同时使其自身成为像自然普
遍规律那样的对象。"（康德，1986：90）定言命令，也就是康德所说的
"纯粹实践理性的基本法则"，又或者称为道德命令或绝对命令。定言命
令是客观的，因为它对任何有理性的存在普遍有效；它是必然的，因为
它独立于一切经验性的东西直接对意志进行了规定；它也是纯粹形式的，
因为它不以任何的经验内容作为行动的前提。因此，按定言命令去行动
的意志是自律的，或自由的，而不是他律的。

　　我们为什么要去寻找定言命令，寻找那个抛开一切经验内容、无条
件地直接对意志进行规定的那个法则呢？原因是：我们需要理解人如何
能够反事实地提出规范性判断。他如何能够反事实地认为这个世界"应
该"这样或"不应该"这样？他如何能够把经验事实放在一旁、走在经
验事实之先为自己的行动确立一个目标？人并不是简单地、被动地将眼
前的世界当作不可更改的事实接受下来的；在他对社会有了经验上的认
识之后，他才会做出这个社会"应该"如此或"不应该"如此的判断。
在认识论领域，即使是我们再坚定不移地对经验上的自然因果法则给予
充分信任，我们还是会通过理性在质疑和验证过程中确立对因果法则的
信仰；人的理性才是那个最初的原因。康德在《纯粹理性批判》（2004）
中对此进行了论述。在实践论领域同样如此。我们可以在经验世界中为
自己的行动确立一个经验上的目的因，并按照经验上有效的因果法则去
实现它。在这一他律行为的过程中，我们总在某种程度上把关于经验世
界的认识当作事实接受下来，让它约束我们的意志。但问题在于，特别
是在社会制度领域，我们为什么必须接受这个经验世界，而不能设想一
个其他可能的世界来规定我们的行为？经济学家常常热衷于建言献策，

提出这个社会或制度应该这样或不应该这样的规范性建议，但他们所做的只是像一个工程师那样提出技术性的建议——经济学家常常用复杂的理论模型刻画这个社会，把作为经验世界一部分的社会当成经验事实通过理论模型确定下来，然后为实现特定目标提出技术性建议。但经济学家当成事实接受下来的那个社会对其他公民来说是正当的吗？经济学家所提出的目标，以及为了实现这一目标通过政策和制度规定他人行为的做法是正当的吗？与物理学家不同，经济学家所研究的不是自然，而是社会；而对在生活社会中的人们来说，社会是某种人力所及之物，是通过人的行动而成为可能的东西。那么，我们为什么不能通过人的行动达到一个更好的社会，而这个更好的社会与经济学家作为自然事实接受下来的那个社会相比是截然不同的吗？正如阿西莫格鲁和罗宾逊在《政治发展的经济分析：专制和民主的经济起源》（2008）一书中构建的那个包含精英（elite）和民众（citizens）两类主体的社会，既然不论精英还是民众本身都是制度在经验上的产物，我们为什么不能设想一个不会区分精英和民众、实现众生平等的社会，并付诸实践和加以追求呢？在规范判断上，经济学家与普通人相比并没有拥有知识上的特权。当经济学家需要论证被他们当成事实接受下来的那种社会状态为何对他人来说是正当的时候，经济学的知识似乎就派不上用场了。总而言之，通过思考这样一种反事实地提出规范判断的能力，我们将发现，除非找到那个抛开一切经验内容、无条件地直接对意志进行规定的法则，否则我们总会在某种程度上用经验事实规定我们的意志和行为，从而或多或少地否定了个人提出规范判断的能力。只有采取自律行为的个人才具有这种能力；相反，他律行为则只取决于个人接受了哪些事实，而在这些事实之上，他不再具备更强的能力和更苛刻的原则去指导他在不同的事实中做出选择。

接下来的问题是，康德是如何达到定言命令的呢？我们在《实践理性批判》中能够更清楚地看到康德的思路。康德在《实践理性批判》中首先论证了以下三个定理：

定理一：将欲求能力的一个客体（质料）预设为意志的规

定根据的一切实践原则，全部都是经验性的，并且不能充当任何实践法则（康德，2003：24）。

定理二：一切质料的实践原则本身全都具有同一种类型，并隶属于自爱或自身幸福这一普遍原则之下（康德，2003：26）。

引理：一切质料的实践规则都在低级欲求能力中建立意志的规定根据，并且，假如根本没有足以规定意志的单纯形式的意志法则，那甚至就会没有任何高级的欲求能力能够得到承认了（康德，2003：26－27）。

定理三：如果一个有理性的存在者应当把他的准则思考为实践的普遍法则，那么他就只能把这些准则思考为这样一些不是按照质料，而只是按照形式包含有意志的规定根据的原则（康德，2003：33）。

在对上述三个定理以及一个引理的论证过程中，康德指出，规定意志的如果是经验性的东西，那么意志就必然是他律的，而不是自律的。我们唯有逐步把这些关于意志的经验上的原因性抽象化，纯粹地拥有法则本身，我们才能够找到意志自律的根据所在。我们在前面也已经说了，由于在他律行为中，个人的行为只取决于个人接受了哪些事实，个人在这些事实之上就不再具备更高的能力和原则去指导他在不同的事实中做出选择；同时，我们只有找到意志自律的根据所在，把关于意志的经验上的原因性抽象化，纯粹地拥有实践理性法则本身，才能理解反事实地提出规范判断的能力。

在以上定理和引理的基础上，引出了自由意志的概念，或者说引出了一个可被称为自由意志的悬设。康德写道："如果没有对意志的任何别的规定根据、而只有那个普遍的立法形式能够用作意志的法则：那么一个这样的意志就必须被思考为完全独立于现象的自然规律，也就是独立于因果性法则，确切说是独立于相继法则的。但一种这样的独立性在最严格的理解上、即在先验的理解上，就叫作自由。所以，一个唯有准则的单纯立法形式才能充当其法则的意志，就是自由意志。"（康德，2003：

36 - 37）但是，由于这种意志上的自由只是一个形而上学的悬设，它不能被经验地直观，同时个人意志又不可能从经验现象中获得实践的原则，否则自然的机械作用将否定了自由意志。因此，康德认为，人们正是从道德自律中体验到自由意志的存在的。康德写道："正是我们（一旦为自己拟定意志的准则就）直接意识到的那个道德律，它是最先向我们呈现出来的，并且由于理性将它表现为一种不被任何感性条件所战胜的、甚至完全独立于这些条件的规定根据，而正好是引向自由概念的。……（对于一个拥有自由意志的理性存在者来说）他能够做某事是因为他意识到他应当做某事，他在自身中认识到了平时没有道德律就会始终不为他所知的自由。"（康德，2003：38 - 39）在康德这里，悬设这一概念表示的是"一种理论上的、但本身未经证明的命题，只要它不可分割地与某种无条件地先天有效的实践法则联系着"（康德，2003：168）。意志的自由正是这样的一种悬设。关于它，我们不可能对其有任何经验上的认识，因为自由不可能作为一个感性直观给予我们，但如果我们要理解人们内心中反事实地提出规范性判断、并将之付诸实践的能力，那么它就是一个必然存在的悬设。"只要我们能够充分保证不会有对自由的不可能性的任何证明，于是就悬设了自由的那个道德律而不得不假定自由，并同样由此也被授权假定自由，那就是万幸了！"（康德，2003：128）

康德由此提出了纯粹实践理性的基本法则，也就是上面说到的那个唯一可能的定言命令，它也是道德命令、绝对命令：

> 纯粹实践理性的基本法则：要这样行动，使得你的意志的准则任何时候都能同时被看作一个普遍立法的原则（康德，2003：39）。

以及一个与之相关的定理四：

> 定理四：意志自律是一切道德律和与之相符合的义务的唯一原则；反之，任意的一切他律不仅根本不建立任何责任，而且反倒与责任的原则和意志的德性相对立（康德，2003：43）。

　　前面提到过，纯粹实践理性的基本法则满足了客观性、必然性和纯粹的形式性，正是从一开始我们就在追求的那个抛开了一切经验内容直接对意志发布命令的法则。康德意志自律的观点引起了这样一个问题：人的意志在多大程度上作为生理现象服从于自然的因果规律，又在多大程度上像我们在本节中所说的那样，反事实地处于一切经验之上，"自由"地采取行动。康德认为这两种观点都是正确的，且并不矛盾。康德写道："在意志所服从的那个自然的规律（法则）和某种（就意志与其自由行动有关的事情上）服从一个意志的自然的法则（规律）之间作出区别是基于：在前者，客体必须是规定意志的那些表象的原因，但在后者，意志应当是这些客体的原因，以至于意志的原因性只是在纯粹的理性能力中有自己的规定根据，所以这个能力也可以称之为一个纯粹的实践的理性。"（康德，2003：59）后者是一条自由的法则，"根据这条法则，意志应当能够独立于一切经验性的东西（仅仅通过一般法则及其形式的表象）而得到规定，但在可能行动上所出现的一切情况却都只可能是经验性的、也就是属于经验和自然界的：所以，显得非常荒唐的是，想要在感官世界中碰到这样一种情况，它在感官世界中永远服从自然法则，却又允许一条自由法则应用于其上，并且那应当在其中具体地（in concreto）体现出来的德性之善的超感性理念也可以应用于其上"（康德，2003：92－93）。康德认为这并不矛盾，因为服从自然法则的是那个在感性世界作为现象的自我，而服从道德律的是那个在超验世界自在的自我。康德写道："因为同一个行动着的存在者作为现象（甚至在他自己的内感官面前）具有一种感官世界中的、任何时候都是符合自然机械作用的因果性，但就同一个事件而言，只要行动着的个人同时又把自己看作本体（作为在其不能按照时间来规定的存有中的纯粹理智），就可能包含有那个按照自然规律的因果性的规定根据，这根据本身是摆脱了一切自然规律的。"（康德，2003：157）"如果我们在道德律之前把任何一个客体以某种善的名义假定为意志的规定根据，然后又从它引出至上的实践原则，那么这种原则任何时候都会带来他律并排斥道德原则。"（康德，2003：150）因此，如果把从过去行动中归纳得到的经验规则当成自在之物本身的规定，而不是当作经验现象的规定，那么就会导致这样的矛盾：个人在任意的时间点上都不是自由的，都是过去的行动依据经验上的因果性法则必然发生的。当我们把从过去行动中归纳得到的经验规则当成经验现象的规定，而不是对自在之物的规定，就没有这种矛盾了：那个被个人当成经验现象加以认识的过去的行动，是可以通过因果性法则来理解的；但对作为自在之物的个人来说，他则是自由的，他自在地作为目的而存在，使一切经验上的因果性法则从属于其下。前者是自然意义上的人，后者是作为自在本体而存在的自由的人。对此，康德在《道德形而上学原理》中写道："一个有理性的东西，就从两个角度来观察自己和认识自身力量运用的规律，认识他的全部行为。第一，他是感觉世界的成员，服从自然规律，是他律的；第二，他是理智世界的成员，只服从理性规律，而不受自然和经验的影响。……作为一个有理性的、属于理智世界的东西，人只能从自由的观念来思想他自己意志的因果性。自由即是理性在任何时候都不为感觉世界的原因所决定。自律概念和自由概念不可分离地联系着，道德的普遍规律总是伴随着自律概念。在概念上，有理性的东西的一切行动都必须以道德规律为基础，正如全部现象都以自然规律为基础一样。"（康德，1986：107）"定言命令之所以可能，就在于自由的观念使我成为意会世界的一个成员。"（康德，1986：109）自由是一种观念，"理性是把观念用来作为并不存在于经验对象中的结果的原因，并且观念也不向经验提供对象"（康德，1986：116）。因此，"人们必须以双重方式来思想自己，按照第一重方式，须意识到自己是通过感觉被作用的对象；按照第二重方式，又要求他们意识到自己是理智，在理性的应用中不受感觉印象的影响，是属于知性世界的"（康德，1986：113）。

康德在《道德形而上学原理》一书中对定言命令（也就是纯粹实践理性的基本法则）进行解释时，所描述的面对道德抉择的个人与陷于"囚徒困境"中的个人十分类似。康德对定言命令是这么解释的：

> 出于责任而诚实和出于对有利后果的考虑完全是两回事情。在前一情况下，行为的概念自身中已经含有我所要的规律，在后一种情况下，我还要另外去寻找有什么伴随而来的效果。所

以，如果偏离了责任原则，就完全肯定是恶；而违背一些明智准则还会对我有很多好处，虽然保持不变，当然更少担风险。为了给自己寻找一个最简单、最可靠的办法来回答不兑现的诺言是否合乎责任的问题，我只须问自己，我是否也愿意把这个通过假诺言而解脱自己困境的准则，变成一条普遍规律；也愿意它不但适用于我自己，同样也适用于他人？我是否愿意这样说，在处境困难而找不到其他解脱办法时，每个人都可以做假诺言？这样，我很快就会觉察到，虽然我愿意说谎，但我却不愿意让说谎变成一条普遍规律。因为按照这样的规律，也就不可能做任何诺言。既然人们不相信保证，我对自己将来的行为，不论作什么保证都是无用的。即或他们轻信了这种保证，也会用同样的方式回报于我。这样看来，如若我一旦把我的准则变为普遍规律，那么它也就毁灭自身（康德，1986：52－53）。

假如有这样一个事事如意的人：

在他看到别人在巨大的痛苦中挣扎，而自己对之能有所帮助时，却想到这于我有什么关系呢？让每个人都听天由命，自己管自己罢。我对谁都无所求，也不妒忌谁，不管他过得很好也罢，处境困难也罢，我都不想去过问！如果这样的思想方式变为普遍的自然规律，人类当然可以持续下去，并且毫无疑义地胜似在那里谈论同情和善意，遇有机会也表现一点的热心，但反过来却在哄骗人、出卖人的权利，或者用其他办法侵犯人的权利。这样一种准则，虽然可以作为普遍的自然规律持续下去，却不能有人愿意把这样一条原则当成无所不包的自然规律。作出这样决定的意志，将要走向自己的反面。因为在很多情况下，一个人需要别人的爱和同情，有了这样一条出于他自己意志的自然规律，那么，他就完全无望得到他所希求的东西了（康德，1986：75）。

康德在《实践理性批判》（2003）中，也有一段类似的阐述：

对于作为质料的我的自身幸福，这种幸福，如果我将它赋予每个人（如我事实上终归可以在有限的存在者那里做的那样），那么它就只有当我把鄙人的幸福也一起包括在它里面时，才能成为一个客观的实践法则。所以"促进别人的幸福"的法则并不是来自"这是对于每个人自己的任意的一个客体"这个前提，而只是来自：理性当作给自爱准则提供法则的客观有效性条件来需要的那个普遍性形式，成了意志的规定根据，所以这客体（别人的幸福）不是纯粹意志的规定根据，相反，只有那单纯的合法形式才是如此，我借这种形式来限制我的立于爱好之上的准则，以便使它获得法则的普遍性，并使它这样来与纯粹实践理性相适合，只有从这种限制中，而不是从附加一个外在的动机中，将一个自爱的准则也扩展到别人的幸福上去的责任的概念才产生出来（康德，2003：45－46）。

康德在上面的文字中，实际上表达了对囚徒困境问题的另一种分析思路。我们重新回到图3－1所表述的囚徒困境博弈之中，在上一小节关于策略行为概念的分析中我们可以看到，假如囚徒困境博弈中的各方参与者都以策略性利用对方的态度相互对待，那么最终的结果就是双方都选择不合作，因为对任何一个参与者来说，不管对方如何选择，选择不合作都是绝对占优的策略。问题是，以康德提出的"纯粹实践理性的基本法则"或道德命令为标准作检验，不合作的行为是否是正当的，或是否是道德的？囚徒困境博弈中作为策略行为结果的"不合作"，是否能够作为一种道德命令得到人们无条件地遵从？答案是否定的。因为按康德的说法，道德行为意味着个人行为的准则在任何时候都能同时被看作一个普遍立法的原则；意味着把行为准则通过个人意志变成仿佛普遍的自然规律一般的东西，就像一个普遍存在的立法意志通过个人的意志和行为将自身表现出来一样。囚徒困境博弈中的个人是否能够做到把"不合作"的行为视为一种普遍的行为准则呢？显然是不能的，因为当参与者选择"不合作"时，他总是希望对方能够选择"合作"；而他以"不合作"对他人的"合作"加以策略性利用能够得到更高的收益6，而不是非合作均衡中的收益0。相反，如果他选择"合作"，他倒是希望他人也能够选择"合作"，这样他就能够得到收益5，而不希望他人对他的"合作"行为加以策略性利用。在后一种情况下，被他人策略性地加以利用的合作者只能得到收益−1，远小于共同采取合作行为时的收益5。因此，只有合作的均衡解，即选择"合作"且不会有任何人对他人的"合作"行为加以策略性利用，才能够满足康德的定言命令法则，因此也只有"合作"的选择才是道德的。

　　还有一点很重要，合作行为的道德性，是不能通过上一小节中说过的那种赋值方法还原为策略行为的结果的。因为策略行为理论完全没有考虑人们为什么会愿意一致同意遵守特定的共同规则以及对事物的评价方式。策略行为理论把给定的社会状态还原为策略行为的结果，但仍然留下一个有待解释的问题：人们为什么可能会做出反事实的判断，认为自身所处的社会状态"不应该"是眼前的这个样子？我认为，康德以下的文字正体现了这一观点："'促进别人的幸福'的法则并不是来自'这是对于每个人自己的任意的一个客体'这个前提，而只是来自：理性当作给自爱准则提供法则的客观有效性条件来需要的那个普遍性形式，成了意志的规定根据，所以这客体（别人的幸福）不是纯粹意志的规定根据，相反，只有那单纯的合法形式才是如此。"（康德，2003：46）把囚徒困境博弈中合作行为的道德性，通过赋值改变博弈结构的方式还原为策略行为的结果，只不过是用一种他律行为替代另一种他律行为，用一种策略性地利用事实的方式替代另一种策略性地利用事实的方式，对理解那种先于一切经验、反事实地思维的实践理性能力没有任何助益。合作行为的道德性，按照康德的观点，并不是策略性地利用事实的结果；相反，正是由于合作行为符合纯粹实践理性基本法则的形式，体现了个人先于一切经验地去思考眼前"非合作均衡"的事实是否"应当如此"的那种实践理性能力，才显示出其道德性。因此，"富贵不能淫，贫贱不能移，威武不能屈"①，种种这些在经济学家看来或许是不识时务的愚蠢行为，绝不能简单地理解成一种非理性的举动。恰恰相反，这里头正体现了个人理性地对事实进行思考的能力，这种能力否定了以下观点：人不过是被动地接受事实并加以策略性利用的动物。

敏锐的读者或许已经察觉到，康德的定言命令似乎没有告诉我们关于生活中应如何行事的任何具体指示。确实如此，因为康德自身在论述定言命令的时候就已经说了，定言命令或纯粹实践理性的基本法则是纯粹形式的，抽象掉了一切会导致他律的经验性内容。我们似乎无法指望康德的定言命令能够告诉我们，在生活的具体情境下"是否应当乱抛垃圾""是否应当不对人说谎"或"是否应当乐于助人"等诸如此类的问题的答案。正如西季威克（1993）和麦金太尔（1995）所说的那样，"人不为己，天诛地灭"的准则同样可以按定言命令的形式变成普遍的道德准则，只要按此准则行事的个人不会前后矛盾地拒绝被他人以同样方式对待就好。我们在本书第五章就可以看到，只要从定言命令中的"普遍性在经验的运用上存在一个限度"的经验角度出发来思考定言命令，西季威克和麦金太尔的批评确实是强而有力的，人们似乎总避免不了通过经验上的事实论证正义和道德；而直接通过集体的视角理解自律，或许是一种补救的办法。我们将会看到，以桑德尔和麦金太尔为代表的"共同体主义"观点就是这么做的。康德的观点似乎无法回答这种批评。尽管康德并没有告诉我们在经验世界中应如何行事，但至少他告诉了我们应当以怎样的形式去寻找正义和道德，这一形式就是定言命令。虽然定言命令并没有告诉我们在具体情境下应如何处事待人，但它至少告诉了我们，只有处事待人的原则符合定言命令的形式规定，这一原则才有可能是正义和道德的；也只有以符合定言命令的方式去思考和行动，我们才有望在经验世界中找到正义和道德，就算我们事前不知道正义和道德具体长什么样子。这是康德留给我们最珍贵的思想遗产之一。

---

①"居天下之广居，立天下之正位，行天下之大道。得志，与民由之；不得志，独行其道。富贵不能淫，贫贱不能移，威武不能屈，此之谓大丈夫。"（参阅〔宋〕朱熹《四书章句集注》，中华书局1983年版，第270页。）

我们继续回到康德的理论上来，在论述了假言命令和定言命令之后，康德又将假言命令区分为技艺性命令和实然命令两类。康德写道：

技艺性命令："一切科学都有一个实践部分，它的任务是向我们指出，什么样的目的是能够达到的，以及怎样去达到这一目的。这位为达到某种目的而做出的指示，一般地叫作技艺性命令。至于目的是否合理、是否善良的问题这里并不涉及，而只是为了达到目的，人们必须这样做。"（康德，1986：66）

实然命令："倘若把行为的实践必然性，看作是满足幸福要求的工具，这样的假言命令就是实然的。……人们可以把选择有关自己最大福利的工具的机巧，狭义地称之为机智。"（康德，1986：67）

技艺性命令是假言命令，因为它以客观的经验状态作为目标；实然命令同样也是假言命令，因为它以经验上的善或幸福观作为目标。因此不管是技艺性命令还是实然命令，都是他律而不是自律，因为它们都在某种程度上直接接受了经验上的事实，将其当作规定行为的根据。而定言命令或道德命令则与之不同。康德认为，定言命令"直接决定人的行为，而不须一个另外的，通过某种作为而实现着的意图为条件。这种命令式就是定言命令。它所涉及的不是行为的质料，不是由此而来的效果，而是行为的形式，是行为所遵循的原则"（康德，1986：67）。我们不妨在"目的—手段"关系链条中来理解这三类命令的关系。从一个具体的"目的—手段"关系链条出发，假设一个人采取了某个具体行动，我们可以把这个具体行动当成手段，追问他这么做的原因。他可能以某个具体的、有着经验内容的目的因作为回答。如果是这样的话，我们就可以继续追问他：设定这一目的的原因是什么呢？它又是达到其他的什么目的的手段吗？此时，如果这个人不是不经思考地把这个有着经验内容的目的因作为事实简单接受下来，那么他就会把这个目的进一步地当作手段，设定另一个目的作为行动的原因来进行回答。这就是康德说的，为什么这种依赖于经验条件的实践命令需要另一个命令来加以限制的缘故。将这一追问不断地进行下去，假如不想"目的—手段"关系链条无限延伸，或者不想因循环论证导致"吃饭为了生存，生存为了吃饭"这类把人类行为终结于生物性活动的状况，那么，"目的—手段"关系链条总需要在某个地方终结，其目的是最终的、自在的，不再作为手段依赖于其他的目的。此时，一切"目的—手段"关系链条上的经验内容都被反事实地置于最终目的的规范性审视之下。首先，由于该目的作为链条上最终的目的因而存在，受这一最终目的因规定的行为，本身便不存在更高的目的因使之变成一个受假言命令限制的行动，因此它是无条件的，同时也必然是先验的，它先于一切经验为它设定的限制。其次，它还必须是普遍的或客观的，像统一的自然规律那样对不同的个人意志进行规定，否则个人之间在经验上的差异就会构成对它的限制，从而变成一个假言命令。最后，由于它排除了一切经验的内容，所以它只能关涉规定的纯粹形式，而非其内容。这样一来，康德认为只有一个命令能够满足这些条件，这个命令就是定言命令或道德命令，它是绝对的命令。而在最终目的规定之下、位于"目的—手段"关系链条中由具有经验内容的目的因规定的那部分行为，规定它的不是技艺性命令，就是实然命令。由于受定言命令直接规定的行为，其目的并不建立在任何对事实的经验认识之上，因此个人是作为有理性的主体直接面对这一最终目的的，因此也先于一切经验受到定言命令的直接规定；相反，受假言命令——不论是技艺性命令还是实然命令——规定的行为，由于其目的是建立在对事实的经验认识之上，使用怎样的手段达到目的就需要对事实有充分准确的认识，以及对相关技巧的熟练运用。这意味着，道德是每个人需要直接面对的事情，而专业知识则不是。康德在《实践理性批判》（2003）中写道："凡是按照任意的自律原则该做的事，对于最普通的知性来说都是很容易而且不加思考地就可以看出的；凡是在任意的他律前提下必须做的事则很难这样，它要求世界指示；就是说，凡是作为义务的东西都自行向每个人呈现；但凡是带来真实而持久的好处的东西，如果要把这好处扩延到整个一生的话，都总是包藏在难以穿透的黑暗中，并要求有很多聪明来使与之相称的实践规则通过临机应变的例外哪怕只是勉强地与人生的目的相适应。"（康德，2003：49）

就笔者所接触过的文献而言，在经济学中，最早以"目的—手段"

关系链条来理解人类经济活动的经济学家，似乎是奥地利学派的门格尔。在《国民经济学原理》（2001）一书中，门格尔按照目的与手段的关系，将接近消费性目的的经济财货称为低级财货，将远离消费性目的、用作生产性目的的经济财货称为高级财货。① 于是在门格尔的理论中，个人行为就意味着对各级经济财货的使用方式；将各级经济财货按距离消费性目的的远近组织起来，就相当于将个人行为按"目的—手段"关系链条的结构组织了起来。在一个只存在策略行为的社会中，或者说在一个只存在由技艺性命令和实然命令规定的行为的社会中，他人行为不论其目的如何，对个人来说都属手段之列，都是可以加以策略性利用的客观对象，与其他作为物的商品毫无二致。围绕商品和劳务这些稀缺手段进行的市场交换，使在经验上有着巨大差异的个人目的获得最大限度的实现，由此联结起来的个人行为结构就是市场。通过前面的分析我们知道，假如市场中的个人被设想为一个自律的主体，而不是被动地在不同经验事实中间进行选择的机器，那么个人就理应有能力去反事实地思考个人目的与他人目的在经验上偶然的异同，从而自律地为自身设定目的。通过这一反事实地进行规范性思维的过程，对市场中任何自律的主体来说，不论是自身的目的还是他人的目的，都不会被当成经验事实那么简单地接受下来；任何人都可能提出关于社会"应当"怎样、个人"应当"怎样行动的判断，并通过理由加以论证，而这些理由的所有经验上的异同都必须接受"应该"还是"不应该"的实践理性检验。一旦一切经验上的异同都得到审视——这同时也意味着达到了规定行为的纯粹法则本身（即康德的定言命令），离开这一准则，必定存在某些经验上的偶然异同无法得到更高法则的检验——所有个人的行为尽管可能在经验上存在差异，但这些行为都将客观必然地包含着先验上的一致性；那些在反事实思维过程中被否定或排除的目的或行为，则失去了正当性。个人行为在纯粹法则规定下达到的一致性，就构成了康德所说的"目的王国"的概念。

---

① 同样的观点可见米瑟斯（Ludwig von Mises）《人的行动：关于经济学的论文》一书的第四章"行动范畴的初步分析"。

在反事实地进行规范性思维的过程中，设想任何个人都是一个自律的主体，否则就根本不需要反事实地去思考个人目的与他人目的在经验上偶然的异同，进而达到先验上的一致性了。因此，当个人行为在纯粹实践理性基本法则的规定下达到一致时，任意的个人都是自在地目的，所有自己或他人的行为都从属于这个自在地目的，在其之下得到先验的规定。康德写道："人，一般说来，每个有理性的东西，都自在地作为目的而实存着，他不单纯是这个或那个意志所随意使用的工具。在他的一切行为中，不论对于自己还是对其他有理性的东西，任何时候都必须被当作目的。……有理性的本性作为自在目的而实存着。"（康德，1986：80−81）也就是说，有理性的个人应被视为一个具备道德能力的、具有自由意志的个人，他有能力通过定言命令规定自己的实践行为，使一切经验上的实践行为服从客观必然道德的目标或实践理性的目标，即他自在地作为目的而存在；这一目的是客观必然的目的，它本身就是反事实地思考一切经验目的而最终到达的地方，具有终极性且为所有自律主体所分享，不可能再作为手段从属于任何其他的目的之下。在《实践理性批判》中，康德写道："在全部造物中，人们所想要的和能够支配的一切也都只能作为手段来运用；只有人及连同人在内的所有的有理性的造物才是自在的目的本身。因为他凭借其自由的自律而是那本身神圣的道德律的主体。正是为了自由之故，每个意志、甚至每个个人自己所特有的针对他自己本人的意志，都被限制于与有理性的存在者的自律相一致这个条件之下，也就是不使这个存在者屈从于任何不按照某种从受动主体本身的意志中能够产生出来的法则而可能的意图；所以这个存在者永远不只是用作手段，而且同时本身也用作目的的。"（康德，2003：119）这些自在的作为目的而存在的有理性主体，就成为"目的王国"的成员。

关于"目的王国"，康德写道："一切有理性东西都把自己的意志普遍立法概念当作立足点，从这样的立足点来评价自身及其行为，就导致一个与此相关的，富有成果的概念，即目的王国的概念。据我理解，王国就是一个由普遍规律约束起来的，不同的有理性东西的体系。由于目的普遍有效性是由规律来规定的，所以如果抽象掉理性东西的个体差别，又抽象掉个体所私有的目的，人们将有可能设想一个在联系中有系统的、有理性东西的目的，也包括每个人所设定的个人目的。将有可能设想一个，按上述原则可能存在的目的王国。"（康德，1986：85-86）"每个有理性的东西都须服从这样的规律，不论是谁在任何时候都不应把自己和他人仅仅当作工具，而应该永远看作自身就是目的。这样就产生了一个由普遍客观规律约束起来的有理性东西的体系，产生了一个王国。无疑这仅仅是一个理想的目的王国，因为这些规律同样着眼于这些东西相互之间的目的和工具的关系。"（康德，1986：86）"每个有理性的东西都是目的王国的成员，虽然在这里他是普遍立法者，同时自身也服从这些法律、规律。他是这一王国的首脑，在他立法时是不服从异己意志的。"（康德，1986：86）"每个有理性的东西，在任何时候，都要把自己看作一个由于意志自由而可能的目的王国中的立法者。他既作为成员而存在，又作为首脑而存在。只有摆脱一切需要，完全独立不依和他的意志能力不受限制的条件下，他才能保持其首脑地位。""道德就是一个有理性东西能够作为自在目的而存在的唯一条件，因为只有通过道德，他才能成为目的王国的一个立法成员。"（康德，1986：88）"目的王国"的概念，在策略行为和自律行为、市场和道德之间划出了一条界线："目的王国中的一切，或者有价值，或者有尊严。一个有价值的东西能被其他东西所替代，这是等价；与此相反，超越于一切价值之上的，没有等价物可替代，才是尊严。"（康德，1986：87）因此，道德行为是由定言命令直接规定的，而一般的市场交易行为，则从属于其下。道德命令作为终极目的，而不作为任何经验上的稀缺手段从属任何其他的目的之下，因此不具备任何的可替代性以及与其他对象的等价关系；相反，任何不同手段之间的可替代性和等价关系，都需要经由道德命令才能够获得正当性的论证——正当行为和不正当性行为之间在本质上是如此不同，以至于根本不可能设想两者之间存在什么等价关系。正当行为直接与作为自在目的的道德联系在一块，以某种别的、与道德无关联的东西来等价表示它，就割断了它与道德的联系。这实质上是以错误的方式评价正当行为，以错误的价值标准贬低了它，因为这个价值标准本应在纯粹实践理性法则之下接受其检验，现在却凌驾于其上（桑德尔，2012）。

在定言命令的基础上，康德进一步说明了与之相关的三个悬设：自由意志、上帝存有和灵魂不朽。关于自由意志的悬设，我们对此在上文已有详细的分析。只要我们认为人具有反事实地提出规范性判断、并按照它的指示去行动的能力，那么意志必须先验地被设想为自由的，这种自由的意志除了自己为自己所颁布的律令之外，不把任何经验对象当成要求自身行为"必须如此"或"应当如此"的必然根据。因此在康德这里，意志的自由意味着意志的自律，"意志所固有的性质就是它自身的规律"（康德，1986：101）。"（意志的一切行动）所依从的准则必定是以自身成为普遍规律为目标的准则。……自由意志和服从道德规律的意志，完全是一个东西。"（康德，1986：101）因此，自由就是自律，就是意志自己给自己规定行动准则。"理性必须把自身看作是自己原则的创始人，摆脱一切外来的影响。所以，它必须把自身看作是实践理性，看作是有理性的东西的、自身即是自由的意志，只有在自由观念中，才是它自身所有的意志，在实践方面，为一切有理性的东西所有。"（康德，1986：103）我们无法证明自由是某种真实的东西，因为我们无法直观它，但"如果我设想一个东西是有理性的，并且具有对自身行为因果性的意识，即具有意志的话，就必须设定自由为前提"（康德，1986：103）。自由意味着人能够给自己的意志制定律令，因此这是一个先验的设定，它对我们理解人按照意志自己为自己颁布的律令或准则、在经验事实之上做出"应当如此"或"不应当如此"的判断的能力，是至关重要的。由于自由意志是把人视为一个自在主体而导致的必要悬设，不可能有任何的直观被给予，因此也不能成为理性的一个认识对象。因此，康德认为，"'一个定言命令如何可能'的问题，可以这样回答：我们所能提出的唯一可能的前提，就是自由的理念，我们可指出这一前提的必然性，为理性的实践运用提供充分的根据，也就是对这种命令有效性的信念提供充分根据。但这一前提本身如何可能，是人类理性永远也无法探测的"（康德，1986：117）。

上帝存有和灵魂不朽是另外两个对理性的实践运用来说同样必要的两个悬设。关于上帝存有的悬设，康德认为，由于幸福是有理性的存在者在经验世界中的状态，在这种状态中，他的一生都按照他的愿望和意志发生。然而道德律作为自由的法则，独立于自然也独立于与个人的欲求能力协调一致的那些规定来发布命令。由于经验世界中的有理性的存在者却并不同时是这个世界和自然的原因，因此经验上道德行为与幸福之间的关系并不是必然的；但对于实践理性来说，道德行为与幸福之间的因果性关系却必须悬设为必然的，只有这样通过道德行为达到至善才有可能。因此，康德写道："现世中只有在假定了一个拥有某种符合道德意向的原因性的至上的自然原因时才有可能。……自然的至上原因，只要它必须被预设为至善，就是一个通过知性和意志而成为自然的原因（因而是自然的创造者）的存在者，就是上帝。……至善由于只有在上帝存有的条件下才会发生，它就把它的这个预设与义务不可分割地结合起来，即在道德上有必要假定上帝的存有。"（康德，2003：172）这种自然的至上原因（即上帝存有）设定了道德行为与幸福之间的因果性关系，这种关系是先天必然的。

关于灵魂不朽的悬设，康德写道："至善在现世中的实现是一个可以通过道德律来规定的意志的必然客体。……然而由于它仍然是作为实践上的而被必然要求着，所以它只是在一个朝着那种完全的适合而进向无限的进程中才能找到，而按照纯粹实践理性的原则是有必要假定这样一个实践的进步作为我们意志的实在客体的。……但这个无限的进程只有在同一个有理性的存在者的某种无限持续下去的生存和人格（我们将它称之为灵魂不朽）的前提之下才有可能。所以至善在实践上只有以灵魂不朽为前提才有可能。"（康德，2003：167－168）一个意志自律的个人，不论他是这样看待自己还是这样被他人看待，总意味着他身上被设想有某种自在地存有的东西，其规律不为躯体等经验世界的事物所规定；生老病死的经验世界的变化不会折损他的精神，也不能在其德性上留下任何的瑕疵。这种高于经验世界而自在地存有的东西，就是康德所说的不朽的灵魂。

对于康德来说，自由意志的悬设"来源于对感官世界的独立性及按照理知世界的法则规定其意志的能力，亦即自由这个必要的前提"（康德，2003：181）。上帝存有悬设"来源于通过独立的至善、即上帝存有这个前提来给这样一个理知世界提供为了成为至善的条件的必要性"（康德，2003：181）。而灵魂不朽悬设则"来源于持续性要与道德律的完整实现相适合这个实践上的必要条件"（康德，2003：181）。这三个悬设都是形而上学的，对康德来说，它们不构成任何认识的对象。对于这些悬设，我们只能有调节性的运用而不能有任何的构成性运用，它们只是我们在设想一个道德自律的主体能够有所实践时所必然接受的假定，对道德的实践起着调节性的作用。

第三节　自律：个人的抑或集体的

到目前为止，我们概述了康德在《实践理性批判》（2003）和《道德形而上学原理》（1986）两本著作中所论述的道德哲学。康德的道德哲学应该算得上是有史以来人们能够为道德信仰做出的最有力的论证之一。不论从经济学还是从其他学科的角度切入探索正义、道德和正当性的问题，绕开康德都是一种不明智的选择。康德在这两本篇幅不大的著作中，都提出了他称之为纯粹实践理性基本法则的意志自律的先验法则："要这样行动，使得你的意志的准则任何时候都能同时被看作一个普遍立法的原则"（康德，2003：39）。只有通过这一先验的形式法则，意志才能够说是自律的，才具备了反事实地对一切经验事实进行规范性审视的能力，并自己为自己设定实践的目的。但找到纯粹实践理性基本法则是一回事，把它在经验上加以运用是另一回事，在这两个过程中，我们碰到的困难是十分不同的。当我们试图在经验中运用这一基本法则，审视眼下的社会状态或制度是否具有正当性，或判断是否能够设想一个更好的社会状态，这个更好的社会状态是我们有可能通过实践实现出来的时候，遇到的第一个难题就是如何理解基本法则中所说的"普遍性"。

在日常生活中，当面对一头牛、一只鸡或一条狗的时候，我们通常不会将它们先验地归类在"人"这个概念之下，认为它们是受经验上偶然因素的影响而变得如此的不正常之"人"。但是，当面对生来就带有缺陷或者是因事故而导致身心不健全的人类时，我们通常就不会这么做了。除非活在原始状态，否则生活于文明社会中的我们，会先验地在观念上首先（至少在某种程度上）认为这些不正常之人和所有正常之人都平等地同属于"人"的概念，两者是完全相同的，只是从道德观点上看具有偶然性的经验因素的发生，才使两类人之间出现了差异。这些差异恰恰就是普遍道德所需要排除的具有任意性的东西，或者说，是需要被罗尔斯"无知之幕"排除掉的东西。就是这一原因，我们的社会才有可能会认为这些事实"不应该"如此，从而需要动用技术手段或人道的、利他主义的救助方式去消除这些不平等。现在的问题是，我们为什么不以同样的方式去对待那些动物，把它们视作是受到偶然的经验"诅咒"而变得不正常的"人"，从而施予公平和正义的救助呢？或者反过来说，我们为什么不把那些存在缺陷的人，统统视为牛鸡狗之类的动物，取消他们和正常之人的平等地位呢？正义和道德普遍性边界到底应当在哪里？这是一个政治哲学和道德哲学的问题，但显然也是一个经济学的问题，只要经济学家试图把功利概念加以普遍的运用：计算效用的时候，各类动植物的效用是否应当计算呢？那些身心不健全的人，计算效用时是应该多计算些还是少些呢？假如经济学家真的认真追问社会福利的计算方式，而不是随意指定一个所谓的"代表性消费者"去表示其他所有社会成员的效用，那么这些问题都是不可避免的。

康德提出的纯粹实践理性基本法则，要求个人在行动的时候，能够把他的行动所依据的准则看成是对其他有理性的存在同样有效的法则。在这个意义上，我们说这个基本法则是"普遍"的。但正如前面所述，在经验上我们不会把一只鸡、一头牛、一条狗或一匹马看成是与我们相同的主体，不会认为它们和人类一样拥有道德自律的能力。我们在追问什么是一个更好的社会以及如何才能够拥有一个更好的社会这种问题的时候，是不会去征求大自然中各种动植物的意见的。即使是经济学的功利主义观点，也没办法免于思考普遍性概念的适用问题：计算功利的时候应该计算谁的功利？一头牛、一只鸡的功利是可以计算的吗？我们生而为人而不是其他生物、生而为动物而不是植物或其他无生命的事物，这些也都是偶然的，但在思考现实中的道德问题时，这些也是必须剥离的经验事实吗？极端一些，我们把世界上的万事万物，不论有无生命都当成可计算功利的对象，那么，我们就相当于完全站在了上帝的角度来看待世界的幸福，于是世界不管变成怎样都是趋向于至善的，根本没有什么需要我们去最大化的东西，正义和道德到底是什么也就没有讨论的必要了。这意味着，纯粹实践理性基本法则"普遍性"在经验上的运用似乎总存在一个限度，至少在目前来说，它仅用于生物学意义上的人类身上；经验上只有生物学意义上的人类才被"普遍地"设想为道德自律的主体，而同样作为有理性存在的"上帝"则不在经验范围之内了。简言之，就像康德在《世界公民观点之下的普遍历史观念》① 一文中所说，人是大地之上唯一有理性的被创造物。然而，把生物学意义上的人类视为有理性的存在也不是必然的，顶多只能说是"普遍性"在经验上的一个可能犯错的运用。在充满血腥的人类历史上，我们经常能够观察到把其他人或其他民族视为"劣等人"或奴隶，并对其施以残暴压迫的现象。施暴者对待这些受压迫者，就像对待没有理性的动植物一样，不带任何对有理性存在者的起码尊重而对其加以策略性利用。我们只要简单比较一下某些现代化农场里鸡、鸭、牛、羊和猪等动物的处境，和在纳粹德国集中营还有苏联"古拉格群岛"（索尔仁尼琴，2015）中的人的处境，以及在资本主义血汗工厂中"奴隶们"的处境，不难看出这一点。记得小时候在电视上看过《小鸡快跑》这部动画，看完之后的好长一段时间里，笔者只要看到煮熟的鸡蛋，还有被斩成一块一块摆在盘上的白切鸡，内心总是不禁涌起一股强烈的罪恶感。但这并没有让笔者变成一个素食主义者，笔者照旧把母亲煮好的鸡肉啃得干干净净。对于那些不幸被做成白切拼盘的鸡，笔者对它们抱有最大的敬意，就是把它们做成最美味的菜肴，然后一点不浪费地吃干净，使它们能够在最大程度上按照人的理性得到合目的性的利用，仅此而已——如果非得再加上什么，那么，最好还包括尽可能人道地取走它们的生命，以及不要毫无理由地肆意宰杀。笔者还记得，自己在纪录片中看到雪雁的蛋被北极狐偷走时，感到非常的愤慨，强烈的同情心和正义感让笔者不禁为雪雁母亲感到哀伤，也为北极狐的强盗行为感到羞耻和愤怒。但是，当笔者看到北极狐把蛋喂给那些正饿得嗷嗷叫的小北极狐的时候，笔者的内心又动摇了：我到

---

① [德] 康德：《世界公民观点之下的普遍历史观念》，见《历史理性批判文集》，何兆武译，商务印书馆 2010 年版，第 1 - 23 页。

底应该可怜谁？科斯定理说，在权利得到清晰界定之前，我们无法判断雪雁和北极狐到底是谁侵犯了谁，而在人类社会，我们正是通过这些法律权利去思考到底谁才应该得到同情。然而，我们该按怎样的原则在雪雁和北极狐中间划出清晰的权利边界呢？很遗憾，笔者绞尽脑汁，都无法想象人类的感情甚至理性能够在这件事情上有什么作为。如果从最普遍的角度把动物间的关系都看作一个规范，那么我们就必须站在造物主的立场，在理解这一切的终极目的和意图之后，才能够做出最正确的裁断。但谁能自诩猜透造物主或上帝的想法呢？我们这些有死之人，除了用"物竞天择，适者生存"来概括这一切，将这一残酷的现实接受为一个合理的、自然的事实，还能够做些什么呢？人的意志自律在此毫无用武之地。但相反，如果从最狭隘的角度将动物间的关系和人们之间的关系等同起来，把人类社会中扶贫救弱、吊死问孤之事统统视为徒劳之举，把爱、同情心还有正义感统统弃之一旁，把所有可能发生在人与人之间的冲突都看作"物竞天择，适者生存"原则下的一个自然事实盲目接受下来，那么显然又会与我们赖以生存至今的古老智慧相悖。对于人类社会而言，意志自律的运用会促使我们分辨社会应该是什么样子，而不是把眼下的社会现状简单地接受为一个事实。不过，对于那些动物们，虽然我们无法和它们商量什么是正义和道德，但作为共同生活在地球上的生灵，对后代无私的爱、对死亡与饥饿的恐惧，以及肉体遭受伤害时的痛苦等，我们还是能够有所想象和感受。但我们对这些生命的同情也仅限于生理性的方面而已。因此无论如何，至少在目前，把它们看成和我们一样的、平等的有理性存在，仍然不过是毫无来由的一厢情愿罢了。这是上帝的事情，而不是人的事情，至少眼下是这样。当然，我们也可以选择这么做，但除了那些受限于生理因素的行为之外，人与其他生命体之间尚无法相互理解各自行为的目的或意图，人也无法通过技术手段和利他主义行为抹平人和动物之间的经验差异，因此作为有理性者的人类（至少在目前）也无法从其他生命体身上获得任何有关行为原则"普遍性"的理解，而只能把它们安排在人的理性之下，使它们按照人的意图和利益得到合目的性的利用。相反，一旦我们把一个生物学意义上的人看成跟自我一样的、具有意志自律能力的主体，事情就完全不一样了：我们能够通过语言理解他的喜怒哀乐，理解他体验和思辨这个世界的方式，理解他为自己的价值判断所提出的各种辩护理由，于是我们就再也不能把这个人当成手段，认为必须令这个人按照理性得到最合目的性的利用。这时候，我们必须像康德所论证的那样，把他看成自在的目的本身。而只有通过把他看成自在的目的本身，我们才能够对那个约束我们意志的法则的"普遍性"有所期待，否则我们将根本无法设想一个摆脱了偶然个人偏好、能够反事实地按照意志自律行事的自我。因此，只要从经验角度出发，不管我们多么努力排除那些经验上的偶然因素，我们似乎总会碰到纯粹实践理性基本法则的"普遍性"在经验运用上的一个边界，因此也总是没办法完全拒绝那种关于正义和道德的情绪的、生理学的或物理学的解释。尽管我们是在意志自由和客观必然原则的指引之下先验地思考着什么样的社会才是最好的社会，什么样的行为才是最正确的行为，但我们却必须在经验中不断学习着怎样通过他人来理解和达到意志自律的普遍性法则，不断学习着如何在更高的普遍性法则下与不同的观点、目的或价值观共存。

围绕这一点，笔者打算在此区分个人自律和集体自律两个概念，这两个概念分别表述了意志自律在个人以及集体意义上的两种不同的运用方式：

> 意志自律就其普遍性在经验的运用上存在一个限度而言，它是个人自律；但就它以之为调节性目标、反事实地超越于一切经验之上被设定的那个普遍性而言，它是集体自律。

与康德那种从个人理性运用角度出发理解的个人自律行为不同，集体自律行为是从完全不同的角度来理解的自律行为。集体自律行为首先悬设了一个超越于个人之上的理性的存在，它超越了一切个人的偶然经验因素，成为个人反事实地做出规范性判断的根据，就好像它自身就能够做出这种判断一样，个人不过是它普遍意志的传声筒。这个"集体"不是某种可还原为分散的个人行为的东西，不是在经验世界中有着偶然差异的个人进行互动而被动产生的结果。相反，它被视为个人行动的最终原因，个人通过行动将集体的意志表现出来；因此集体意志虽然通过个人意志表现出来，但我们不会认为有任何个人的意志会对它造成丝毫动摇，它看起来就像高山大河这些远远超越出人类生死之外的永恒存在。看到一个遵循着经过了漫长历史却仍然具有神圣意义的集体规则来行事的人，感觉就像看到一条活生生的空棘鱼一样，人和鱼都是有死之物，却有些古老得令人难以置信的事物穿透了时间和空间约束，出现在了我们的眼前，令人心生敬畏。

　　集体意志对个人发布的命令是客观的，因为它对所有被视为有理性的个人都有效；同时，来自集体意志的命令也是必然的，因为它抛开了一切偶然的经验内容直接规定个人意志，成为个人反事实地做出规范性判断的根据，而不会被任何个人偏好和利益这些带有经验随意性的事实所俘获。这种客观必然性就决定了以其为准则的个人行为是自律的，而不是他律，因为没有任何经验性的东西能够规定以"集体"意志为根据的行为，除非人们在经验上独断地把由可观察的个人行为构成的社会现象当成自在的"集体"本身，由这一经验上的现象充当行为的规定根据。黑格尔可视为是这种自由或自律观点的突出代表。在《法哲学原理》（黑格尔，1961）一书中，黑格尔认为个人只有通过国家这一伦理的现实，才能够整个地完成精神的正反合辩证运动，完成正义和道德的主客观统一，从而摆脱空洞的自我概念，并把自己汇入绝对精神这条大河之中，最终实现真正的意志自由。总之，在黑格尔看来，国家是自在自为的理性事物，是绝对精神的体现，个人只有通过成为国家成员才能够获得客观性、真理性和伦理性。现代道德哲学中的共同体主义思想在很大程度上延续了这一思路，它们对康德式的自律理想（康德，1986，2003）有着相类似的批判形式，即认为只有通过具体的共同体及其道德观念，才能够把个人从康德那种空洞的自律理想中挽救出来，使社会之善真正地拥有绝对的、客观的强势地位，使正义和道德的内容能够在经验上获得充实而恰当的表达（桑德尔，2011；麦金太尔，1995；沃尔泽，2002；泰勒，2001）。

　　这听起来有点荒谬，黑格尔的集体主义思想也长期备受诟病。但我们只要仔细思考，就不难发现这一被悬设出来的集体意志其实无处不在，遵循其旨意去生活也不一定会导致他律。我们通常认为，在追求真理的过程中，任何一个学者都无法闭门造车，他必须把自己的观点和论据敞亮地摆出来，接受同样具有理性思辨能力的他人对论据和逻辑进行检验，并提出反驳或认同的意见。但是，在真理认识问题上需要他人认同，并不意味着这个学者必须投他人所好，以迎合他人偏好为目的，因为认同或反对的人数永远是经验上的偶然事实，再多的人赞同，又或者再多的人反对，都不能让这个学者在理性上必然地肯定或否定自己关于真理的见解。在正义和道德问题上同样如此，再多的人赞同或者反对，都不能成为我们应当做某事或不应当做某事的根据。认同或反对的人数作为经验上的偶然事实，永远无法为道德和正义行为提供任何有关其必然性的论证。这其中显示了某种张力：在经验上我们需要寻求他人的认同以达到真理和正义的共识，哪怕这种共识是短暂的；而在先验上我们又必须作为有理性的主体独立地去思考，孤身一人直面真理和正义，任何来自他人的观点都无法帮助我们达到先验上的必然性。真理和正义既十分民主，又十分专制。在从小到大接受的教育中，父母和老师一面教导笔者要积极融入社会，获得他人的尊重和认同，避免因过度自我而陷入偏执和轻信；但另一方面他们也教导笔者要学会拥有自己的独立思想和价值观，不要迎合他人、随波逐流。笔者相信他们的教导都是对的。但要接受这一点，就必须接受这样的假定：无论是知识的真理性，还是行为的道德性，都超越包括我在内的任意个人之上，就像有一个超越所有人之上的有理性的主体创造和选择了这一切一样。对于一个拥有意志自律能力的自我来说，任何他人的观点或通过认同进一步印证了笔者的观点，或通过反驳促使笔者调整自己的思考，但无论如何，他人始终无法令笔者所追求的真理和正义在客观必然性上有丝毫的减损。这也解释了为什么现实中最终目的和价值观不一致的个人，互相看对方都会直观地感到对方是被"洗脑"的，其行为恍如都由一股外在于他个人意志的力量所控制和决定。这就是因为追寻正义和道德的行动，必然地会悬设和指向一个形而上的集体意志，而这个集体意志正是个人行动的客观必然性和普遍性的来源。除非能够找到一个更高的抽象原则以承受和容纳这些最终目的和价值标准的差异，否则这种互相指责对方被"洗脑"的做法是难以消除的了。

这一被设想为自律的"集体"，对经济学家来说或许并不陌生。在大学中学习过宏观经济学高级课程的学生，或许都听过经济学家们经常使用的一个概念，这个概念就是"社会计划者"（social planer）。经济学家经常在探讨宏观经济模型中社会福利的含义时，都会首先假定有一个以社会整体福利最大化为目标的"社会计划者"，它通过复杂而优美的微积分学和变分法替所有分散的个人进行决策，直接规定他们的行为，然后得到最优均衡解；其次再让分散的个人以最大化个人利益为目标进行决策，得到一个次优均衡解。通过比较最优均衡解和次优均衡解，经济学家会找出那些未被考虑的价值因素，通过设计激励机制促使分散的个人决策能够尽可能达到最优的均衡。这类宏观模型对社会与个人关系的理解，与囚徒困境模型如出一辙：如果存在一个最大化社会整体福利的"社会计划者"，那么他就会通过实施奖励或惩罚的方式，使所有参与者都采取合作行为，从而达到最优均衡解，即囚徒困境中各方都选择合作的那种社会状态。但需要注意的是，以这种方式设想的"集体"选择并不一定是功利主义的，因此对个人而言也并不必然意味着他律，因为当我们排除一切经验因素把所谓的社会福利设想为形而上的至善时，自律的"集体"这一悬设只是表达了经验上的个人行为与至善之间存在因果关系的可能性，就像康德设想"上帝存有"时所做的那样。只有当我们像经济学家那样以经验上的幸福作为最大化的对象，把善的目的转化为可计算的快乐与痛苦时，"集体"的选择才是他律的，因而才初次具有了功利主义的色彩。

假定有一个具备独立意志的"社会计划者"来为我们做出最好的选择，这种思想似乎具有悠久的历史。在历史上到处充斥着类似于经济学家"社会计划者"这样的角色。例如，社会、国家、人民、上帝，还有我们中国人在旧时所说的"天道"。不论是"替天行道"的农民起义军，还是声称能够直接从上天那里获得启示的先知，都在诉诸某种超越任意个人之上的存在来论证眼前社会状态的非正当性，同时为即将或正在采取的行动提供正当性的论证。类似的还有认为自己代表人民意志的革命者等。社会学家通常会从这种角度看待人的行为。例如，涂尔干在解释什么是"社会事实"时，似乎就是从集体自律的角度出发来对其定义的。涂尔干在《社会学方法的准则》（2011）一书中提出，社会事实是这样的一类事实，"这类事实由存在于个人之身外，但又具有使个人不能不服从的强制力的行为方式、思维方式和感觉方式构成。因此，不能把它们与有机体现象混为一谈，因为有机体现象由表象和动作构成；也不能把它们与仅仅存在于个人意识之中并依靠个人意识而存在的心理现象混为一谈。这样，它们就构成为一个新种，只能用'社会的'一词来修饰它，即可名之为社会事实"（涂尔干，2011：25）。"构成社会事实的，是团体的信仰、倾向和习俗这类东西，至于以集体形式表现在个人身上的那些状态，则是另一种东西。"（涂尔干，2011：28）"一个社会事实，只是由于它有或能有从外部施及个人的约束力才得到人们的承认；而这种约束力的存在则是由于某种特定的惩罚的存在，或者由于社会事实对于个人打算侵犯它的一切企图进行抵制，而得到人们的承认。"（涂尔干，2011：31）"一切行为方式，不论它是固定的还是不固定的，凡是能从外部给予个人以约束的，或者换一句话说，普遍存在于该社会各处并具有其固有存在的，不管其在个人身上的表现如何，都叫作社会事实。"（涂尔干，2011：33－34）"当社会学家试图研究某一种类的社会事实时，他必须努力从社会事实脱离其在个人身上的表现而独立存在的侧面进行考察。"（涂尔干，2011：63）涂尔干认为，尽管制度等社会事实或社会现象确实是在人的观念和决策中产生，但是这并不等于说社会事实或社会现象可由分散个人的偶然的主观意志来决定；社会事实有着一种脱离了单纯个人控制的"客观的"或者"自然的"特性。涂尔干显然反对那种通过使个人相互采取策略性行动从而产生一个"社会"的经济学观点。涂尔干写道："每一社会事实都有它们固有的特性，所以要使它们存在，仅凭意图或愿望是不够的，还必须有能够产生这种决定性力量的力量和能够产生这种特性的特性。二者在这种条件下，社会事实才能够存在。"（涂尔干，2011：105）"即使我们知道怎样构想这些组织，怎样像做计划一样预先设计好这些组织，使他们按照我们的意图为我们服务（但已不是容易的事），我们想建立社会组织的愿望也没有力量从无中创造出社会组织来。总之，即使我们承认社会组织是达到我们所追求的目的所必需的手段，这些手段是怎样形成的，即它们是根据什么和通过什么形成的这一问题也依然没有解决。"（涂尔干，2011：121－122）因此，涂尔干采用了一种"个人—社会"二元论的观点对社会进行研究。在他关于社会学理论的设想中，社会是某种无法归约或还原为个人的东西，就像自律行为不能还原为策略行为、集体自律行为并不必然与个人自律行为相一致一样；先验上的必然和经验上的偶然之间，存在着不可逾越的鸿沟。涂尔干写道："一种社会事实的决定性原因，应该到先于它存在的社会事实中去寻找，而不应到个人意识的状态之中去寻找。……一种社会事实的功能应该永远到它与某一社会目的的关系之中去寻找。"（涂尔干，2011：122）

在以上关于"社会"和"社会事实"的定义之下，涂尔干进一步探讨了社会与个人之间的关系。以下这一段更是清楚地显示了涂尔干如何把"社会"理解成某种无法简单地还原为个人行为结果的东西，即使人们可以对它进行经验上的研究：

> 不错，我认为约束是一切社会事实的特性。只不过我所说的这种约束不是使用一套巧妙的办法，让人们掉进圈套也不察觉出来。这种约束只是让个人面对管理他的那个力量时表示服从，但这个力量是自然的。这个力量不是由人的意志强加给现实的那种契约性组织，而是产生于现实的深处，是既定原因的必然产物。因此，为使个人自愿服从这个力量，不必使用任何诡计，只让个人意识到自己自然处于从属的和软弱的地位，即通过宗教使个人对这种地位产生感性的、信条化的认识，或通过科学使个人对这种地位形成一种适当而明确的观念，就够了。因为社会对于个人的优势不只是物质的，而且也是理智的、精

神的，所以只要社会正确掌握这个优势，就不会有滥用自由的危险。反省使人认识到社会存在比个体存在更为丰富、更为复杂、更为久远后，就能使人们清楚地知道个人为什么要处于从属地位，习惯为什么要求个人在内心里永久有依恋和尊重社会的感情的理由。（涂尔干，2011：132－133）

对于从社会或集体的角度来设想个人意志自律的想法，我们并不能粗暴地将其贬低为荒谬可笑的幻想。那些备受诟病的集体主义、极权主义和整体论思想之所以会产生出践踏人性、使一切制度的正当性基石摧毁殆尽的后果，根本原因是它们把经验上的个人意志或者是把某种在经验上被设想的社会状态当成是先验的、自律的集体意志本身，把我们关于良好政治和良好社会的知识变成某种形式的形而上学独断论，从而让经验上偶然的东西凌驾在自律的个人意志之上。与其说这些思想的错误是"从社会或集体的角度设想个人意志自律"这个想法本身所带来的，倒不如说正是错误地在经验中运用这一想法而导致的后果。从社会或集体的角度来设想个人意志自律，即集体自律，应该按康德的说法理解为一个悬设，我们对它只能够进行调节性的运用而不能进行构成性的运用；我们根本不应当指望它能够为我们带来什么经验上有用的知识，顶多只能希望它调节性地提醒我们，必须时刻记得把那个作为自在目的的自我摆在一切经验事实之上，不要轻易让经验上偶然的东西俘获我们的意志，从而丧失了内心中反事实地做出规范性判断的能力。虽然那个自律的集体在此被设想为某种存在于个人之外的东西，但这并不代表我们对它能有一个经验上的直观，能够用自然的因果法则研究它，就像我们研究物理学和化学知识那样。

集体自律行为和个人自律行为并非必然是一致的。个人自律与集体自律两个概念之间，并非简单的经验与先验的关系，我更倾向于将其理解为两种追求自律的方式，而这两种方式都可能以经验为出发点。就个人自律的方法来说，经验事实是在追求"意志自由的主体"过程中需要被渐次剥离的东西；而在集体自律方法那里，部分经验事实，尤其是那些超越了个人有限生命时间的有关共同体的事实，例如宗教信仰和道德传统等，恰恰是把自律的个人从自身经验局限中挽救出来的有力工具。不论是个人自律还是集体自律，都有着超验的一面，两者关键性的差别在于对经验事实的处理方式不同；前者站在个人的角度去达到自律的理想，而后者则试图站在集体或共同体的角度去做到这一点。个人自律观点在思考道德法则的普遍性运用时，认为集体概念除了是一个实践上必要的先验悬设之外，什么也不是；即便道德法则的普遍性在经验的运用上存在限度，向经验事实妥协，并试图从一个经验上的集体意志的象征物出发去逐步摆脱这种限度，也是荒唐的事情。因为在康德观点中，这种象征物是从个人道德自律中产生的东西，而不是相反；除非能证明这种象征物合乎个人道德自律的要求，否则它不具有任何道德上的正当性①。而集体自律的观点则相反，认为个人自律观点所追求的"意志自由的主体"至少和集体或共同体这类形而上的悬设一样空洞，从经验上的集体意志象征物出发反而能更有效地摆脱个人的随意性。两者目标一致，都试图达到普遍的正义和道德，但出发点和方法却迥然相异。面对着这两种观点的差异，那么，我们说"集体自律行为与个人自律行为相一致"，指的是什么呢？在此我给出以下的定义：集体自律行为和个体自律行为能够同时被设想为可能的，以集体自律的方式实施的行动，并不否定这行动同时也能被理解为个人自律行为；相反，以个人自律的方式来实施的行动，也不否定这行动同时也是合乎集体自律的。此时，我们可以将集体自律行为与个人自律行为之间的这种相容状态，称为"集体自律行为与个人自律行为相一致"。但不幸的是，人们在经验中试图以自律的方式采取行动时，经常会陷入二律背反式的困难之中。

　　一种关于自律行为的观点只肯定自律的个人方面，而否定自律的集体方面，于是就导致了所谓的道德相对主义。道德相对主义的立场否定正义和道德的任何客观必然性，不同社会的正义观和道德观都是相对的而非绝对的，是在偶然的经验因素塑造下的结果，这些偶然的经验因素

---

　　①这一观点在康德《单纯理性限度内的宗教》一书中体现得尤为明显。同时这一观点为康德带来了不少的麻烦。（参阅［德］康德《单纯理性限度内的宗教》，李秋零译，中国人民大学出版社2003年版。）

包括社会中个人的主观认识及其面对的外部自然条件。因此，人类社会的正义观和道德观千差万别，没有必然的对错或善恶之分，不可能找到更高的准则或根据在这些截然不同的正义观和道德观中间作出判断，因此也就否定了在不同的正义观和道德观中间达成一致意见的可能。道德相对主义由于过于绝对地肯定了正义和道德的经验一面，它很容易就会导致这样一种"还原论"的后果，即用多少是堕落和贬低的方式看待正义和道德，认为不同的正义观和道德观之间的差异是不可调和的，它们都不过是个人策略性地利用偶然的经验事实的产物，都不过是偶然经验条件下个人利益的遮羞布；甚至所谓的正义和道德，本身也只不过是人们可资利用的东西罢了。

另一种关于自律的观点则完全走向反面，只肯定自律的集体方面，而否定自律的个人方面，这就导致了关于道德的形而上学独断论。由于否定了个人在经验上通过意志自律达到普遍正义和道德的能力，这种观点往往会过于冒进地将某种经验形式的正义和道德观念指认为普遍的正义和道德本身，把任何与之不同的个人的东西统统贬斥成堕落而自私的；只有无条件地遵从这些正义和道德观念，无条件地以之为行动的根据，个人才能从堕落和自私中"得救"，才能真正地达到意志的自律。卡西尔关于种种形式的"国家的神话"的研究，就说明了这一点。卡西尔区分了社会的世俗领域和巫术领域，认为在人类社会中，"某一不受巫术和神话所左右的确定领域总是存在的，这便是所谓的世俗领域。这里，人依赖于他自己的技巧，而不是诉诸巫术仪式和宗教誓言的力量"（卡西尔，2020：335）。在世俗领域中，人们通过经验上有效的因果性法则，将个人行为与获得正当性支撑的共同善联系起来，法律制度、企业组织和市场等，都是人们达到共同善的世俗技巧。然而，卡西尔写道："在一切不需要格外和特殊的努力，不需要特别的勇气和耐力的任务里，我们看不到任何巫术和神话。但如果某件事情很危险并且结果不确定时，一种高度发展的巫术和与之相连的神话总是要出现的。"（卡西尔，2020：336）用本书的语言来说，这就是一种关于自律的集体意志的神话，卡西尔将其称为"国家的神话"。这种神话"一直没有被真正征服和战胜。它一直潜藏在黑暗之中伺机以待。一旦人类社会生活的其他约束力，为这种或那种原因，丧失了力量，不能再同有魔力的神秘力量进行战斗的时候，这种时机就到来了"（卡西尔，2020：337）。这种神话"是人格化的共同意愿。……领导之需要，只是在共同意愿已达到一种不可阻挡之势，或相反地，用平常的规范方式实现这种意愿的一切希望均告破灭时才会出现。在这样的时刻，意愿不仅被敏锐地感觉到，而且也被人格化了。它就以一种具体的、可塑的和个人的形态伫立在人的眼前。强烈的共同意愿在领袖身上体现出来。以前的社会约束（法律、正义、宪法）被宣布无效。唯一保存下来的就是神秘的力量和领袖的权威，领袖意志是最高的法律。……倘若一种共同的意愿以其全部力量和强度为人所感知，那么，人们很容易相信，仅需要恰当的人来满足这种意愿"（卡西尔，2020：337 - 339）。在这段文字中，卡西尔实质上描述了集体自律否定和战胜个人自律的过程。由于过往的社会约束已被表现为个人行为与社会共同善之间的、在经验上有效的因果法则，一种新境况的出现就意味着旧有的社会约束已经失效，而个人行为与新的社会共同善之间的关系尚未能够建立起来。在这种困境下，人们感到眼前的这个社会"不应当"如此，由于既无法想象一个经验上可行的更好的世界，又缺乏有效的世俗手段改变眼前的处境，于是人们很可能就会极为冒进地设想存在一个独立于任何个人意志的自律的"集体意志"，祈求这个高高在上的自律意志能够指引和率领人们改变现实。一旦人们允许某个具体的个人意志被指认为"集体意志"的象征，并否定其他任何人在经验上有能力去理性地探索个人行为与共同善之间的因果联系，一种道德上的形而上学独断论就形成了。这股可怕的力量将践踏一切个人在经验中通过意志自律达到普遍正义和道德的努力。人们也将认为，只有服从这股力量，个人才能够从他律中被拯救出来，实现真正的自律；个人在有限的生命和有限的生活空间中摸索正义和道德，纯粹是徒劳之举，甚至是愚蠢的、自私的和堕落的。光是听到这些话，就够令人感到毛骨悚然的了。①②

---

①在中国古老的儒法之争中，我们同样能够看到个人自律与集体自律之间的对立。从这两个学派的论述中我们都能看到，事实上，不管是儒家学者还是法家学者，他们都反事实地提出了关于理想社会的设想，肯定了那种超越经验事实之上去思考"应当"与"不应当"的自律能力。但是两个学派在如何达到自律这一问题上，有着根本性的分歧。在法家思想方面，商鞅在秦孝公面前的论辩较具代表性：

"孝公既用卫鞅，鞅欲变法，恐天下议己。卫鞅曰：'疑行无名，疑事无功。且夫有高人之行者，固见非于世；有独知之虑者，必见敖于民。愚者暗于成事，知者见于未萌。民不可与虑始，而可与乐成。论至德者不和于俗，成大功者不谋于众。是以圣人苟可以强国，不法其故；苟可以利民，不循其礼。'孝公曰：'善。'甘龙曰：'不然。圣人不易民而教，知者不变法而治。因民而教，不劳而成功；缘法而治者，吏习而民安之。'卫鞅曰：'龙之所言，世俗之言也。常人安于故俗，学者溺于所闻。以此两者居官守法可也，非所与论于法之外也。三代不同礼而王，五伯不同法而霸。智者作法，愚者制焉；贤者更礼，不肖者拘焉。'杜挚曰：'利不百，不变法；功不十，不易器。法古无过，循礼无邪。'卫鞅曰：'治世不一道，便国不法古。故汤武不循古而王，夏殷不易礼而亡。反古者不可非，而循礼者不足多。'孝公曰：'善。'以卫鞅为左庶长，卒定变法之令。"（司马迁：《史记》，中华书局1959年版，第2229页。）

法家思想似乎认为，个人由于经验上的限度必然会陷入他律，从根本上来说是没有自律能力的，只能基于狭隘的个人观点去利用事实，他们"暗于成事"而不能"知于未萌"；不能"与其虑始"而只能"与其乐成"。要把个人从这种他律的状态中拯救出来，就必须依靠一个伟大的立法者，他能够洞察理想社会的一切本质，由他来告诉人们"应当"如何行事。当然，法家学者所说的这个伟大的立法者，这个超越"当涂之人"的"智法之士"（这是韩非的用语），毫无疑问就是法家学者自己。在《韩非子》"有度""二柄""扬权"和"孤愤"等篇章中，我们同样能够看到类似的思想。这让法家思想拥有了强烈的专制主义和极权主义的色彩。相比之下，儒家思想则具有浓厚的人文主义精神，强调"人能弘道，非道弘人"（《论语·卫灵公第十五》），以及"因民而教，缘法而治"，认为人能够通过修身和齐家最终达到治国和平天下（《大学》），肯定了个人通过经验上有限的实践活动达到行为道德性和制度正义性的可能；认为制度的正义性根源于"人心"，而非根源于一个所谓能够超越于常人并洞察一切的立法者。

但容易令人迷惑的一点是，法家学者通常对社会传统有着强烈的反抗精神，恪守这些传统显然有辱他们所自居的"伟大立法者"的身份；相反，儒家学者则往往以传统卫道士的形象示人，就像现代共同体主义者那样，强调人应该通过成为一名合格的儿子、合格的父亲、合格的大臣乃至合格的君主来获得行为的德性，虽然与法家学说相比，他们更加强调人在道德实践上的能动性，以及对正义和道德原则的选择能力。事实上，是否遵循传统不能看成是个人自律和集体自律之间的根本区别，因为两者仅仅是思维意志自律的方式，而不管以何种方式被思维的意志自律，都可能尊崇传统或反抗传统。笔者认为，只有清楚地看到这一点，才能更根本地理解现代自由主义和共同体主义之争，并将其看成是关于个人如何可能的方法之争，而不是停留在是否反抗现实社会传统、宗教信仰和法律制度这一表面之上。当然，在此一般概述儒家和法家学者的区别，未免有以偏概全之嫌，因为即使儒家学者内部也有不同观点的争论，个人自律与集体自律之间的对立似乎也一定程度的体现在儒家思想内部，例如既有重视人心和道义的孟轲，也有偏向于法家思想的荀况；既有尊崇传统、重视共同体伦理的程朱理学，也有有着浓厚思想解放色彩的陆王心学。但不管怎样，努力找到一些视点让现代理论能够与传统思想对话，就算这种对话可能不全面甚至可能产生曲解，但只要能让我们尽可能地从已有的思想中学习，看清参与论辩的更多可能的视角，这么做仍然是有价值的。

②个人自律与集体自律之间的深刻冲突，在卢梭（2003，2007）的著作中也有明显的体现。一方面，卢梭是个人自由的最为激进的倡导者之一；但另一方面，为了解决"服从法律约束的个人如何可能是自由的"这个问题，卢梭却又引入了"公意"的概念。这一概念意指一个超越所有个人意志之上的集体意志或共同体意志，这个意志是不能还原为分散的个人意志的；它不是任何分散个人意志的简单堆积。在这种观念下，卢梭认为人是被迫自由的个体，他自身受到文明社会的蒙蔽不再是"自然的"，脑里充满着精明的算计和堕落的情欲，不再能感受在自然状态下那种道德真理的普遍性和一致性；个人只有服从"公意"、服从伟大的立法者（或许卢梭说的是他自己，因为他本身就是一个热衷于为别人立法的人，他在这方面和中国的法家学者如出一辙），才能够获得真正的自由，自由与服从法律才不会构成悖论。这种实质上的集体自律观点也体现在另一名契约论学者霍布斯的《利维坦》（1985）一书中。此外，对卢梭人民主权论中极权主义倾向的批评，可参阅贡斯当的《古代人的自由与现代人的自由》（2017）一书。

　　我们为什么需要追求个人自律和集体自律之间的一致性呢？在此，笔者想借用汉密尔顿等人在《联邦党人文集》中写下的一小段话来表达笔者的观点："人类社会是否真正能够通过深思熟虑和自由选择来建立一个良好的政府，还是他们永远注定要靠机遇和强力来决定他们的政治组织？"① 研究个人自律和集体自律是否可能达到一致，以及达到一致所需的形式条件是什么，回答了这个问题就等于回答了汉密尔顿所提出的问题。要知道，当我们在生活中遭遇不幸之时，使我们陷于不幸的原因不是自然的，就是人为的。除此之外，似乎再找不到其他的可能性了。如果在人的能力限度内已经尽可能地做到了最好，那么不幸就只能是自然的，没有任何具体的个人能够被埋怨。但如果我们认为，在人的能力限度内我们并没有能够做到最好，那么我们还需要确定：到底是我遭受了来自他人的不公正的对待，还是只是我自己没有采取恰当的行动去达到目标？

---

　　①参阅［美］汉密尔顿、杰伊、麦迪逊《联邦党人文集》，程逢如、在汉、舒逊译，商务印书馆 1995 年版，第 3 页。

我陷于不幸的原因是自然的、社会的抑或个人的?① 我在市场上的投资亏损了，到底是因为遭受了无可撼动的自然灾难，还是因为在市场上承受了不公正的对待，还是因为自己没有使用合理的商业技艺? 假设现在我们已处于个人自律和集体自律相一致的状态之中，由于这是集体意义上的自律，那么即使我们像经济学家那样设想一个"社会计划者"来代替所有人做出行为决策，事情也不会变得更好。因此个人在这种不幸面前，就不会感到包括自己在内的整个社会在面对自然变化时是随波逐流、任其摆布的，而是具备充分的道德自律能力。同时，由于这也是个

---

① 卢曼在《法社会学》(2013) 一书中将此区分为认知期望和规范期望。所谓认知期望是"改变遭遇了失望的期望的可能性，根据眼下的令人失望的现实进行调整"，而所谓规范期望则是"继续维持期望，以一种对失望的现实进行抵抗的态度继续生活"。"当期望一旦遭遇失望就去适应现实时，这种期望就被体验为认知性的。而规范期望则与此相反：当某人并没有遵循期望行事时，我们并不会因此放弃期望。"在卢曼看来，这两种期望都能够起到克服失望的目的。但是，期望具有复杂性和偶在性的特征——复杂性是指"与已经获得了现实化的可能性相比，总是还有其他更多的可能性存在"，偶在性是指"在即将到来的下一步体验中，被指向的可能性总是有可能与期望中的可能性不一致"。"复杂性意味着被迫选择，偶在性则意味着遭遇失望的风险以及冒险的必然性。"社会法律制度就是用来管理这些期望以克服其复杂性和偶在性的。卢曼认为，"社会可以把行为期望制度化为认知性的：只要适应带来的利益是主导性的，那么社会成员改变期望以适应现实的行动就不会遭到指责。如果社会的稳定性和期望整合更值得追求，那么社会就会把期望落实到规范性领域，并加以明确表述。……存在和应然之间的分化，或者，真理与法律之间的分化，并非什么先验的世界结构，而是一项进化成就"。卢曼认为，原始的初级社会向现代的高级社会进化，一个重要的特征就是认知期望与规范期望之间的逐步分化。在期望的认知成分与规范成分相混同的阶段，认知期望与规范期望都是分散的个人活动，并不具备社会的普遍性或集体行动特征，在相同的事件上不同个人可能采取不同的认知或规范两种观点。但在认知期望和规范期望高度分化的社会，两种期望具有社会普遍性，并且这种普遍性通过集体行动加以有意识的控制，例如对于认知期望有各种有组织的统计和立法活动加以保证，对于规范期望则有行政和司法机关加以支撑。"就认知期望来说，这种分化需要一些手段以确保在遭遇失望时被清楚表明的方向，即学习，能迅速出现；就规范期望来说，这种分化需要一些手段以确保在遭遇失望时可坚守期望，并被证明这是合理的。""在失望情形下应该学习还是不学习的问题显得如此重要，以至于不能留待每个个人去判断。对期望类型的选择必须被制度化。……他人期望的可期望性是人类共同生活的基本成就。只有在这个基础上，以拒绝学习的规范期望类型来处理失望的期望系统才得以在专门的领域扩展。"

人意义上的自律，那么，那个被设想出来的"社会计划者"对每个人来说都不是一个异己的意志，任意的他人作为意志自律的主体都已经为我提供了最好的对待，那个具有善的意志的"社会计划者"就像是从包括我在内的所有意志自律的主体身上产生的一样。此时，我们对他人以及整个社会也没有什么好抱怨的了，既不能埋怨他人过于自私没有以共同利益为目标去行事，也不能埋怨他人过于愚蠢以至于对共同利益没有任何的认知。换句话说，在面对现实造成的不幸时，被排斥的如果是集体意义上的自律，那么我们总能够找到理由相互指责，认为同样具有意志自律能力的他人仍然受偶然的经验因素所蒙蔽，不幸的部分原因正在于他人意志自律的能力没有得到充分而恰当地运用，导致每个人都感受到社会最终仍然只能够任由自然环境、遗传因素、情绪、特殊利益等偶然因素的变化来塑造。此时，在每个人看来，导致不幸的部分原因是他人根本没有能力遵从那个被设想的"社会计划者"的普遍意志来行动，所有正义和道德的理由都可能被还原为掩盖策略行为的托词，所有他人的行为都是他律的；每个人都感受到要实现共同利益就必须依赖一个异己的普遍意志，在极端情况下甚至认为，个人在经验上对正义和道德的任何探索都是徒劳的。相反，被排斥的如果是个人意义上的自律，由于眼下的社会从来没有在个人自律的意义上被论证为个人的最优选择，那么我们更是会相互指责，认为社会或他人作为异己的外部意志，应当为导致不幸的偶然自然运气背负起必然的责任。在不幸者看来，前一种情况过度地把不幸归因于个人在道德努力上的缺失，后一种情况则过度地把不幸归因于偶然的自然运气，两种情况可能都不恰当地维护了眼下的社会制度。因此，只有在个人自律和集体自律相一致的条件下，我们才有望不会把不幸的原因归咎于他人或社会；社会在个人自律和集体自律相一致的条件下对每个人都已尽其所能做到了最好，个人对它是没有什么好抱怨的。① 现实中的不幸，在个人自律和集体自律相一致的条件下，不是自然的，超出了个人能力范围之外，就是个人的，只能怪个人没有以合理的技巧以及合理利用社会为他准备好的正义和道德力量，来处理眼前的事实——笔者认为，如此定义的正义状态，至少在形式上，它是能够最为各方的观点（包括经济学的观点）所接受的。因此，我们有望在个人自律和集体自律相一致中，找到制度的正义和行为的道德。那么个人自律和集体自律在什么条件下才能达到相一致的状态呢？这就是本书要解决的最核心的问题。但在此之前，笔者打算暂且把个人的观点放在一边，先来看看在已有的研究中，不同的学者就策略行为、个人自律行为和集体自律行为的关系提出了怎样的观点。这些观点通常隐含在对个人和社会关系的讨论之中，讨论了个人在多大程度上能够意志自律地或合乎目的地选择社会制度，在多大程度却只能被社会制度决定，或者只能把社会制度当作一个事实接受下来加以合目的性的利用，从而扩展个人能力在经验上的局限性。

---

① 在《制度如何思考》（2018）一书中，玛丽·道格拉斯指出："一种正义理论必须在行为人理论和社群理论之间取得平衡。如果在正义理论中，所谓的社群是绝不会渗透它的成员心智的一种社群，如果他们在社群中共有的经验对他们的需求没有造成任何不同的影响，对他们的自我定义和价值观念也没有任何贡献，那这样的正义理论大半是错误的。它的自我概念就分崩离析，它的社群概念在论证的过程中就是矛盾的。"本书寻求个人自律和集体自律相一致的条件，目的就在于达到这样一种更好的正义理论。道格拉斯在这里提到的对"康德－罗尔斯"式主体概念的批评，本书的第六章将会详细讨论。

第四章　个人与社会：一些已有观点

第一节　滕尼斯：共同体与社会

在《共同体与社会》（1999）一书中，滕尼斯提出了理解个人行为的两个相互对立的概念，即共同体和社会两个概念。滕尼斯认为，社会中个人与个人之间的行动关系是通过两种方式产生的，一种是交易契约，另一种是默认一致；通过前者，人与人的行动相互联结成社会，而通过后者，人与人的行动组成了共同体。社会与共同体是截然不同的两种联结个人意志和行为的方式。对于后者，滕尼斯写道："相互之间的一共同的、有约束力的思想信念作为一个共同体自己的意志，就是这里应该被理解为默认一致（consensus）的概念。它就是把人作为一个整体的成员团结在一起的特殊的社会力量和同情。"（滕尼斯，2010：71–72）"默认一致的真正的机关是语言本身，默认一致就是在这个机关里发展和培育它的本质。"（滕尼斯，1999：72）而相对应的，"约定和契约是做出来的、形成决定的协调一致，是以语言为前提的交换承诺、相互理解和接受所表示的未来的行动，这种行动必须用明确的概念来表达。这种协调一致也可以被理解为仿佛已经实现，如果存在这种性质的作用的话，即可能偶然的（per accidens）是默认的。但是，默认一致从本质上看是沉默的，因为它的内容是无法道明的，无穷无尽的，无法把握的。正如语言不可能是约定的一样，尽管通过语言为各种概念约定了无数符号系统，和睦也不是做出来的，尽管也还有形形色色的协调一致"（滕尼斯，1999：74）。在滕尼斯的论述中，我们不难看到个人在社会和共同体中有着完全不同的角色和地位。当个人通过交易契约联结成社会时，个人是主动的，能够按照个人的意志和目的主动选择联结成社会的交易契约关系形式；由交易契约联结成的社会关系因此对每个人来说都是功能清晰且合乎目的的。但当个人通过默认一致联结成共同体时，事情就变得完全反过来了。共同体以及其中所蕴含的个人意志之间的"默认一致"，看起来就像上帝、国家、人民、正义和真理这类形而上的、远远超越个人之上的事物。人们无法像交易契约一样，对它有一个经验上的直观认识，更遑论对其加以合目的性的利用。相反，用滕尼斯的话来说，人们对它的认识是"无法道明的，无穷无尽的，无法把握的"；人们必须穿透人与人之间无数经验上的差异去认识他们的"一致性"，就像人们必须穿透偶然的经验现象去把握必然的真理一样。既然人们永远不能说达到了必然的真理，那么同样的，人们也无法确定是否真正认识了隐藏在他们背后的那个"默认一致"的共同体意志，既然真理认识的必然性不因反对和赞同它的人数多寡而有所损益，那么同样的，来自共同体意志的道德命令的必然性，也不会随着否定或肯定它的人数多寡而表现为错误或正确。因此，真理与共同体背后的"默认一致"，是个人需要运用理性进行客观认识的对象，它晦暗不明、难以穿透，涉及个人身上那种反事实地对经验现象加以把握的能力，而社会或交易契约则是个人运用理性尤其是策略行为而产生的、合乎主观目的的结果，它相对清晰明了，且易于把握。

在区分了共同体与社会的概念后，滕尼斯又区分了导致共同体和社会产生的两种意志以及这两种意志之下的人的行为方式。这两种意志被滕尼斯分别称为本质意志和选择意志。关于这两种意志，滕尼斯写道："人人都想象着一个相互关联的整体，各种各样的感情、欲望的冲动和渴望，在整体中有它们的统一。然而这种统一在第一个概念里必须理解为一种现实的或者自然的统一；在另一个概念里必须理解为一种思想的或人为的统一。前者意义上的人的意志，我称之为人的本质意志；后者意义上的人的意志，我称之为人的选择意志。"（滕尼斯，1999；146）在滕尼斯的理论中，本质意志把思维理解为自然或客观社会条件的过程，选择意志则本身就是思维的产物，体现的是人的自由选择。"本质意志是建立在过去的基础之上的，而且必须从中解释，形成中的事情如何从它而

来；选择意志只能通过与它自己相关的未来本身来理解。"（滕尼斯，
1999：147）"人的本质意志是有机体的意志，是由动物性的—心灵的意
志界定的；它是动物性的意志，同时由有机体的意志和心灵的意志来表
示；它是心灵的意志，本身受到有机体的—动物性意志的制约。"（滕尼
斯，1999：152）本质意志与人的道德情感有关，是产生于"心"的激烈
搏动的东西；而选择意志更多地与人对技术和经济的考虑有关，产生于
冷静的理智，或者说是产生于"头脑"的东西。本质意志包含着发展为
共同体的条件，而选择意志则令社会产生。

　　滕尼斯关于共同体和社会，及其相对应的本质意志和选择意志在概
念上的区分，是一种深刻的洞见。在某种程度上，笔者认为在滕尼斯的
理论中，个人依据本质意志产生的行为可被理解为道德行为或自律行为，
而个人依据选择意志产生的行为则因此对应着策略行为。正如第三章所
论述的那样，道德行为或自律行为与策略行为之间存在着本质的不同，
两者之间不可能相互化约，同样地，本质意志和选择意志也是本质上完
全不同的东西。从本质意志中产生的共同体类似于康德"目的王国"的
概念，不能还原为个人在其中以策略态度相互利用，从而可由博弈理论
所描述的那种社会。"选择意志是（主观的）自由的否定，选择意志的行
动是自己的能力的减少。但是行动的外在成果是一种对此的投入，而本
质意志则是（客观的）自由本身，存在于自由的个体的真实性之中，它
的工作像一颗果实挂在这棵树上：不是通过克服外部阻力促成和做成的，
而是产生的，形成的。"（滕尼斯，1999：199－200）"选择意志形式把单
一的人置于作为给予者和接受者的整个大自然的对立面。……反过来
（在本质意志的形式之下）：正如各种意志形式相互间存在着关系一样，
整个的人们相互间也有关系，只要每一个人在其行为举止里是由他的本
质意志决定的。……在这里，所有的个人在其关系中必然只能从一个整
体来理解，整体在这些关系里是活生生的。"（滕尼斯，1999：200）"本
质意志的形式及其形态的概念，本身无非是一些思维的人造物；它们是
一些器械，是用来便于理解现实的。"（滕尼斯，1999：202）用康德关于
"他律行为—自律行为"的区分来理解的话，滕尼斯的以上论述并不会令
人感到费解。首先在选择意志方面，之所以能够说选择意志是对"（主观

的）自由的否定"，是"自己能力的减少"，从根本上说就是因为选择意志体现的是他律而非自律。选择意志体现了一种以策略性态度来对待自然和社会中其他人的方式。这种行为方式必然意味着行为的目的、手段以及两者的因果关系，被当成事实接受下来。首先对于选择意志来说，行为的目的归根结底是由个人偏好决定的，具有经验上的偶然性；其次达到行为目的之手段也是经验上给定的偶然事实，个人所处的社会关系以及个人所处的自然环境、所具备的自然禀赋，都是选择意志可加以策略性利用的对象，个人不会带着做出规范性判断的能力去质疑事实是否"应当如此"；最后，目的与手段之间的因果关系也是给定的事实，是由经验现象的因果法则决定的。因此，选择意志以一种博弈论的世界观看待个人和社会，根据备择策略集和收益最大化原则行事的个人，并没有什么是需要他去"选择"的，他的一切行为都完全由那些被给定的事实所决定。因此，与自律行为的概念相对照，说选择意志是"自由的否定"，是"自己能力的减少"，是十分合理的。

相反，本质意志则是"（客观的）自由本身"。滕尼斯认为，与选择意志或策略行为所需要的技艺性不同，本质意志或道德行为不是通过克服外部阻力促成和做成的，而是产生、形成的。这说的到底是什么意思呢？我们不妨同样以"他律行为—自律行为"的概念体系来理解滕尼斯在此想表达的思想。与他律行为不同，自律行为唯一遵循的原则是意志为自身所颁布的原则。这一原则用康德的话来说就是"绝对命令"。由于它先于一切偶然被给予的经验事实对行为构成约束，因此它是必然的；由于这些经验事实不仅包括个人偶然所处的自然环境或偶然所得的自然禀赋，还包括一切个人与个人之间偶然的、经验上的差异，因此它是客观的和普遍的；同时又由于这一原则除了体现个人纯粹的选择能力之外，不体现任何偶然的经验事实，因此它又是自由的。滕尼斯之所以说本质意志是"（客观的）自由本身"，或许以上就是全部理由。如果将选择意志与策略行为联系起来，将本质意志与道德自律行为联系起来，那么，选择意志要使目的与手段相匹配，就必然涉及经验上极为复杂的技艺和智巧。要在给定的外部约束下达到既定目标，除了需要通过学习充分认识经验上有效的因果律之外，还必须通过反复练习掌握熟练的技巧，即选择意志必须"通过克服外部阻力促成和做成"。相反，本质意志则无须这种复杂的对因果法则的认识以及对技巧的熟练程度，个人是在面对经验事实时意识到自己具有"反事实地"做出规范性判断的能力，并能够以之为准则采取道德行动的这一点上，"直接"认识到本质意志以及客观自由本身的。本质意志直接产生或形成于个人对自我选择能力的直接意识之中，或者说直接产生或形成于人们对绝对命令的感知之中。① 这种对绝对命令的感知，以及对客观必然的正义和道德准则的设想和追寻，正如第三章所述，必定会促使人们理性地去悬设一个"共同体"，设想一个超越个人之上的选择主体，否则仅仅从经验上具有有限普遍性的个人自律本身出发，客观必然的正义和道德法则就是不可讨论的了，因为不管人们怎么努力都只能是经验事实的俘虏。关于这个在实践理性中必然被设想的"超越个人之上的选择主体"，滕尼斯写道："共同体的任何关系在结构上或者按其本质的核心是一种更高的和更普遍的自我，犹如各个单一的自我及其自由赖以引申的方式或理念一样。与此相反，任何社会的关系都表现着一个被置于它之前的、人为的（非自然人的）个人的开端和可能性，人为的（非自然人的）个人拥有一定数量的力量或手段。据此，社会本身也是被设想为一个能发挥影响的整体。因此，按照普遍的看法，共同体是结合的本质意志的主体，社会是结合的选择意志的主体。"（滕尼斯，1999：255）由此可见，在滕尼斯的理论中，"共同体"的概念正是一个在集体自律意义上被设想的概念，共同体中的每个人通过分享它的普遍意志、分取其"本质"，来最终实现超越事实之上的意志自由，从而获得反事实地采取道德行动的能力。

————————

① 康德在《实践理性批判》中也表达了类似的思想："凡是按照任意的自律原则该做的事，对于最普通的知性来说都是很容易而且不加思考地就可以看出的；凡是在任意的他律前提下必须做的事则很难这样，它要求世界指示；就是说，凡是作为义务的东西都自行向每个人呈现；但凡是带来真实而持久的好处的东西，如果要把这好处扩延到整个一生的话，都总是包藏在难以穿透的黑暗中，并要求有很多聪明来使与之相称的实践规则通过临机应变的例外哪怕只是勉强地与人生的目的相适应。"（参阅［德］康德《实践理性批判》，邓晓芒译，人民出版社2003年版，第49页。）我在前文也直接引用过这一重要段落。

本质意志和选择意志的运用有着各自不同的范围。滕尼斯就此写道，首先关于本质意志的范围，"一个人或一群人自身所拥有的作为属于他或他们力量的东西的总和，只要这些力量是一个统一体，它的各种主体通过记忆和良知，感到使所有他们的状况以及对内和对外的变化与他们自己相关联，都是与他们自己相结合的"（滕尼斯，1999：257）。其次，关于选择意志的范围，"包括一个人是什么和一个人拥有什么的一切，只要他通过他的思维决定着它们的状况和变化，他理解它们是依附他的思维的，他在他的意识里掌握它们"（滕尼斯，1999：257）。通过本质意志和选择意志的不同运用，我们的社会因此也对应地产生了两种不同的法律体系。"在一种法的体系里，人作为一个整体的天然的成员相互间有关系；在另一种法的体系里，他们作为个人相互间是完全独立的，只有通过自己的选择意志，才进入相互间的关系。"（滕尼斯，1999：256）前一种法的体系显然产生于本质意志，而后一种法的体系则产生于选择意志。在后一种法的体系里，"法的一种真正的数学和合理的力学是可能的"（滕尼斯，1999：256），毫无疑问，这就是价格理论和博弈论。社会的法律确定了人的行动之间的价值关系，而共同体的法律则决定了行动价值的合理性，告诉人们哪些行动价值是合理的、被允许进入关系结构的。共同体的法被认定是为自然规律的，由于其自然规律的客观性而获得绝对的真理性，这就是自然法的思想。关于自然法对抽象个人的普遍性和原始性"不能理解为时间上的原始性，而是作为永恒的真理，即作为一种思想的产物或理想，而这种思想的产物或理想与其说可以置于无限遥远的过去，不如说更可以置于无限遥远的未来"（滕尼斯，1999：289）。对于自然的法来说，人们不是创造了它，而是感受和学习了它，在大自然中感受和学习到它的普遍性、必然性和真理性。在现实中，本质意志和选择意志之间存在着持续的紧张关系，相应的两种法的体系也处于不断的冲突关系之中：选择意志倾向于使本质意志依附于它，例如市场体系的多元化价值观不断瓦解着传统的正义和道德观念；而本质意志则往往以一种不可动摇的姿态，凭借普遍的正义和道德观念抵抗市场中个人利益和偏好的"腐蚀"。两种意志之间的冲突在一定程度上也反映在马克思经济学与新古典经济学的争论之中，甚至可能还反映在微观经济学与宏观经济学的方法论争论之中。我们很快就会看到，事实上，滕尼斯关于本质意志和选择意志的理由蕴含着某种极为深刻的普遍性，因此有关这两种不同的法的体系以及两者之间冲突的分析，同样出现在涂尔干、哈贝马斯等人的著作之中。这显然不是一种偶然。

第二节 涂尔干：有机团结和机械团结

与滕尼斯相似，涂尔干同样也观察到社会中人与人之间的"结合"有两种形式。在《社会分工论》一书的开头，涂尔干就指出了人们之间的联结存在通过劳动分工或通过同情心这两种方式。涂尔干写道："分工所产生的道德影响，要比它的经济作用显得更重要些；在两人或多人之间建立一种团结感，才是它真正的功能。"（涂尔干2000：20）"劳动分工的最大作用，并不在于功能以这种分化方式提高了生产率，而在于这些功能彼此紧密的结合。……（分工）使社会成为可能。"（涂尔干，2000：24）而通过同情心产生的社会关系与通过劳动分工产生的社会关系相比，存在着本质上的不同。对于通过同情心产生的关系来说，涂尔干写道："只有我的意象和他人的意象相互切合，我们两人之间才会形成一种团结。如果这种切合来源于两个意象的相似性，就称作黏合（agglutination）。这只是因为两个意象在整体或部分上类似，能够紧密地联结在一起，完全融为一体。总之，它们也只有通过这种融合形式才能相互结合。不过，在劳动分工的条件下，情况却恰好相反，它们之所以能够结合在一起，是因为它们相互独立，相互有别。它们的感受是不同的，因而来源于这种感受的社会关系也不尽相同。"（涂尔干，2000：25）因此，劳动分工或市场机制是具有道德含义的，特别是在通过劳动分工的联结与通过同情心的联结发生冲突的时候，劳动分工或市场机制的道德意义就会格外显眼。现在的问题在于：劳动分工所产生的团结的类型，既然与同情心产生的团结类型不同，那么它在什么程度上带来了社会整合呢？两者之间的边界到底在哪里？涂尔干试图从法律形式入手，研究社会团结的类型。具体来说即将法律分成不同类型，从中找出社会团结的类型。

涂尔干定义了人们之间的两种联结方式：一种是机械团结，另一种是有机团结。前者对应着通过同情心而产生的联结，后者则对应着通过劳动分工而产生的联结。涂尔干是从不同的法律形式或法律制裁方式入手，分析这两种类型的联结的。涂尔干区分了两类法律的制裁方式：一类是有组织的压制性制裁，另一类是纯粹的恢复性制裁。前者包括刑法，后者包括民商法、行政法等；前者对应的是社会的机械团结，后者对应的是有机团结。首先是机械团结的概念。在涂尔干这里，机械团结与滕尼斯所说的共同体有着相似之处，与集体意识、共同价值观、同情心、正义和道德观念等概念密切相关。因此，损害机械团结的行为通常也就是那些违背正义和道德的"罪行"。涂尔干认为，罪行是社会每个成员共同谴责的行为，这种行为会对社会中每个成员构成侵害，因此难以计算赔偿。"社会成员平均具有的信仰和感情的总和，构成了他们自身明确的生活体系，我们可以称之为集体意识或共同意识。……它与个人所处的特殊状况是不发生关系的，所以其人已去，其实焉在。"（涂尔干，2000：42）"如果一种行为触犯了强烈而又明确的集体意识，那么这种行为就是犯罪。"（涂尔干，2000：43）"凡是在统治权力树立起权威的地方，它的首要职能就是为信仰、传统和集体行为赢得尊重，换句话说，就是为了保护共同意识去防范任何内部的或外来的敌人。因此，它成了集体意识的象征，在每个人的眼里，它都是集体意识活生生的表现。"（涂尔干，2000：47）因此，机械团结的作用"不仅在于能够使普遍的、无定的个人系属于群体，它还能够使人们具体的行为相互一致。事实上，既然这种集体动机在任何一处都是相同的，那么它在任何一处所产生的结果也必然是相同的。因此，每当它产生了作用，所有人的意志就会不约而同地同归一处"（涂尔干，2000：68）。其次是有机团结的概念。与机械团结相对应的有机团结，类似于滕尼斯理论中与共同体相对应的"社会"这一概念，它与集体意识、正义或道德等观念无关，主要涉及个人在市场交换机制中的功能实现。而这种以功能来显示的行为目的，可能是个人的，也可能是组织的。因此，损害有机团结的行为仅仅以这种损害导致的"功能"上的缺陷为限，它不会像罪行那样，通过损害共同价值使每个社会成员都"平等地"感受到被冒犯，这种冒犯甚至是不可饶恕、无可赔偿的。相反，损害有机团结的行为能够以损失的东西或者以消除损失所需放弃的东西作"等价"的衡量，即赔偿是容易计算的。由于可等价衡量则表示容易计算赔偿，因此制裁损害有机团结行为的方式通常是要求侵害者将功能"恢复原状"。涂尔干将这种制裁方式称为恢复性制裁。涂尔干认为，恢复性制裁仅仅要求将事物"恢复原貌"，"违反或拒认这种法律的人将不会遭受到与其罪行相对应的痛苦；他仅仅被判处要服从法律"（涂尔干，2000：73）。恢复法总是趋向于专业化。恢复性制裁所体现的有机团结，对社会机体的统一性是没有任何贡献和作用的，仅仅使社会中的人们相安无事地行动，把个人分割成独立的、分散的、无须相互理解而仅仅在功能上相互联结的世界。因此，"专职工作的特性就在于，它摆脱了集体意识的影响"（涂尔干，2000：88）。涂尔干又将机械团结称为积极的团结，同时将有机团结称为消极的团结。"在第一种团结里，个人不带任何中介地直接系属于社会；在第二种团结里，个人之所以依赖于社会，是因为它依赖于构成社会的各个部分。"（涂尔干，2000：89）"第一种情况指的是，社会在某种程度上是由所有群体成员的共同感情和共同信仰组成的：即集体类型。第二种情况指的是，当我们与社会发生连带关系时，社会是由一些特别而又不同的职能通过相互间的确定关系结合而成的系统。"（涂尔干，2000：89－90）机械团结把人变成集体的无差异的成员，有机团结把人变成具有独特功能的个体；前者是向心力，后者是离心力。"个人维系于社会的纽带与物维系于人的纽带是完全相似的。"（涂尔干，2000：91）这就是为什么越是发达的社会，分工越是发达，个性越突出，而相对落后的社会则体现出更多的同一性。以上就是涂尔干关于机械团结和有机团结两种人类行为结合形式的论述。

涂尔干认为，现代社会存在着一种劳动分工不断扩大、有机团结不断取代机械团结的趋势。在现代社会，涂尔干指出，"机械团结最为强劲的反抗力是抵不上劳动分工所产生的凝聚力的，机械团结的运作范围也涵盖不了现代社会大多数的社会现象，这个明显的事实告诉我们，社会团结的唯一趋向只能是有机团结。劳动分工逐步替代了共同意识曾经扮演过的角色，高等社会的统一完全要靠分工来维持了"（涂尔干，2000：

133-134)。而随着机械团结向有机团结转变，个人面临的再也不是共同的集体环境，而是独特的职业环境。根据涂尔干的观点，个人意识和职业伦理是在劳动分工发展起来之后才产生的，经济学中原子化的、进行理性计算的个人本身就是一种特定意识形态下的产物。现代人总觉得古代人受压制，实际上这很可能是不正确的，因为那时候个人意识还没有觉醒。专制社会中的掌权者是具有个性的，是最早从集体意识中分离出来的个人意识。"专制主义既不是一种病态现象，也不是一种衰萎现象，而是一种变相的共产主义。"（涂尔干，2000：156）

不断扩大的劳动分工和个人意识到底在何种程度上增进了人们的幸福呢？涂尔干认为，幸福的变化与分工的进步并没有直接的联系。分工的发展不是个人对幸福的追求，而是社会的规模扩大和密度提高迫使人们对分工产生了需求，社会容量和社会密度才是分工的直接原因。在社会容量方面，社会规模的扩大使人处于不同的外界条件之中，使个人所处的外界环境复杂化，从而产生分工的需求。但这还不足以决定专业本身的性质，因为专业既是个人选择的结果，也是社会组织的结果。另一个直接原因是人口增长和集中导致的竞争压力。涂尔干认为，相似的个人能促成竞争，差异的个人能形成合作。因此，分工是人口增长和集中的结果。因此，通过专业化形成分工是减缓竞争压力的重要方式。涂尔干写道："在某些同质性较强的社会里，绝大多数的个人都是注定要被淘汰掉的，然而正因为有了分工的发展，这些人才能够自保和幸存下来。"（涂尔干，2000：228）"经济学家往往忽视了分工的另一张面孔。他们认为，分工的主要原因在于扩大生产。然而我们却认为，生产力的增加仅仅是分工的必然结果，或者说是分工现象的副作用。我们之所以朝着专业化方向发展，不是因为我们要扩大生产，只是因为它为我们创造了新的生存条件。"（涂尔干，2000：232）涂尔干在这里实际上表述了一种与经济学迥然不同的思想。亚当·斯密（Adam Smith）在《国富论》（2015）中同样研究了分工和市场交易，在著名的制针厂例子中，斯密论述了随着市场规模的扩大，劳动分工是如何提高生产效率的。然而，斯密在分析市场机制时似乎更加强调的是其竞争的一面，而不是其因合作而减少竞争的一面。斯密似乎把劳动分工下的生产效率提高看成是竞争带来的结果，是个人和企业参与市场竞争的手段。通过运用这些竞争手段争相满足交易对方的需求，个人和企业被一只"看不见的手"引导着以最有益于社会的方式提高生产效率，增加社会财富，尽管他们都只是在追逐个人的利益。这就是斯密著名的"看不见的手"原理，它至今仍然是标准微观经济学教科书的核心内容。涂尔干似乎反对这一观点。如果单单通过竞争就能够使社会财富增加并趋向于幸福，那么人类之外的几乎所有生命都时刻处于竞争的状态之中，其竞争的激烈程度并不低于人类社会中的市场，因此，没有什么特别的理由认为只有人类的竞争才能够创造出巨大的财富和高度发达的文明。如果说一个人只有在竞争中才能够获得财富和幸福，那么，这个人就应该与森林或草原中的老虎、狮子或大猩猩生活在一起，而不是在人类社会中感受爱、正义和道德。在涂尔干看来，人类社会中的竞争更像是一种原始的残余物。涂尔干写道："在劳动分工以外，还存在着社会生活，有了社会生活，分工才会产生。……本质而言，社会凝聚来源于共同的信仰和感情，只有在分工能够确保社会统一的情况下，所有其他事物才能从社会中产生出来。"（涂尔干，2000：234）"所有社会生活都是由一系列事实构成的，这些事实来源于许多个人之间结成的持久而又积极的关系。因此，社会生活所构成单位之间的互动越多，强度越大，这种现象就发生得越频繁、越有力。……与其说个人决定了共同生活，还不如说个人是共同生活的产物。如果我们从每个人那里抽离了社会作用所形成的部分，那么实际上几乎剩下不了什么东西了，它们也很难产生比较大的变化。如果没有个人所依赖的多样化的社会条件，那么个人之间的差异也就无法解释了。"（涂尔干，2000：297）因此，社会共同体产生于劳动分工之前，这是人类社会区别于动物"社会"的关键特征。生存在自然状态中的各种动植物的竞争，除了个体的生存和生命延续之外，并没有更高的目的。它们中间的竞争并没有什么手段上的约束，唯一约束它们的竞争手段只是外部环境条件和个体的生理禀赋，它们任由外部环境条件和遗传因素的变化决定竞争的成败，任由这些经验的事实塑造它们的生存条件，把它们带到不知什么样的境地中。然而人类不会这样。他人构成的社会环境是个人生存条件的一部分，但人们通常不会被动地任由社会环境被外部环境和遗传因素的变化来塑造。人们具有能动意识去"反事实地"设想理想的社会状态，并据之采取行动。怎样在集体意识和共同目标下有意识地控制竞争、利用市场机制，使之真正地服务于共同的善或幸福目标，是人类社会永恒的主题；也只有真正地服务于共同的善或幸福目标的竞争，只有受到正义和道德观念约束的竞争手段，才能够被"看不见的手"引导趋向社会的幸福，否则社会在我们眼中就像狂风雷电在动物眼中一样，不过是一个失去控制的远古怪物罢了。"功利主义者之所以没有认识到这一非常重要的事实，是因为他们在思考社会形成问题的过程中得出了谬见。他们假定，原始人只是一些孤立或独立的个体，他们想要合作，就必须相互产生联系，除此之外，他们没有任何理由去跨越相互之间的鸿沟而相互联合起来。这种理论虽然非常盛行，却不免流于空谈。……集体生活并非产生于个人生活，相反，个人生活是从集体生活中产生出来的。只有在这个条件下，我们才可以解释社会单位里的个性为什么能够得以形成和发展，而不至于对社会产生破坏作用。"（涂尔干，2000：235-236）可惜在现实中，要给有机团结和机械团结划分一个适当的边界，不是一件容易的事情。根据上述的分析，涂尔干研究了所谓"失范的分工"。涂尔干认为，分工造成的离心力可能导致社会共同体的解体。涂尔干认为，合乎规范的分工应该是这样的，"分工不需要工人们埋头苦干，而是需要他们意识到能够影响到他，又能受他影响的协作过程。因此，他并不是毫无感觉和意识、只知道循规蹈矩的机器，他应该对自己的工作取向有所了解，对自己的工作目的或多或少有一个清醒的认识。他应该感觉到自己是有用的，所以，他用不着在社会领域中占据很大的部分，他只要感觉到它，弄清楚他的活动目标就足够了。这样，不管他的活动到了什么样的专业化水平，获得了什么样的统一性，作为一个有意识的人，他都会懂得他的活动的意义所在"（涂尔干，2000：332）。只有这样合乎规范的分工才能够导致有机团结。"分工并没有把个人向他人体现出来，而是把社会功能体现了出来。……劳动分工越发展，规范就会变得越多——倘若没有规范，有机团结就是不可能的，或不完善的。"（涂尔干，2000：365）因此，我们或许可以这样总结涂尔干关于分工、竞争与幸福之间关系的见解：在涂尔干的理论中，单把劳动分工和市场竞争拿出来考察，会发现它们其实于社会幸福并没有直接的联系；只有当我们确保分工和竞争受到正义和道德的约束时，分工和竞争才能够被正当地设想成在"看不见的手"的引导下趋向社会的幸福。

在《社会分工论》中，涂尔干论述了有机团结和机械团结这两种不可相互还原或相互化约的社会关系或人的行动模式。这一观点在《宗教生活的基本形式》（2011）一书中也有所体现。涂尔干在该书中认为，理性和道德之所以能够超越个人经验表现出先验的特征，原因是理性是具有社会性的。就像先验的普遍理性不能还原为个人的局部经验一样，社会共同体也不能还原为理性选择的个人。"之所以如此，并不是因为它们具有模糊的、神秘的品性，而只是因为它们所依据的是一个众所周知的程式，即人是双重的。人具有两种存在：一是个体存在，它的基础是有机体，因此其活动范围是受到严格限制的；二是社会存在，它代表着我们通过观察可以了解的智力和道德秩序中的最高实在，即我们所说的社会。在实践过程中，我们的这种双重本性所产生的结果是：道德观念不能还原为功用的动机，理性在思维过程中不能还原为个体经验。只要个体从属于社会，他的思考和行动也就超越了自身。"（涂尔干，1999：18）

涂尔干在其晚期著作《职业伦理与公民道德》（2015）中进一步发展了他上述的社会理论。他在该书中区分了职业团体和国家的概念，前者与职业伦理有关，后者则与公民道德相关。从他的论述过程来看，职业伦理与公民道德这一组概念，有点类似于康德"理性的私下运用"和"理性的公开运用"，以及罗尔斯"私人理性"和"公共理性"这两组概念。

首先是职业伦理的概念。涂尔干将职业团体中的伦理与根据公意而产生的社会共同道德进行了区分。涂尔干写道："公意是共同道德的基础，它弥散于社会各处，用不着我们去甄别它究竟处于何方，而职业伦理则不同，每一种职业伦理都落于一个被限定的区域。所以说，道德生活的核心尽管是统合起来的，却也各自有别，功能的分化与道德的多态性是相应的。"（涂尔干，2015：8）因此，职业的伦理道德具有分散性和功能性的特征，"任何机构也不可能有义务去保证这些指令得到执行。因而，只有扩散的公意才能起到制裁作用，不过既然公意得不到个体之间频繁联系的有效保证，那么它也不可能对个体行动实行充分的控制，公意既缺乏稳定性，也缺乏权威性"（涂尔干，2015：10-11）。我们之所以需要职业伦理，原因是我们需要将分化的经济功能统合在社会的共同目标或共同价值观之下。涂尔干认为，"倘若没有相应的道德纪律，任何形式的社会活动都不会存在。……个体必须考虑这些社会利益，也唯有个体才能隐隐约约地觉察到这些社会利益：有时候，个体根本不能感受到它们，因为它们不仅外在于个体，而且它们作为某种利益的东西也不同于个体。个体无法像完全关注自身利益那样，不断意识到社会利益的存在"（涂尔干，2015：15）。因此，"社会群体的规模越大，就越有必要制定这样的规范。当群体规模较小的时候，个体与社会之间的距离不会太大；整体几乎很难与部分区分开，所以个体首先要辨别整体的利益，以及整体利益与每个人利益之间的关系。随着社会的逐步扩大，两者的差别也就越来越明显了。个体只能获得一小部分社会视界；如果规范没有规定他应该怎样做才能符合集体的目的，那么这些目的本身就不可避免会成为反社会的"（涂尔干，2015：16）。这就是职业伦理之所以具有必要性的原因。"经济功能本身并不是目的，而只是实现目的的手段；它们只是社会生活的一个器官，而社会生活首先是各项事业和谐一致的共同体，特别是当心智和意志结合起来，为共同的目的努力工作的时候。"（涂尔干，2015：17）"这种对超出个体范围的事物的依附，对个体所属群体利益的依附，是所有道德活动的源泉。"（涂尔干，2015：27）

其次是公民道德的概念。既然职业伦理是将分化的经济功能统合在社会的共同目标或共同价值观之下的重要方式，而社会的共同目标或共同价值观则是某种"超出个体范围的事物"，那么，这里自然就假定了存在一种超越任何个人之上的集体意志，涂尔干称之为国家或公意；与之相关联的对个人的义务约束则是公民道德。正是这种集体意志使道德超越个人的有限经验之上具有先验的特征，变得拥有无可置疑的客观性和普遍性；这也意味着，离开集体意志这个设想，一种客观普遍的道德伦理，是根本不能被理性地设想出来的。涂尔干写道："当国家进行思考并作出决议的时候，我们不能说社会通过国家进行思考并做出决议，而只能说国家为了社会才进行思考并做出决议。国家并不单单是一种引导和集中的工具，从某种意义上说，它是次级群体本身组织化的核心。"（涂尔干，2015：54）"国家是一种特殊的机构，国家的责任就是制定某些对集体有利的表现。这些表现与其他集体表现有所不同，因为它们意识和反思的程度更高。……国家真正意义上的整个生命并不是由能够引起变动的外在行动构成的，而在于以表象的方式思考。……严格来说，国家是社会思维的器官。"（涂尔干，2015：55）

通过对职业伦理和公民道德两个概念的分析，涂尔干最终想达到的目的，是考察个人、职业团体与国家（或社会）之间的关系。涂尔干对此写下了两段十分深刻的文字：

> 个人与个人的关系，是凡俗世界的部分，而众神则是宗教世界的核心，两个世界之间有一条鸿沟。本质而言，神不同于人：神有其他的观念和需求，神的存在也与人不同。如果有人认为，政治体系的目标就是宗教的目标，而宗教的目标同时也是政治体系的目标，那么他同时也可能会说国家的目标与个人所追求的自身目的之间存在一条裂痕。为什么说个人本身由此所追求的目的，从某种程度上说与私人事务有所不同呢？答案是：就他和他的人格而言，他的私人事务相对来说是不重要的，依附于他的任何事物都只有微乎其微的道德分量。他个人的观点，他私人的信仰，以及他作为个人的各种各样的欲望，都只是无足轻重的因素。最有价值的，莫过于共同的信仰，集体的期望，公共的传统以及用来表达它们的符号。这样一来，个人会高兴地、果断地成为用来维护与其没有直接关系的目标的工具。他将被纳入社会大众之中，顺从于社会的压力，并让自己的一切服从于集体存在的命运，而没有丝毫的牺牲感。这是因为，在个人的眼里，他特殊的命运没有什么意义，也没有我们今天赋予他的崇高价值。如果这样的评价没有错，那也是因为事物的本性使然；有了这种服从，才会有社会存在（涂尔干，2015：61－62）。

历史似乎已经证明，国家的产生并不是为了防止个人滥用自身的自然权利。不，国家决非只有这样的作用，相反国家是在创造、组织和实现这些权利。实际上，人之所以为人，只是因为他生活在社会之中。如果把所有带有社会根源的事物全部从人那里排除掉，那么人就只能成为动物了，与其他动物为伍。正是社会把人提升到了超过物理自然的水平。之所以会产生这样的结果，是因为团体能够通过个人的精神力聚集起来，使人与人相结合，从而使他们变得更强壮。社会造就了他们的能量和生产能力，这是他们在相互分离的情况下所实现的一切无法比拟的（涂尔干，2015：66 – 67）。

因此，涂尔干认为，"国家自身的意志并不是与个人截然相对的。只有通过国家，个人主义才能形成。……国家不是使个人得到实现的手段"（涂尔干，2015：70）。换句话说，个人"正是通过国家，而且唯有通过国家，他们才能成为道德存在"（涂尔干，2015：71）。涂尔干在此反对个人主义的功利主义者以及康德主义者的观点，认为这些观点把个人或一个抽象的、单纯地拥有自由意志的"自我"看成一个自足的整体，是错误的做法。[①] 因为从经验角度看，次级群体（如部落、家庭、职业团体和法人团体等）会将个人置于控制之下，只有国家才能够普遍性地将"个人"从次级群体的控制之中解放出来，实现"个人主义"或"个体权利"，使个人变成一个拥有自由意志、能够实现道德自律的个人。个人的自治程度取决于社会的"公意"，"我们的道德个性并不与国家相对立。相反，它是国家的产物，是国家解放了这种个性。这种渐次的进步不仅驱散了那些妄图吞并个人的相反势力，也提供了个人活动的环境，从而使个人能够自由地发展他的才能。国家的作用绝对不是消极的。国家将在社会状态允许的范围内保证实现最完整的个人化"（涂尔干，2015：76）。只有通过国家和集体意志，社会的共同利益以及理想的共同目标才能够得到恰当的反思，变成一种超越个人有限经验智慧之上的深思熟虑：

———————————

①对这样一种抽象的个人观念的批判，还可见于桑德尔的《自由主义与正义的局限》（2011）以及麦金太尔的《德性之后》（1995）。

社会的范围越大、越复杂，在执行事务中就越需要反思。在一切精密机制的运作过程中，盲目的惯例和一成不变的传统都没有用武之地。社会环境越复杂，就越容易变动。社会结构也必然会发生同样程度的变化，而且要想实现这样的变化，社会就必须认识自己，有能力进行反思。倘若事物按部就班地生成，光靠习惯就足够了；不过，倘若环境持续发生变化，那么反过来习惯就不能形成绝对的控制了。单靠反思，就有可能发现新的、卓有成效的实践，因为只有通过反思，我们才能预测未来。所以说，各种审议机构才会被当作一种制度获得广泛的接受。社会以此为手段，可以为自身提供深思熟虑，这些机构进而会变成持续不断的变化工具，而这些变化正是今天集体生存所必需的条件。社会机构若要生存，就必须有所变化。如果它们适时地、迅速地产生了变化，社会的反思能力就必须符合不断变化的环境，并能够组织起手段来让自己适应这些变化（涂尔干，2015：99－100）。

综上所述，我们不难看到，从有机团结和机械团结，到职业伦理和公民道德，涂尔干的理论有着某种内在的逻辑一致性。一方面，道德行为或自律行为不能还原为策略行为；另一方面，集体的或社会的意志不能还原为分散的个人意志，只要我们把道德法则思考为具有客观性和普遍性的事物，具有超越于一切经验的先验特征，那么前者总会不可避免地真实存在。通过对康德式抽象的个人观念的反驳，涂尔干最终走向了一种从集体的角度设想自律和意志自由的理论。这一思路在较新近的研究中也有所体现。我们在后面章节中将会看到，正是麦金太尔在《德性之后》（1995）和《谁之正义？何种合理性》（1996）等书中，通过恢复亚里士多德主义和托马斯主义的传统，将这一思路推进到了一个全新的高度。

第三节　帕累托：逻辑行为、非逻辑行为与剩余物

任何一个学习过微观经济学的人，对帕累托都不会感到陌生。"帕累托最优"或"帕累托均衡"算得上是微观经济学及最核心的内容之一。不过我们在这里要讨论的，不是帕累托的经济学理论，而是他的社会学理论。这主要体现在帕累托《普通社会学纲要》（2001）一书关于逻辑行为与非逻辑行为、剩余物与派生物的相关研究之中。

与自律行为和他律行为、道德行为和策略行为的分类不同，帕累托将人的行为分为逻辑行为和非逻辑行为两大类。逻辑行为的客观目的与主观目的相一致，即看法同事实相符并在事实中验证，手段和目的是逻辑地联结起来的，受到经验上的因果法则限制；而非逻辑行为的客观目的与主观目的不一致，其看法仅同某些人的认识一致。帕累托将逻辑行为之外的行为均称之为非逻辑行为。非逻辑行为并不意味着行为不符合逻辑，它只表示那些无法用"目的—手段"图式来解释的行为；而逻辑行为必定同时具有客观和主观的目的。经济学仅以人类的逻辑行为为研究对象。关于逻辑行为与非逻辑行为之间的区别，帕累托写道，"逻辑行为，至少就其主要部分来说，均为推理的结果；非逻辑行为首先源于一种确定的心理状态：情感、潜意识等等"（帕累托，2001：26）。帕累托运用以下抽象形式来说明非逻辑行为的含义。假设 A 是个人的心理状态，B 是作为结果的唯一能观察的活动，C 是心理状态的外在表现（如宗教理论或巫术仪式等），人们往往会认为因果关系是 C—B 而不是 A—B，实际上 C 和 B 的关系是间接的，直接的关系可能是 A—C 或 A—B。事实上，心理状态 A 对行动 B 的实现十分重要，那些表现 A 的理论和仪式就起着集体中间保存心理状态、共同记忆的重要作用。逻辑形式把巫术仪式 C 和 B 联系起来，但在非逻辑行为中，C 仅仅是心理状态 A 的表现，A 才是 B 的直接原因。如果我们坚持用逻辑形式来解释非逻辑行为的话，那么我们将在 C 和 B 之间建立起因果关系。逻辑关系的争论可通过共同的经验解决，但非逻辑关系的争论则必须诉诸心理状态或情绪。如果现在

我们要按上述的方式来研究非逻辑行为，那么问题将在于：由于 A 是个人的心理状态，那么个人的心理状态怎样变成一种集体共同的心理状态，从而产生共同一致的集体行动的呢？正义、道德和意识形态等所谓"心理状态的外在表现"又是怎样成为客观存在的呢？

帕累托在此提出了一个格外特别的理论，这个理论的核心概念是剩余物、派生物和派生论。帕累托提出的"剩余物"的概念是一个颇令人费解的概念，因为它纯粹是从消极的角度进行定义的。在帕累托的理论中，不属于逻辑行为的所有行为都是非逻辑行为，而非逻辑行为则主要出于某种心理状态，例如情感和本能等，它不像逻辑行为那样是推理的结果。帕累托把这些决定非逻辑行为的情感和本能的表现称为剩余物。帕累托写道："剩余物符合人们的某些本能，因此便常缺少精确性和严格限定。……剩余物不能作为严密推理前提的首要原因是它们的相互依存。"（帕累托，2001：130－131）需要注意的是，剩余物仅仅是情感和本能的表现，而不是情感和本能本身。剩余物通过派生物达到派生论，而派生论往往又会成为剩余物本身，因为人们忘了最初的剩余物是如何通过派生物达到派生论的。更直观地说，剩余物是各种表现情感和本能的观念，是非逻辑行为或伪科学理论去掉逻辑的形式表象后所剩余的东西，是非逻辑行为中具有的稳定性和不易变化的部分；派生物就是各种宗教和巫术仪式，派生论则是基于这些宗教巫术实践发展起来的理论。一般说来，剩余物通常持久而稳定，派生物则变动不居。

帕累托将剩余物分为以下六大类型：

①组合的本能。"此种由符合组合本能的剩余物构成，人类的这种本能很强烈，它可能是文明的有效原因。大量现象为剩余物提供将某些事物组合的倾向。"（帕累托，2001：135）在帕累托的语境中，这类似于我们所说的策略行为，或者说类似于按经验的"目的—手段"因果法则来进行的行为。

②集合体的持久性。"某些组合构成一个集合体，即几部分紧密结合为一体，它最终以这种方式具有自己的性质，往往将拥有自己的名称。……符合集合体的情感可以几乎持续不变，

或其强度与范围可变化不定；这些情感得以表现的形式，即派生物，更是变化无常。……集合体一经构成，一种本能，就像一种机械的惰性，用多变的力量，用连接事物，反抗由其他本能推动的运动；如果集合体的解体不可避免的话，最好保留下它的偶像。"（帕累托，2001：142）"剩余物起源于某些事实的持久性，其后又有助于维持这种持久性。"（2001：143）在帕累托的语境中，这类似于体现着共同目标或共同价值观的集体意志，与我们所说的正义和道德行为相关。

③用外在行为表现情感的需要。"强烈情感一般总伴随着某些行为，它们同情感没有直接关系，但它们满足了运作的需要。……表现情感的行为强化了情感，还可使缺少此情感者产生此情感。"（帕累托，2001：148）

④同社会有关的剩余物。"此种由同社会生活有关的剩余物构成，还可以将同纪律有关的剩余物归于此种，如果承认相应的情感由社会生活强化。"（帕累托，2001：149）

⑤个人及其附属物的完整性。"此种由涉及个人及其附属物的完整性的情感构成。"（帕累托，2001：156）恢复这种完整性涉及物质和道德的手段。

⑥性剩余物。

相应的，派生物则是从剩余物中衍生出来的事物。帕累托认为，人总会感到有需要推理并掩饰其本能与情感，为本能和情感寻找合理性或非合理性的基础，运用自由意志中的理性去"发现"和"理解"本能和情感（即剩余物）。派生物正是从人的这一需要中产生出来的。"每当我们考察人们用以掩饰、改变、解释他们某些行为的真实特征的方式时，就会发现派生物。……人们主要听任情感（剩余物）说服；因此派生物主要从情感而不是从逻辑—实验论题中汲取力量。在派生物中，一个或数个剩余物构成核，在其周围聚集其他次要剩余物。……一般来说，派生物起源于与其他剩余物相结合的此种剩余物。"（帕累托，2001：180）通过剩余物和派生物的概念，我们就很容易解释，为什么有许多符合正义和道德直觉的制度已经被人类实行多年，但是要在理论上把握和解释它，却是晚近的事情。帕累托就此写道："社会科学中的具体理论由剩余物和派生物组成，剩余物表现情感，派生物包括逻辑推理、诡辩、用以推断的情感表达，并且表现人们感受到的推理需要。"（帕累托，2001：182）"一般来说，人们赋予派生物内在价值，并且认为它们的直接作用决定社会平衡；相反，我们只赋予它们其他力量的表现与标志的价值，正是这些力量实际起作用决定社会平衡。迄今，社会科学通常是由剩余物和派生物构成的理论，它们的实际目的是使人确信其行为应对社会有益；相反，本书仅试图将这些科学置于逻辑—实验领域，它没有任何直接、实际效用的目的，唯一意图是认识社会事实的一致性。"（帕累托，2001：183）

在提出剩余物和派生物的概念之后，帕累托研究了社会制度的正当性问题。帕累托指出，完全不能使用暴力的政府很快就会垮台，但只靠暴力的政府往往也难以持久。问题就在于具有"正当性"的暴力的边界在哪里。帕累托认为，这主要取决于"组合本能"和"集合体持久性"两类剩余物之间的关系。我们前面谈到的策略行为与自律行为之间的关系、市场与道德之间的关系，在帕累托这里似乎是用组合本能剩余物和集合体持久性剩余物之间的关系来表述的；组合本能剩余物和集合体持久性剩余物之间此消彼长的关系，决定了怎样的社会制度是正当的，从而引发社会制度的变迁。帕累托写道：

在一个时代，人们拥有的集合体持久性剩余物急剧减少，而组合本能剩余物重振雄风，从前一种剩余物得出的结论同实在的冲突更为严重，就会得出以下结论：这些剩余物是"陈腐的偏见"，应被组合本能剩余物代替。人们从实验真理和个人或社会效用的角度毫不留情地谴责非逻辑行为，他们想用逻辑行为取而代之。逻辑行为应由实验科学指导，但实际上它们往往接受伪科学的建议，并且由具有很少或毫无实验价值的派生物构成。通常这些结论用如下派生物或其他类似派生物表述："理性应取代信仰、偏见"。人们还确信，用这些派生物表达的情感证实集合体持久性剩余物的"虚假"，组合本能剩余物的"真实"。在另一个时代，发生反向的运动，集合体持久性剩余物重新崛起，而组合本能剩余物一蹶不振，人们会观察到相反的现象。衰弱的集合体持久性可能对社会有益、有害或无关紧要。在第一种情况，用以排斥第二种剩余物的组合本能派生物，表现为同实践的完全不一致；因为它们给予社会的形式不仅不适合社会，反而会造成社会的解体。这点更多地靠本能感受，而不是由推理证明，并且开始同确立第一种剩余物优势的运动方向相反的运动：摆向反方向摆动，并达到另一个极端。因为有时从第一种剩余物得出的结论同实在冲突，人们就说它们永远如此，由于"虚假"才存在，这一性质还扩展到实验推理的原则本身；而集合体持久性原则因其"真实"才存在，或至少为一种"超级真理"的原则。从这样的情感产生许多派生物，譬如：我们拥有观念、概念，它们统治着经验；"直觉"应当代替"理性"；"意识应向实证主义经验论要求自己的权利"；"唯心主义应取代经验主义、实证主义和科学"，这种唯心主义才是"真正的科学"。可以肯定地说，"真正的科学"由于绝对比总是偶然的实验科学更接近"实在"；甚至它就构成"实在"，并且实验科学若同第一种剩余物的派生物的伪科学同流合污，就沦为骗人和有害的东西。在以往时代，这样的意见统治着人类认识的各个分支；今天在物理科学中几乎销声匿迹，最后一个引人注目的实例是黑格尔的"自然哲学"，但在社会科学中它们依然存在。实验科学的进步把它们从物理科学中清除出去，因为它们毫无用处；在社会科学中它们继续存在，不仅因为在社会科学中的实验研究很不完美，主要因为它们具有巨大的社会效用。实际上，在许多情况下，通过"直觉"从集合体持久性剩余物得出的结论，比从组合本能中得出的结论更接近实在，后种结论构成伪科学派生物，在社会学科中，伪科学占据实验科学的位置。另外，在许多其他情况下，这些派生物显得非常有害，以致社会若不想衰落或灭亡，就必须摒弃它们。第二种剩余物占绝对优势的结论，不仅对艺术和物理科学并非无害，这非常明显，而且对社会学科也有害，这里很容易发现没有组合本能和运用实验推理，不会取得任何微小进步。因此，停留在另一极端也不可能：这里第二种剩余物占统治地位，并从头开始新的波动，以恢复到另一极端，这里第一种剩余物占统治地位。于是摆就永无止境地摆动（帕累托，2001：384－386）。

帕累托由此得到这样的结论：社会利益最大化或社会制度得以有效地维持正当性，取决于组合本能剩余物和集合体持久性剩余物之间的最优比例关系。第一，若集合体持久性剩余物较弱，那么就没有办法抵抗个人策略性地追求个人利益所导致的对社会的损害："有效对抗个人利益的有害倾向和激情的冲动，是集合体持久性情感的主要效用；驱使人们实施是它们的逻辑结果，然而危害社会的行为成为这些情感的主要损害。……哪里集合体持久性情感不具有巨大力量，哪里的人们很容易被现实冲动所左右，极少关注未来；很容易受杂乱无序的欲望驱使，而忘却集体的巨大利益。"（帕累托，2001：394）而集体行动的能力和强度（例如征税和军事动员等），都取决于集合体持久性的强度。因此，由组合本能剩余物主导的、由投机者组成的政府，往往缺乏尚武和集体精神，容易被暴力推翻，也不善于使用暴力。第二，反之，若集合体持久性剩余物过于强大，组合本能剩余物过于弱小，那么社会就会僵化停滞、等级森严、经济活力减弱。

第四节　哈贝马斯：体系与生活世界

哈贝马斯的思想庞杂而深刻，别说用几页纸概述清楚，光是读懂已属不易。作为一名非哲学专业出身的读者，即使怀着强烈的好奇心和崇高的敬意，但笔者必须坦承，阅读哈贝马斯的著作绝对算不上是什么令人身心愉悦的事情。在此，笔者主要关注的是哈贝马斯《交往行动理论》（1994a；1994b）一书中的观点。

哈贝马斯区分了两类合理性概念。一类是"工具支配的合理性",哈贝马斯将此称为实在主义派,"这种派别的出发点,是把世界的本体论前提作为实在情况的整体,以便在此基础上,精确规定合理行动的条件"(哈贝马斯,1994a:27)。在工具支配的合理性下,个人做出决策的依据是关于世界的本体论知识。另一类是"交往理解的合理性",哈贝马斯将此称为现象学派,"这种派别先验地转变了这种问题的提法,并对合理行动者本身必须以客观世界为前提这种情况进行了反思"(哈贝马斯,1994a:27)。"他们并非简单地以客观世界的本体论的前提为出发点,而是怀疑这种本体论的前提,他们怀疑对于交往团体的成员来说,客观世界之所以是统一的条件。只有在具有语言能力和行动能力的主体团体看来,世界是一个统一的和同一的世界时,世界才获得客观性。抽象的世界观,是交往行动的主体,针对世界上所发生的,或将在世界上发生作用的事物,相互之间彼此理解的一个必要的条件。交往行动的主体,借助这种交往实践,同时也对自己共同的生活联系以及渗入主体内部的生活世界树立了确定的信念。"(哈贝马斯,1994a:28)而以这种交往理性为目的的行动,哈贝马斯称之为交往行动,这种行动的目的是通过主体之间的相互理解达成关于世界的共识;而"理解"在哈贝马斯这里是指有语言能力和行动能力的主体统一起来的过程(哈贝马斯,1994a:363-364)。

哈贝马斯将需要达成共识的世界分为三类,分别是客观世界、社会世界以及主观世界,依次涉及的是真理问题、道德问题和审美问题。相应的,形成这三类世界之共识,涉及三种类型的交往行动,分别是目的论行动、规范调节的行动以及戏剧行动。首先,所谓目的论行动,是指在关于世界的本体论的前提下,"行动者可以提出正确的或错误的论断,并可以进行有目的的干预,当然这种干预可能取得成就,也可能失败,就是说,也可能取得预期的效果,也可能达不到预期的效果。因此,对行动者与世界的这种关系所作的表达,可以按照真实性和效用性的标准进行判断"(哈贝马斯,1994a:123)。目的论行动的对象既可以是物质,也可以是具有决断能力的主体;采取目的论行动的个人都处于一个"按照本体论前提所判断的一个统一的世界概念"(哈贝马斯,1994a:124)之下。"目的论的行动,可以按照它们的作用的角度,加以评判。行动规则体现了技术上和策略上可使用的知识，这种知识可以对真实性要求方面进行批判，并且通过反过来与经验理论知识的发展相联系而得到改进。这种知识又通过工艺学和策略的形式得到储存。"（哈贝马斯，1994：422）因此，目的论行动主要涉及客观世界的事实和真理性问题。其次，所谓规范调节的行动，"却是以一个行动者与整整两个世界之间的关系为前提的。在存在着的事态的客观世界之旁，出现了社会世界，行动者作为作用活动的主体，与其他可以相互参与规范调节的内部活动的行动者都属于这种社会世界。一种社会世界是由一种规范的关系组成的，这种规范的关系确定了，什么样的内部活动属于合法的个人内部关系的总体。而一切符合相应的规范（同意接受规范的要求）的行动者，都属于同一个社会世界"（哈贝马斯，1994a：125）。"规范调节的行动，体现一种道德实践的知识。它们可以按照正确性角度，加以驳斥。"（哈贝马斯，1994a：423）最后，所谓戏剧行动，"按照戏剧行动的观点，我们把一种社会的内部活动，理解为遭遇，参与者通过这种遭遇相互构成可见的观众，并且相互表演一些东西。'遭遇'和'表演'是关键性概念。在第三者面前所进行的一种表演，仅仅是一种偶然的情况，进行一种表演，目的是，行动者在他的观众面前，以一定的方式进行自我表述，当行动者表现出自己主观性的东西时，他是想让观众以一定的方式看到和接受到自己的东西"（哈贝马斯，1994a：128）。"戏剧行动体现一种关于各种行动者自己主观性的知识。这些表达可以作为非确实地加以批判，就是说，归结为虚构的，或者自我迷惑的。"（哈贝马斯，1994a：423）通过交往行动，人们在这三类世界中获得意见的一致，包括真理知识的一致、道德规范的一致以及审美标准的一致。

　　哈贝马斯由此提出了"生活世界"这一交往行动理论中的重要概念。生活世界的概念是指一种人们相互理解并达成意见一致的过程。哈贝马斯写道："进行交往行动的主体始终是在生活世界范围内相互理解的。他们的生活世界是由或多或少分散的，但总是固定的确实的背景构成的。这种生活世界的背景是用来作为状况规定的源泉，而这些状况规定是由参与者作为固定的规定首先设置的。一种交往团体的成员借助他们的解释成就，区分了客观世界，他们主体内部划分的社会世界，与个人和（其他）集体的主观世界。世界观和相应的运用要求构成了形式上的支架，进行交往行动借助这种形式上的支架，把各种争论的，就是说，需要取得一致意见的他们之中的状况关系安排成为无争论的首先设置的生活世界。……生活世界储存了先辈们以前所做的解释成就。这些以前所做的解释成就是与各种实际变化过程中所形成的看法不同的风险相抗衡的保守力量。"（哈贝马斯，1994a：101 - 102）"一种生活世界构成一种理解过程的视野，参与者借助这种视野，对于一种客观世界，他们共同的社会世界，或者某种主观世界中的事物，表示意见一致，或者相互争论。"（哈贝马斯，1994a：180）

借由交往行动而形成的生活世界，是以语言为中介实现的。这种关于语言的交往行动功能的研究，哈贝马斯称为普通语言学的研究，与一般的语言学研究相区分（哈贝马斯，1989）。哈贝马斯认为，在交往行动中，人们"不再直接地与客观世界，社会世界或主观世界上的事物发生关系，而是按照他们运用的表达被其他行动者所驳斥的可能性，相对地进行表达。……交往行动的概念，首先把语言作为参与者与世界发生关系，相互提出可以接受和驳斥的运用要求的理解过程中的一种媒体"（哈贝马斯，1994a：140）。哈贝马斯区分了语言活动和非语言活动，而交往行动可以理解成一种通过语言活动达到非语言活动目的的行动方式。这与策略行动形成鲜明的对照。哈贝马斯对此写道："通过语言活动的效果，正如目的论行动一般的成果，可以作为世界上的状态加以描述，就是所可以作为通过干预世界而引起的状态加以描述。相反的，非语言活动的成果是通过个人内部的关系方面而达到的，据此，交往参与者相互对于世界上的某种事物进行理解；非语言活动的成果按这种意义，根本不是内部世界的事物，而是世界之外的事物。非语言活动的成就非总是生活世界内部的，交往者属于生活世界，而且生活世界是交往参与者理解过程的背景。"（哈贝马斯，1994a：371）"我把那些所有参与者借助他们的语言行动达到非语言活动目的，而且只达到这种非语言活动目的所按照的语言中介的内部活动，都算作交往行动。相反的，至少有一个参与者愿意借助他的语言行动针对对手引用通过语言活动的效果所按照的内部活动，却被我看作为语言中介的策略性行动。"（哈贝马斯，1994a：373）"交往行动针对策略性的内部活动因此被标志为所有参与者都会毫无保留地追求达到非语言活动的目的，以获得意见一致，而这种意见一

致可以为各种个人追求实现的行动计划的一种有联系的合作化提供基础。"（哈贝马斯，1994a：374）

与生活世界概念相对应的，是被哈贝马斯称为"体系"的概念。体系与生活世界之间的分化以行动之目的来区分。在体系中，个人通过交换的利益相互联结，而生活世界中的个人则通过共同的价值和规范结合成共同体；体系中的行动是为成就而进行的行动，生活世界中的行动是为理解而进行的行动。体系的代表是高度发展的市场与价格机制。在市场这一"体系"中，人们"有目的地进行的行动不仅是通过理解的过程协调的，而且是通过他们非意图的，并且在日常实践的视野内大多数情况下也是不能知觉的职能联系协调的"（哈贝马斯，1994b：203）。而在生活世界中，"发言者和听众把三种世界的关系体系运用作为解释的范围，在这种解释范围内，他们制定了他们行动状况的共同规定。他们不是直接与一个世界中的某种事物发生关系，而是相对地把他们的表达依据于这种表达的运用受另外一个行动者驳斥的可能性。理解意味着交往参与者对一种表达的适用性的赞同；意见一致意味着主体内部对发言者对一种表达的适用性所提出的运用要求的认可"（哈贝马斯，1994b：167）。"生活世界表现为自我理解力或不可动摇的信念的储蓄库，交往的参与者为了合作的解释过程可以利用这些自我理解力和坚定的信念。"（哈贝马斯，1994b：171）体系中的个人通过主观上不协调的个别决断进行统一，而对这种协调过程的控制不具有规范性；相反，在生活世界中，人们是通过交往行动达到的意见一致进行统一的，这种协调过程的控制具有明显的规范性特征。

根据体系与生活世界的划分，哈贝马斯把将社会演变过程理解为体系和生活世界两种秩序相互区分的过程。哈贝马斯对此写道："当一方面复杂性增长，另一方面合理性增长时，体系和生活世界不仅作为体系和生活世界区分，而且二者也同时相互区分。"（哈贝马斯，1994b：206）体系与生活世界的脱节表现在："与一种很少区别的社会体系最初共处的生活世界，越来越多地下降为一种与其他下属体系并行的一种下属体系。在这里，体系机制越来越脱离社会结构，即脱离社会统一借以进行的社会结构。……在区分比较低的程度中尚与社会统一的机制紧密交织在一起的系统联系，在现代社会中密化和物化为摆脱规范的结构。针对形式组织化的，通过交换过程和权力过程控制的行动体系，成员相互对待如同对待一种自然发展的实在——在目的合理的行动的下属体系中，社会成了第二自然界。"（哈贝马斯，1994b：206 - 207）"交往日常实践进入了一种生活世界的关系，这种生活世界的关系是由文化传统、合法秩序和社会化个人所决定的。解释成就是由一种生活世界的预先付出的意见一致形成的。……行动协调从语言改置为控制媒体，意味着内部活动与生活世界关系的相脱节。货币和权力的媒体设置在经验动机的联系上；它们规定一种目的合理的，与可计算的价值量的交换，并且促使一种一般化的策略地其他内部活动参与者的决断的影响，并与语言的意见形成过程相交往。因为它们不仅简单化语言交往，而且通过一种象征性一般化损失和补偿来代替，这样，在其中理解过程，总是进入的生活世界的关系，对于媒体控制的内部活动就失去了价值，就是说，生活世界对于行动的协调就不再是必要的了。"（哈贝马斯，1994b：241 - 242）在哈贝马斯看来，现代社会的一个明显的特征，就在于"体系对生活世界的殖民"，通过价格、命令和行政绩效指标等方式调节的社会关系取代了在交往理性的基础上形成的社会关系。这与涂尔干"有机团结不断取代机械团结"的观点，至少在理论形式上具有高度一致性。而哈贝马斯的独特之处就在于，通过语言和交往行动揭示了这一现象的产生机制，并说明交往理性如何有助于人们摆脱这种困境。

至此为止，笔者以一种从专业学者角度看来可能是"断章取义"的方式，概述了哈贝马斯交往行动理论的内容。由于哈贝马斯的理论体系十分庞杂，简单地在某个方面将其与其他理论观点相比较，很容易会自以为是地得出错误的结论。笔者在此并不打算深究哈贝马斯的思想观点，而只是想粗略地勾勒出交往行动理论中一些关键概念的特征和联系。只要读者能通过笔者的概述注意交往行动理论中策略行为与交往行为、工具理性与交往理性，还有体系和生活世界等每对概念内部的不可归约性，以及哈贝马斯是以何种特别方式阐释这种不可归约性的，本节的目的就算达到了。在后面对正义和道德进行正式论述的章节中，笔者还会提及哈贝马斯关于正义和道德的商谈论或主体间性观点，这种观点正是建立在交往行动理论的基础之上的。

第五章　正义与道德的经济理论

与社会学家、道德哲学家和政治哲学家不同，经济学家似乎普遍难以忍受个人与集体两个概念能够同时合理存在，而更加倾向于一种被称为"方法论的个人主义"观点。我们从前面的论述也可以看到，对于社会学家、道德哲学家和政治哲学家们来说，同时把个人和集体都设想为合理存在的选择主体，两者之间甚至不能相互化约和还原，这似乎并没有什么令人不安的地方。但对于以功利主义和热衷使用方法论的个人主义而著称于世的经济学家们来说，这就完全无法忍受了。因此，那些不能忍受这一点的经济学家们通常是从两个方向进行努力的：一是坚持功利原则和福利经济学评价方法优于一切正义和道德原则；二是激进地把正义和道德行为统统还原为策略行为，把一切关于公平、正义和道德的考量都还原为功利或福利的计算。总的来说，除了少数制度经济学家（例如前面提到的布罗姆利）之外，似乎大多数经济学家更倾向于消除个人与集体之间在概念上的对立，试图对一切社会现象都给出一个合理的、基于个人策略行为的解释。本章将概述与此相关的三种理论。通过具体考察这些理论的细节，我们能够更好地将其与社会学家、道德哲学家和政治哲学家们的工作进行对比，从而确定经济学家们的想法在多大程度上值得我们信赖。

第一节　巴苏：信念与焦点均衡

巴苏在《信念共同体：法和经济学的新方法》（2020）一书中试图解决一个十分经典的问题：人们关于制度的正当性信念是如何形成的？巴

苏在这部著作中是这样提出研究的问题的。首先，一个社会的法律制度要得到实际的执行，而不是仅仅停留在纸面上，那么，对该法律制度的正当性信念总是必不可少的。因为，假设社会中的每个人都仅仅根据惩罚的严厉程度或违法成本的大小来确定是否遵守法律，这样一来，谁会愿意主动遵守法律并对违法者实施惩罚呢？用博弈论的术语来说，法律决定了博弈的规则，但是博弈规则的实施需要有执法者的执法，但执法者为什么必须执行法律呢？显然，如果社会中每个人在决定是否违法时都只考虑违法成本的大小，那么，法律制度将不可能得到实际的执行，它不过是停留在纸面上的空洞文字罢了。只有当社会中具备惩戒能力的个人或团体对法律制度的正当性有所认同，认为法律制度本身就能够为其带来足够高的收益，使自律地遵守法律和耗费人力物力以及时间去惩罚违法行为时，法律才不会停留在纸面。巴苏认为，传统博弈论方法和新古典经济学方法，忽视了执法者作为博弈的参与者存在，假定了他们像机器一样会自动执行法律。现在我们进一步假设执法者自身构成了博弈的一部分。如果在新的法律颁布之前，这名执法者就已经在执行该法律，那么这一新法律并不会改变博弈规则；如果在新法律颁布之前他并不执行该法，那么新颁布的法律又是怎样促使执法者去执行的呢？在没有这个法律时，又有谁会制定新的法律出来并加以实施呢？这自然就导向了一种立法的理论。这样追溯下去，我们将会发现，至少有一个人认为法律自身是具有内在价值的，遵守法律这种行为本身的收益就高于违反法律所得的。此时，即使不存在执法者，这个人也认为法律是值得遵守的，从而自律地按法律的要求行事。同时，若有足够能力的话，他还会在社会上执行这一法律，只要他能够对他人施加有效的惩罚。这就引出了要解决的核心问题：写在纸上的法律是怎样切实地改变了人们的行为呢？

与前文提到的各类社会学、政治哲学和道德哲学理论不同，巴苏采取的是一种标准的经济学方法，即不打算对策略行为和自律行为（或道德行为）进行严格的区分，把两者视为在本质上是完全不同的、不可相互化约的事物；相反，他打算把自律行为还原为策略行为，然后在策略行为理论的框架之内回答这个问题。因此其运用的是经济学式的研究方法。巴苏的研究办法引入了信念和焦点均衡的概念。

巴苏的理论实质上是建立在一种被称为"猎鹿博弈"（stag hunt game）的理论框架之上。图 5-1 表示了简单的猎鹿博弈模型。

猎人甲

		猎兔	猎鹿
猎人乙	猎兔	5, 5	4, 2
	猎鹿	2, 4	8, 8

图 5-1 猎鹿博弈模型

在上述的猎鹿博弈模型中，双方选择合作以及双方均选择不合作，是两个纳什均衡。而社会到底进入由哪个纳什均衡所表示的状态，是由法律引导及决定的。用巴苏的话说，就是：法律通过改变人们的信念，创造着社会均衡的"焦点"。这意味着，新颁布的法律如果能够切实改变人们的行为，那么它必定创造了一个新的焦点。

经济学家们用"猎鹿博弈"的焦点均衡描述社会结构和社会制度的变化，并不算什么新的见解。斯科姆斯在《猎鹿：社会结构的进化》（2020）一书中就是这么做的。不过与巴苏（2020）不同，斯科姆斯并不求助于信念、道德、宗教或共同价值观等概念。在斯科姆斯的猎鹿博弈模型中，均衡"聚焦"在哪里，很大程度上是经验上的策略互动所产生的偶然结果，因此社会的变化动力来源于自然的"变异"，甚至斯科姆斯还把语言还原为一种生物性的信号发送。显然，斯科姆斯的理论尽管形式上非常精巧，但在这种理论中，人类社会、动物社会甚至是菌落，并没有本质区别。而在巴苏的理论中，信念、道德、宗教或共同价值观等概念是重要的，人们并不会被动地任由自然环境去决定均衡的聚焦点，而是主动地通过颁布和实施法律去创造它。

首先是引入信念。巴苏写道："对于法律为何能够影响人们的行为，传统方法基于收益函数变化或博弈改变给出答案，很难成立，似乎只有一种可能的方式解释法律如何影响行为，即法律通过改变人们的信念——关于其他人会做什么或不会做什么的想法，来改变人们的行为。如果法律既不能改变博弈的规则，也不能改变所有人在采取原先行动时的收益，那么它能改变我的行为的唯一途径，是我预期法律的颁布会改变其他人的行为，由此我的最优行为也要随之改变。如此一来，我们就必须解释为什么法律会改变其他人的行为。……如果其他人的行为会发生改变，那也是基于同样的理由，因为其他人也预期其他人（包括我）的行为会发生改变。"（巴苏，2020：45）"人们的行为如果要发生改变，信念就必须有一个内在一致的结构，其中每个信念都由其他信念支撑，这就使社会转向了不同的行为模式。……这些信念相互交织，其中一些被加强、一些被削弱，由此便生成了力量和权力的大厦，有时这个由信念构成的大厦如此强大，似乎能凌驾于所有个体，从而创造出一种自上而下的神秘命令的幻觉。"（巴苏，2020：46）从上面的论述来看，信念似乎是社会中个人分散地采取策略行为而达到的偶然结果；它之所以表现为不容置疑的"绝对命令"，拥有无可变更的客观性和必然性，纯粹是因为人们在事后对其进行解释的过程中产生的错觉罢了。

其次，通过引入信念的概念，巴苏论述了信念是怎样帮助人们在博弈的多重均衡中找到"焦点"的。立法和法律一方面既能够引导人们形成信念和达到焦点均衡，另一方面它们也从信念和焦点均衡中获得正当性的支持。巴苏认为，通常博弈可能存在多个均衡，"焦点"使我们能够从中选择出一个，并成为现实中的均衡状态。"焦点的概念产生于人类普遍存在的心理能力，特别是那些具有共同文化背景的人群，这种心理能力使他们中的每个人在面临从多个均衡中择其一的问题时，都能猜出其他人可能会选择什么。"（巴苏，2020：50）巴苏认为这个概念有些神秘，并且他指出不少研究发现这一概念与人类的进化史有关，部分地可能来源于遗传和进化因素。此外，语言、立法等都可能是创造焦点的手段。巴苏认为，尽管焦点难以被明确定义，但是人们确实经常在缺乏明确定义的条件下达成焦点的一致。从前面的分析可知，单纯的法律本身"不能改变可供个人选择的行为或策略，也不能改变个人的收益函数。它能做的就是改变个人对他人行为的信念。这些信念的改变可以促使个人做出不同的行为，从而使社会达到一种新的均衡。在新的均衡中，人们的行为不同，得到的社会结果也不同。换言之，法律影响行为和结果的唯一方式，便是让社会转向一种新的均衡或一套新的行为。法律只是一种工具，使某些特定的均衡和行为获得显著性。基本上，新法律要想有效，就必须创建一个新的焦点"（巴苏，2020：55）。巴苏认为通过形成信念产生新的焦点，是法律影响个人行为和集体结果的唯一途径。"如果你做了坏事，警察会惩罚你；如果你做了坏事，警察不惩罚你，警察就会被警长惩罚。通过指出这样的结果，法律试图说服人们采取守法的行为。如果所有人被导向一个均衡，一旦人们相信别人也预期这种情况会发生，他们就被锁定在这个均衡中。"（巴苏，2020：60）但需要注意的是，"法律永远无法创造出一个均衡，它仅能引导社会达到某种预先存在的均衡"（2020：66）。根据这一理论，社会中的某部法律若无法得到良好的执行，原因不外乎有三个：第一，法律试图把人们引向一个非均衡点，例如各种乌托邦思想；第二，法律的内容模棱两可，以及法律与法律之间相互矛盾；第三，不同的群体对什么能够构成焦点，缺乏明确的共识。焦点一旦形成，往往具有某种持久性，新的法律难以撼动。因此一个领导或立法者往往是重要的，他能够发现共识，并将社会引向这个共识指向的均衡（巴苏，2020：64-73）。

尽管与社会学、道德哲学和政治哲学的研究方法迥然不同，这种关于正义和道德的策略行为理论也有着某些与之相一致的观点，即认为收益、成本、竞争和选择等概念都是制度构建的产物，它们被紧紧包裹在正义和道德的规则约束之内。巴苏指出，实际上在市场交换中，一些行为选择往往是不会被考虑的，放弃这些行为选择的收益不会被算作价格中合理成本的一部分。"当我们购买商品时，会计算想要购买商品的总价，在头脑中比较不同价格的不同商品；但（绝大多数人）绝不会计算偷走另外一个人所买物品或者钱包的成本和收益，我们的思维甚至不会想起这个，尽管从物理法则上看，这是可行的。而且，我们不偷走他人的钱包，也不是因为最优化的策略使我们拒绝该选项，而是我们根本没有将它考虑在选项中。"（巴苏，2020：95）因此，在确定了什么可被计入"正当成本"的一部分之前，市场交换是没办法发生的，市场机制也无法被贴上那些引以为傲的"自愿"或"自由"的标签。巴苏指出，有些观点认为法律经济学应该从"人可以采取一切行为"开始去研究法律和制度的形成，但这是错误的做法，因为"一切行为"是无法定义的，我们不能从"人可以采取一切行为"开始研究法律制度的形成。如果我们非得在博弈论中无限追寻那个"人可以采取一切行为"的初始状态，就会产生一个悖论：假设参与人的行为选择一开始是受限制的，然后研究法律制度怎样在参与人的策略性互动中产生，那么紧接着又立马需要去解决一个完全相同的问题——令参与人的行为选择在一开始就受限的"法律制度"，又是哪里来的呢？巴苏认为应该一开始就接受某种行为选择有限的假定；而这些有限的选择集，就是由表达了共同信念的法律制度创造的。总而言之，由于"看不见的手"有可能导向一个社会中大家都不希望的结果，因此市场经济要想良好发展，就需要法律和良好政治的介入。"一个社会的成功对公平感和利他主义的依赖，与对个人自利动力的依赖一样重要。"（巴苏，2020：179）根据巴苏的论述，人们自发的策略行为可能会把社会导向一种令各方都受损的均衡，就像囚徒困境中的均衡那样。而纸上的法律能够通过引导信念的形成从而达到选择均衡的目的。这种选择是在已经存在的各种可能的均衡之中进行选择，并引导社会最终收敛于那个能够使社会利益最大化的均衡之上，法律本身不具备创造新均衡的能力。这种通过引入信念和焦点均衡、把制度正当性论证建立在策略行为理论上的方法，对经济学者来说是有着强大的吸引力的。但由于采用了策略行为理论的方法，某些根本上的缺陷仍然无法得到弥补。巴苏的观点在博弈论的有效性边界上戛然而止，并没有就这些缺陷提出有效的解决办法。这一根本性的缺陷主要体现在，该理论仍然必须把某些无法解释的、构成行为他律性的因素简单地当成事实置于理论中理解，例如个人在法律或社会规范约束下的有限选择集、从这些有限选择集中得到的可能均衡点，以及比较和选择不同均衡点的原则（或者说立法者的行动原则）等。而这些事实恰恰也需要接受规范性的审判。

第二节　金蒂斯等：强互惠理论

金蒂斯等学者提出的"强互惠理论"，是另一种在策略行为理论框架内解释道德行为和正义制度的理论。所谓强互惠行为，指的是"一种与其他人合作的倾向，并且惩罚那些违反合作规范的人（如果必要的话，牺牲个人利益），但即使这样做，行动者也无法合理地预期在未来一个时期内是否能够补偿这些成本。……强互惠者是一些有条件的合作者（他们行事之所以利他仅仅因为别人也这样做）和利他主义的惩罚者（他们对那些根据现行的合作规范来说行事不当的人实施制裁）"（金蒂斯 等，2015：7－8）。"强互惠意味着人们对指涉对象的支付的积极或消极的评价似乎取决于对方的行为，如果其行为被觉察出是友善的，那么强互惠者就会积极评价对方的支付；如果其行为被觉察出是敌意的，那么指涉对象的支付就会得到消极评价。"（金蒂斯 等，2015：150）"在实验中我们经常观察到人们为了与他人合作、奖励他人的合作行为，或惩罚搭便车者而牺牲自己的收益，即使不能指望从这样的行动中获益也是如此。我们把激励这种行为的偏好叫作强互惠。……在社会困境中，强互惠者通过惩罚搭便车者而引致他们接下来的合作。"（鲍尔斯、金蒂斯，2015：29－34）概括来说，强互惠行为包括两个方面：一是个人拥有与他人合作的倾向；二是这种倾向以他人的合作为条件，并且会积极承担成本对违反合作规范的人进行惩罚。

强互惠者促进合作的原因有两个："第一，在确定他人将合作的情况下，强互惠者愿意合作。……第二，强互惠者愿意惩罚搭便车者，因为搭便车者利用合作者。"（金蒂斯 等，2015：160－161）自利者如果知道对方是强互惠者，并且合作对自己来说是有利可图的，那么自利者就会选择合作。也就是说，自利者会利用强互惠者实现合作，强互惠者是自利者选择合作的诱导者。这意味着在强互惠模型中，高水平的利他主义贡献者同时也是高水平的惩罚实施者。在强互惠理论的语境下，公共事物的供给存在着挤出效应，即当引入货币激励等补偿方式之后，自发的贡献行为反倒受到抑制，因为货币激励使人们怀疑对方是否自愿贡献，是否还愿意与自己分享共同的价值观。因此显性激励可能会引起一种"充满威胁和不信任的敌意氛围"，从而削弱强互惠者的激励作用。这种被削弱的共同价值观，对于强互惠者来说是不可或缺的，因为缺乏共同的价值观或共同目标作为标准，"合作"就是一个空无一物的概念，强互惠者也将无法确定到底应该与谁合作以及应该对谁实施惩罚。因此，强互惠理论构成了对传统集体行动理论的一个反驳。根据强互惠理论，以奥尔森为代表的集体行动理论（奥尔森，2011）很大程度上是错误的，因为它忽视了人们的强互惠行动，主张用强制性的行政命令去克服集体行动困难。而强互惠理论则认为，使用强制性的行政命令，反而让强互惠者无法看出他人的合作意愿，从而消除了自主采取互惠行动的动机，导致互惠的"挤出"。这种"挤出"是一种严重的资源浪费，需要耗费更多的显性激励来弥补，甚至还可能严重威胁法律制度的可持续性。

个体的强互惠行为还不足以解释稳定的合作机制的形成。稳定合作机制的形成需要以下两方面的条件。第一，它要求强互惠行为之间价值观是一致的，否则价值观不一致的强互惠者无法在社会中共存，每个人都试图施行自认为的那种正义和公平的价值观。第二，它需要稳定的行政官僚机构作为支撑，且与强互惠行为相应的法律体系能满足人们的合法性期待，即法律体系能够回应社会共同价值观的诉求。因此，强互惠理论若要解释稳定的社会合作机制，还需要解释清楚两件事：一是各行其是的强互惠者如何形成共同的价值观。单纯假定他们中间存在共同价值观，只不过是逃避问题而已。二是强互惠者实施的惩罚行为哪些是需要由行政官僚机构施行，即由行政官僚机构组织集体行动，且行政官僚机构的行为能够回应共同的价值观诉求。此外，强互惠理论还有这样一个问题：强互惠行为的实施包含着"要求他人如何行动"的诉求，那么，要求他人按照某种"自私自利"的方式行事是否也是一种强互惠行为？这意味着强互惠行为这个概念是空洞的，在没有确定共同价值观或公共目标的情况下，无法将强互惠行为与自私自利的行为进行区分。

一种对强互惠行为的解释方式是将其看作一种高成本的信息传递行为。高成本信号传递理论可用于解释合作机制和利他主义行为的形成。

该理论认为，"当提供集体物品对于提供者并没有其他特别的好处时，如果提供者仍无条件这样做，那么这一行为成为提供者品质的可靠信号。虽然那些提供了这些群体利益，或者提供这类利益更多的人（亦即信号更为强烈）承担的成本超过个人分享集体物品的份额，但这样做真实地宣传了他们作为同盟、交配对象或竞争者的品质。这一信息因此可以改变其他群体成员的行为，从而在某种意义上为发信号者提供了正收益（这纯粹是一种自私的动机）"（金蒂斯 等，2015：116）。这仍然需要解释，为什么社会中的这些人会形成共同的价值观，他们一致地认为"高品质"行为及其指向目标是值得共同追求的东西？这是高成本信号传递的重要前提；没有这一前提，就没法确定发送的信号是否反映了高品质。强互惠者的行为表达的是对某种合作制度的支持，因此这就意味着，真正使这种合作制度成为可能的，不是这种反映高品质的信号发送行为，而是在此之前已经存在的共识和一致的价值观，这是判断行为是否是"高品质"的共同标准。如果一个信号发送者不事前了解这些背后的共识，他就会发出错误的信号，或在实际上表达了低品质的状态。这些在高成本信号传递理论中都是被假定了的事实，但实际上这恰恰才是我们期待强互惠理论能够给出合理解释的地方。

从金蒂斯等学者的论述来看，强互惠理论并不是没意识到这些问题。强互惠理论同样认为传统的重复博弈和通俗定理无法解释道德行为。鲍尔斯和金蒂斯（2015）认为，当社会中的个人多于两个人的时候，可能达不到均衡，或者即便达到也会十分不稳定。"即便重复交互可以提供合作的个体惩罚背叛者的机会这一洞见是正确的，这些模型仍然是不成功的。理由是，即使假设了非同寻常的认知能力和合作合体的忍耐水平，仍旧没有理由相信，多于两人的群体可以达到模型中所认定的合作纳什均衡，即便碰巧达到了它，其成员也会在很短的时间内放弃它。除了一些不太可能的情况，这些模型所认定的合作结果要么是不可实现的，要么是不可持续的。"（鲍尔斯、金蒂斯，2015：110 – 111）作者认为，博弈论要解释非道德个体的利他行为，必然会引入某种共同的目标和价值观，然而这恰恰说明了以通俗定理为代表的传统理论的失败（鲍尔斯、金蒂斯，2015：126 – 127）。当我们在博弈论中引入某种共同目标和价值观的时候，我们就引入了鲍尔斯和金蒂斯（2015）称为"内化"的概念。社会规范的内化是一个过程，"在该过程中，社会规范得到内化，也就是说，人们会把规范视作本身就是值得追求的偏好，而不是行为的约束或者某个目的的工具性手段"（鲍尔斯、金蒂斯，2015：231）。到此为止，强互惠理论就遇到了最困难的问题：这种内化的社会规范是如何成为可能的？鲍尔斯和金蒂斯（2015）并没有像康德和罗尔斯等学者那样求助于抽象的哲学思辨来解决这一问题，而是求助于一个十分现实和直观的概念——自然选择。他们认为内化过程的动因可能有两点：第一，在环境中个体适应性的最大化并不意味着群体成员平均适应性的最大化，规范的内化有利于提高后者；第二，社会情感引导个人优化其对自然和社会的认识，从而达到使群体成员平均适应性最大化的行为方式。也就是说，鲍尔斯和金蒂斯（2015）似乎认为，群体的共同目标、价值观和道德行为以及群体内部的正义制度，都是自然选择下最大化群体成员平均适应性的结果。个人认为这一观点并没有什么新奇的地方，个体适应性和群体适应性的概念完全可以等价的换成个体效用和集体效用的概念，因此这种观点实质上等于说自然选择过程下的正义制度和道德行为正是集体效用最大化的结果。这是一种彻头彻尾的经济学观点。

通过第三章的分析，我们不难发现：这种认为自然选择能够使得正义和道德行为被留存下来的观点，实际上是空洞无物的。这种观点认为正义和道德行为能够使采取这些行为的集体能够获得生存的竞争优势，例如更强大的战争能力和应对自然灾难的能力，以及更顽强持久的繁衍后代的能力，等等。但是，所谓"尽人事，听天命"，除非我们能够充分论证个人和集体已经最为正当合理地尽了人事，否则我们根本无法说清楚什么行为才真正"应当"在自然选择中留存下来，成为"天命所归"。不说明这一点，单纯说自然选择下的竞争就能够导致正义制度和道德行为，要不什么东西也没有说出来，要不就是简单把动物社会与人类社会等同而视。当人们认识到过往的愚蠢和错误时，他们正是在运用自己的意志自律能力去反事实地思考眼前的事实，认为是过往的愚蠢和错误导致了眼下令人不满的处境，而这一切本来是不应当发生的。当然，我们完全可以心安理得地说这令人不满的事实是自然选择的结果，没什么好抱怨的，但这必然会取消任何自律的、有目的的行为的意义，从而使行为陷入彻底的他律。这时候，思考正义和道德就完全变成了一件荒唐的事情了；追问不同暴力手段的正当性或不正当性，更是毫无意义。自然选择只是在制造一个接一个人们迫不得已接受的事实，而正义制度和道德行为却自律地决定着事实与规范之间的边界。这完全是两码事。因此，只有当我们能够论证制度和行为在个人和集体意义上都是自律的时候，我们才能够认为自身所处的社会是自然选择的结果，再没有什么事情是人力所能及的了——我们既没有超出自身能力佞妄地去充当自然、上帝和集体意志等角色，也没有否定在经验上存在局限的个人意志有能力遵从实践理性的引导，做出最无怨无悔的决定。仔细想来，"内化的社会规范如何可能"这个问题已经是如此抽象，目前看来除了诉诸哲学的思辨，已经没有更好的办法了。

第三节　政治科斯定理与立法中的经济计算

策略行为理论是一种研究正义和道德的经济理论，如前所述，它是纯粹功利主义式的。但是，研究正义和道德的经济理论或功利主义理论，却不一定意味着把个人理解为策略性的行动者，个人根据他人已经采取的行动或可能采取的行动来作出策略性的反应，就像博弈理论所描述的那样。在功利主义的方法下，个人有可能直接计算并权衡自己在不同制度设计下的收益，然后通过立法程序规定好的立法权力分配方案，把个人关于制度的偏好表达成集体对制度的选择。在其中，个人对制度的偏好和选择是非策略性的，不会根据他人对制度的偏好和选择做出策略性的调整。因此，在这类理论中，个人尽管采取了功利主义的方法来计算制度的收益和成本，但个人却并非策略性的行动者，其行动取决于他人的选择。当我们把科斯定理（Coase，1960）运用于政治和立法领域的时候，就能够自然地发展出这类理论。

科斯定理是把经济学方法引入产权配置效率分析的"钥匙"。如果把法律制度看成了不同的权利配置方案，那么科斯定理就告诉我们应当如何去比较和权衡这些不同方案的收益和成本。同样的，既然立法权力（即在不同的法律制度之间进行选择的权力）可被视作是产权的一种，立法程序也能够看成是一种特别的产权配置方案，那么把科斯定理运用到这上面，自然就是顺理成章的事情了。科斯定理说的是，在交易成本为零的理想场合，产权的配置是无关紧要的，不同的产权配置方案（即不同的法律制度）只会导致租金占有的差异，而不会导致整体的交易效率有所减损；而在交易成本不为零的现实中，不同的产权配置方案在租金减损程度上会有所不同，这时选择哪种产权配置方案对实现整体交易效率来说，就是至关重要的了。由于科斯定理把法律制度引入了市场交易活动，因此这还意味着，交易中个体所面对的收益和成本概念，都是由法律制度塑造的；这些被法律制度塑造的收益和成本，被用于约束和激励交易各方实现法律制度的目的。帕雷西（Parisi，2003）把科斯定理运用于立法领域，得到了一个称为"政治科斯定理"（Political Coase Theorem）的定理。这一定理的内容是：假设交易成本为零，且允许立法成员之间的谈判和转移支付，那么，不同的立法程序或立法权力配置方案对结果而言是无关紧要的，最终被选择出来的始终是最具经济效率的法律制度。假设以经济效率作为法律制度的正当性标准，那么这时候讨论立法权力配置方案的正当性就是多余的了，因为不管哪种方案都能够有效地使具有正当性的法律制度被选择出来。只有在交易成本不为零的场合，讨论立法权力配置方案的正当性才有意义。当交易成本不为零时，帕雷西认为：离散政策空间、法案捆绑交易、谈判过程的"搭便车"、集体行动困难以及代议制下的委托代理问题等因素，都是导致立法权力配置方案无法引导集体选择出最具经济效率的法律制度，从而导致效率的减损。由此可见，"政治科斯定理"在形式上是严格对应着科斯定理的，是科斯定理运用于立法权力配置问题上直接得到的结论。此外，需要特别注意到的是，"政治科斯定理"实质上表达了一种关于正当性的功利主义观点。因为在政治科斯定理中，立法权力配置方案的正当性完全取决于它是否能够有效地得到最具经济效率的法律制度；换句话说，就是根据事后结果的经济效率来判断立法权力配置方案的正当性。这种思考正当性的逻辑有着显而易见的功利主义式的结构①（帕森斯，2003）。

在《寻租、立法与官僚体制的纯经济理论》（2022）一书中，笔者对"政治科斯定理"进行了扩展，帕雷西提出的"政治科斯定理"尽管在形式上与科斯定理严格对应，但却隐含着一个重要的假定：看不见摸不着的法律制度能够像有形的商品一样，在谈判中单独估价。一般来说该假定是不符合现实的，因为通常在现实中能够更好地估计法律制度的收益和成本的，是受法律制度影响的相关资产所有者，而不是作为外部人的政府。尤其是当这些资产所有者是社会中分散的个人和企业的时候，立法机构和政府只是单纯地提供法律制度的设计和执行服务，并不直接占有那些价值受到法律制度影响的资产，此时，单独估计法律制度的边际价值十分重要，因为这是公平分摊税负、激励立法者和政府做出最优决策的前提。然而，把法律制度从受它影响的资产身上分离开并单独估价，或者说，把法律制度为资产带来的价值增益与资产本身的保留价值进行区分，通常来说极为困难，需要耗费极高的交易成本。一旦考虑这一点，政治科斯定理就应当以下面的形式重新进行表述，这一新的表述把立法权力的配置效率与社会的资产所有权结构联系了起来（黄晓光，2022：78－79）②：

扩展的政治科斯定理（形式一）：立法权力无论分配给谁，最终被选择出来的法律制度必然是最具经济效率的那个，只要同时满足三个条件：

---

①帕森斯认为功利主义体系的行动理论有以下四个特点：第一是原子论，使用"合理行动单位"作为行动体系的单位；第二是合理性；第三是经验主义；第四是行动目的的随意性，至少是终极目的的随意性。"以原子论、合理性、经验主义和目的随意性这四项特点为特征的行动理论体系"，称之为功利主义社会理论体系。其中，行动的合理性概念是指，"只要行动可以在环境条件允许的范围内追求目的，而所用的手段则是行动所能利用的手段中根据可以理解的并且可以由实证经验科学证实的理由来看是在本质上最适合目的的手段，这种行动才是合理的"。（参阅［美］帕森斯《社会行动的结构》，张明德、夏遇南、彭刚译，译林出版社2003年版，第64页。）

②关于该定理的三个假设条件的说明以及相关的数学证明，参阅黄晓光《寻租、立法与官僚体制的纯经济理论》，中山大学出版社2022年版，第三部分"广义立法权力的最优配置理论"。

（1）制度的经济性与可分离定价条件，即选择不同的法律制度所产生的资产增益，能够以零交易成本从相关资产的总收益中分离出来；

（2）竞争性条件，即允许"用脚投票"时，社会中的个人将偏好于完全相同的法律制度；

（3）法律制度的立法和执行成本为零。

实际上，上述的竞争性条件并不是一个必须的条件。因为即使考虑个人不能在不同的社会中自由迁移，但只要在社会内部人们可以在零交易成本下进行讨价还价和相互交易，那么这种无成本的"投票交易"或互投赞成票行为，也能保证立法权力的分配与最终的决策结果无关。这时，扩展的政治科斯定理又可表述成以下的形式（黄晓光，2022：91－92）：

扩展的政治科斯定理（形式二）立法权力无论分配给谁，最终被选择出来的法律制度必然是最具经济效率的那个，只要同时满足三个条件：

（1）制度的经济性与可分离定价条件，即选择不同的法律制度所产生的资产增益，能够以零交易成本从相关资产的总收益中分离出来；

（2）竞争性条件，即个人之间可相互交易并且交易成本为零；

（3）法律制度的立法和执行成本为零。

比较帕雷西的政治科斯定理以及上述两种形式的扩展政治科斯定理中，不难发现"一致同意原则"是其重要的特征。在这两种政治科斯定理中，不论是立法程序还是通过立法程序选择出来的法律制度，对社会中的所有人来说都是一致同意。最早明确地把"一致同意原则"引入立法的经济分析的是布坎南和图洛克的《同意的计算：立宪民主的逻辑基础》（2014）一书，他们认为，政治交换与一般市场交换不同。一般市场交换是个人支付代价从而享受他人转让的利益，而政治交换是每个人支付代价从而享受共同产生的利益。因此，通过政治交换而产生的具有帕累托最优性的结果，必然意味着每个人从共同利益中的所得要大于他为此支付的代价；由于每个人都能够从中获得净收益，那么显然为了产生共同利益而做出的制度安排（这些制度安排规定了共同目的以及每个人为此而承受的代价）就是一致同意的了，没有任何人会加以反对。但"立法"这一集体行动面临着两类成本，分别是外部成本和决策成本。大规模的集体行动能够降低外部成本，"这些外部成本是其他个人的私人行动强加给讨论中的这个个人的"（布坎南、图洛克，2014：44）。然而，大规模的集体行动会导致决策成本的迅速提高，因此最优的集体行动规模需要权衡外部成本和决策成本：只有当预期的（包括外部收益在内的）各种收益大于外部成本和决策成本时，集体行动才是有利的。布坎南和图洛克把决策成本又称为"相互依赖成本"（interdependence costs），这是因为"决策成本仅仅包括要求两个以上的人达成协议时参与决策的估计成本"（布坎南、图洛克，2014：46）。根据这一观点，布坎南和图洛克论证了多数同意规则为什么会比一致同意规则更有效率。他们认为，最优的决策人数比例决定于决策成本与外部成本之和的最小值。在被布坎南和图洛克称为"广义立宪经济学理论"的分析中，参与立法的个人面临着这样的两难困境：或者支付极大的决策成本，从而通过多人的协商来最终决定出结果，尽可能地达到一致同意的状态；或者通过承受较大的外部成本以减少决策成本，从而将集体决策交给少数人。"如果决策成本能够被减少到可以忽略不计的比例，那么理性的个人就总是会在最终做出政治决策之前支持这个全体一致同意的要求。"（布坎南、图洛克，2014：86）"只有在决策成本被忽略不计时，达成集体决策的全体一致规则才会得到支持。而一旦人们认识到，在达成各种决定的过程中，资源必定被耗尽，而且这些真正的资源代价将随着决策单位被扩大到包括群体中的更多成员而急剧增加，那么就可以相对容易地看到，理性的个人将精心选择把某些活动集体化，并允许按照不要求所有成员一致同意相关决策的规则来组织这些活动。"（布坎南、图洛克，2014：91）这意味着，多数投票的结果无法证明帕累托是最优的，除非能够有全体一致的赞同；但如果考虑决策成本的作用，那么多数投票的结果就是具有经济效率的了，尽管它没能够实现一致同意。这也就是说，全体一致规则是一种理想的标准规则，而多数规则仅仅是决策成本作用下对全体一致规则的偏离，是一种应对决策成本的权宜之计。

与布坎南和图洛克（2014）的上述思想相类似，当我们在扩展的政治科斯定理中考虑包括决策成本在内的各种交易成本的时候，立法程序的设计和立法权力的分配就会对立法结果产生重大的影响。受交易成本的约束，人们将迫不得已与各种分歧以及与各种不同的公共产品偏好共存，并谨慎地通过选择法律制度来处理这些差异。此时，人们只有合理设计立法程序和配置立法权力，才能确保最终被选择出来的法律制度即使从存在观点分歧的不同个人来看，也是具有经济效率的。回到扩展的政治科斯定理。该定理包含有三个假设条件，这三个假设条件对应着三类交易成本，分别是法律制度的分离定价成本、谈判成本、立法及执行成本。在《寻租、立法与官僚体制的纯经济理论》（2022）一书中，笔者证明了当存在这三类交易成本时，立法权力的配置是如何变得重要的。首先，假设其他条件不变而存在法律制度的分离定价成本时，立法权力就应当赋予对法律制度带来的资产价值变化最敏感的一方。其次，假设其他条件不变而存在谈判成本的时候，按不同立法领域配置立法权力、互投赞成票以及代议制等替代性的制度安排将会出现。最后，同样假设其他条件不变，但存在立法和执行成本，此时立法权力应当配置给具有最低立法和执行成本的一方。这同样与科斯定理是相对应的。

卡普洛和沙维尔在《公平与福利》（2007）一书中，试图为政治科斯定理中所体现的福利经济学原则的正当性提供系统的论证。两位作者在该书的一开头，就给出了一个十分具有争议性的论断："社会决策只能排他性地建立在它对个人福利的效果基础上。相应地，不能依靠公平、正义观念或同类概念加以指导。""在任何认同公平观念具有其积极价值的社会政策评价方法之下，都存在使所有人的境况变得更糟的情形。"作者使用了一种非常狭隘的方法来定义公平观念，即认为"公平观念具有这样的特性，即对公平程度的评判并非排他性地取决于（有时根本不取决于任何）法律政策对个人福利的影响。……由此的必然结论就是：以公平为基础的分析独立于法律规则对个人福利的影响之外"（卡普洛、沙维尔，2007：43－44）。由此可见，作者在此把公平观念等价于那些独立于个人福利因素的重要原则，把公平观念与福利观念置于平等的地位，将其视为是众多评价事物的方式中的一种。作者得到的核心结论是这样的："按照公平观念的指引所选定的法律规则，与根据福利经济学考量而选定的法律规则截然不同，并且总会使每个人的情况变得更糟。对这一结果的解释很简单：因为每个人都处于同等地位，无论何时，在福利经济学引导下对法律规则的选定都将优于其他方式，由此确定的法律规则也一定会使每个人的福利相较他们自己偏好的规则效果更好。因此，只要在公平观念下对一个法律规则的选择一定同福利经济学偏好的规则不同，其结果必然是每个人的状况变得更糟。"（卡普洛、沙维尔，2007：58）阅读整本书后不难发现，作者在把福利经济学原则运用于法律制度的选择时，完全采用的是科斯定理式的逻辑结构，而把公平观念理解为一种可能导致偏离科斯定理结果的原则。整本书好像论证了这样一件事：一名猎人要猎杀一头狮子以显示自己勇武，另一名猎人只想打几只兔子充饥，但那个要猎杀狮子的猎人却武断地假定另一名猎人也应该像他一样去猎杀狮子，并嘲笑那个打兔子充饥的猎人并没有做出"福利最大化"的理性决策。两位作者并不讳言，福利经济学的分析方法必然意味着要假定人们关于"福利"有着毫无争议的共识，或者说，各种不同的目的和价值观最终都能够还原为"福利"的评价。这一武断的假定就是那名猎杀狮子的猎人嘲笑另外那名打兔子充饥的猎人的全部思想基础。如果这就是两位作者在整本书中打算提出的理论，那么康德和罗尔斯的理论显然要比该书的两位作者要高明且深刻得多，因为康德和罗尔斯的理论打算研究的，恰恰是被卡普洛和沙维尔的福利经济学观点所武断假定的内容，即这种共识是如何达成的；康德的"绝对命令"和罗尔斯的"作为公平的正义"都为达到这种共识提供了强有力的方法指引。因此，在康德和罗尔斯的观点中，福利并不是能够与公平置于同等地位来加以比较的东西，因为公平恰恰是自律的主体权衡和评价不同目的和价值观的形式原则，它优先于福利原则，即所谓"正当优先于善"的观念。笔者在康德和罗尔斯的著作中，根本看不出康德和罗尔斯是在卡普洛和沙维尔所指出的那种意义上去理解公平的。因此，笔者认为，卡普洛和沙维尔为福利经济学原则提供的正当性论证算是彻底地失败了。

总的来看，结合本书的研究目的，笔者对政治科斯定理的评论主要包括两个方面，具体如下。

第一个方面关于一致同意原则。布坎南和图洛克（2014）实际上在一种十分狭隘的意义上来使用一致同意原则。在《同意的计算》（2014）一书中，布坎南和图洛克似乎仅仅在"人们做出完全相同的投票决策"这一意义上来运用一致同意的概念。那么，仅被多数人支持、仍有少数人反对的法律制度，是否就意味着它不是一致同意的，从而损害了部分人的利益呢？不一定。原因是，尽管特定的法律制度没有获得一致同意，但选择这一法律制度的立法程序却可能是满足一致同意原则的。多数规则并不仅仅用于特定的法律制度决策，它被长期且广泛地用于解决不同领域的立法问题。这意味着，同样按照功利原则，尽管个人在单独某个立法问题上属于少数人，但却可能在其他立法问题上是多数人，因此从长期来看，所有人都可能从多数规则中获得正的预期收益，从而使多数规则满足一致同意原则（Rae，1969；Attanasi et al.，2017）。以此类推，只要我们不断把立法程序中人与人之间的差异抽象掉，不断地追溯和发现隐藏在人们中间的、被一致同意接受的东西，那么我们将会发现，这种关于立法的经济理论总需要假定某些经验事实是被社会成员们"一致同意"地接受下来的，就像前面提到的策略行为理论必然假定了某种共同约束一样，例如法律制度的目标（即评估法律制度收益和成本的标准）以及加总这些目标价值的方式等。换句话说，即一致同意原则事实上总是成立的，问题只在于我们在何种抽象层面上考虑同意的一致性。

第二个方面关于计算个人从法律制度中获得价值的方式。政治科斯定理把法律制度视为抽象的规则，之所以说它是抽象的，原因是法律制度规定的并不是具体处境下的个人应当如何行事，而是规定个人在可能的处境中应当如何行事，以及会受到社会成员怎样的对待；法律制度是面对未来以及预期的。例如，一个人在将来既可能享受个人乱抛垃圾的便利，也可能遭受他人乱抛垃圾带来的损害，如果他更重视规避后者带来的损害，那么他就偏好于禁止乱抛垃圾的法律制度。因此，在立法的经济理论中，法律制度的预期价值是通过概率论方法计算出来的：首先计算个人在法律制度所规定的可能状态下的收益，然后确定这些不同状态在将来发生的概率，最后通过概率期望的计算公式得到个人对法律制度的评价（黄晓光，2022）。笔者曾把这种方法概括为"无知之幕"方法，但这显然是阅读不够仔细，从而过于肤浅地理解罗尔斯正义理论（罗尔斯，1988）所导致的错误。①因为，这个理论本身就假定了某些经验因素可被用于计算概率，而另一些经验因素不行。换言之，该理论不假思索地假定了概率本身是与经验因素有关，而在罗尔斯的正义理论中，这些经验因素恰恰是需要在"无知之幕"下被隐去的东西。这也是为什么罗尔斯认为"社会的和经济的不平等应适合于最少受惠者的最大利益"（差异原则）能够成为正义原则的重要理由之一。这种掺杂了经验因素的概率估计方式，总意味着个人会根据特定的事实来看待自身未来可能的处境。但事实上，一个预期自己到死也不会陷于贫困的富人，也可能作出正义和慈善之举，牺牲自己的财富去救助诚实而不幸的贫困者。面对这样一个富人，我们或许并不会认为他的行为是非理性的，反而会认为他是一个实践上拥有足够理性的公民，是一个热心的社会参与者，他对社会"应该"变成什么样有着独自的见解。相反，一个无论什么情况都只根据自己的处境和利益行事、毫不顾及他人感受的人，我们现实中往往很难认为他合理地估计了自身的处境，也很难承认他是我们中间的一个合格的社会参与者。这意味着，什么是被合理估计的概率、什么是被合理地构造的法律制度的期望价值，这些同样都要诉诸某种共识、某些已经被"一致同意"接受的价值标准。

总的来看，政治科斯定理与策略行为理论相比，要更加接近于康德和罗尔斯式的观点，个人并不以策略性态度相互对待，每个人都作为立

---

①准确来说，这种概率论方法应该是一种被罗尔斯称为"古典功利主义的平均原则"的方法。这与罗尔斯提出的"作为公平的正义"的观点有着根本上的分歧。罗尔斯认为，古典功利主义在"无知之幕"下会引向一种平均主义原则。但是作为公平的正义还有把人当作目的而不是手段的含义在内，这是一种康德式的观点；而平均功利原则是没办法避免这一点的。如果"公开性"和"终极性"的理由成立，那么在原初状态下被选择的只能是前面的正义的两个原则，而不是平均功利原则。这种公开性要求我们不能通过欺骗的方式鼓励大家采用非功利原则达到功利主义的目的。

法选择的主体平等地生活在一定的社会结构之中，并直面和选择那些决定社会结构的法律制度。但由于政治科斯定理以功利主义的观点去看待和评价法律制度，它在理解正义和道德时所面临的困难与策略行为理论是相同的，即总避免不了把一些经验事实简单接受下来作为制度和行为的正当性论据，假定了接受这些事实的态度都是"一致同意"的，是社会共同目标和共同价值的一部分。至于这些经验事实本身是否"应当如此"，无论是政府科斯定理还是策略行为理论，都无法给出任何的判断，因为这两种理论本身并不具备对这些经验事实进行规范性判断的能力。

第四节　来自布罗姆利的反驳

布罗姆利对上述各种关于正义与道德的经济理论的评价是十分中肯的。在《充分理由：能动的实用主义和经济制度的含义》（2017）一书中，布罗姆利从被其称为"能动的实用主义"观点出发，批判了经济学中流行的把制度变迁"内生化"的企图。布罗姆利认为，将制度内生化的努力试图用相对价格和效用最大化解释制度的产生以及支撑着制度的正义和道德观念，而这种努力是注定要失败的。因为，"一旦有些现象内生化之后，人们便再不能够用包含这些现象的结构来解释它们了"（布罗姆利，2017：79）。布罗姆利形象地对此论述道，这就像自行车前后轮通过链条相连一样，制度和市场交易就是自行车的前后两个轮子，前轮的转动是后轮转动的必要条件，它们是一个结构中的两个实体；用市场交易解释制度是循环论证，等于用后轮转动的事实论证前轮的转动。而问题的关键在于：前轮为什么会转动？我们必须跳出整个结构之外去寻找这个转动的动力，否则就会陷入机械决定论。"个人选择内生于经济模型，并且由于内生，它不再有资格成为选择。个人选择已经由结构上的依赖性事先确定了，而内生性使选择不再具有更多的内涵。这不是选择，而仅仅是机械系统。"（布罗姆利，2017：80）这就是经济理论（不论是策略行为理论还是非策略行为理论）无法解释制度形成以及正义和道德观念的原因所在。这些理论之所以在解释制度形成以及正义和道德观念上无能为力，根本原因是它试图使用约束下的利益最大化行为来解释制度以及正义和道德观念的形成，但是选择所面临的约束本身就是一种有待解释的制度。这也就是说，在经济理论中我们还需要解释，个人为什么会愿意参与这一种选择结构而不是另一种，这种选择结构又是怎样选择出来的，它对个人来说如何可能是正当的。经济理论对此无能为力。机械决定论试图从一个"没有任何制度"的原初状态出发，把人设想成一个个独立的理性计算器，它们根据理性的计算进行策略性互动，然后在纯粹自然（这里需要注意，理性个人所面临的约束必须是纯粹自然的，不能包括社会的约束，否则这种社会约束又要变成有待解释的事实了）的外力约束和驱动下，"自动"生成人类社会的一切内容，包括所有的制度。因此，尽管我们前面提到的那些精心设计的经济理论，都在一定程度上成功地将部分事实解释为利益最大化行为的后果，但这些经济理论从根本上来说，是无法回答什么是正义和道德这样的问题的。因为不论是何种理论，也不论这些理论做出了多大的努力，它们都必须在一定程度上把某些构成行为他律性的经验因素当成事实接受下来。不管怎么说，这些经济理论仍然对我们最为关心的问题无能为力，这个问题就是：我们应当以怎样的方式审视眼前的经验事实？一种行为无法通过收益成本计算方法来理解，并不代表这种行为是非理性的；我们追求正义和道德也不是因为两者经过计算能够为我们带来什么好处，而是因为我们在面对自然和社会的约束时，不甘于接受事实的随意摆布，努力成为意志自律的行动者，不让个人和自身所处的社会受外部自然和遗传禀赋的任意性影响。正义和道德正是这一过程产生的合乎理性的结果。

第六章　自律在个人与集体意义上
相一致的形式条件

接下来让我们回到正题。第三章区分了策略行为和自律行为，而从个人和集体两个意义层面，自律行为可以分为个人自律行为和集体自律行为两种。由于我们现在要寻找正义以及制度的正当性根源，策略行为理论就无法为我们提供多少洞见了。因为策略行为纯粹是他律的，永远无法摆脱那些从道德观点上看带有偶然性的经验事实因素；策略行为必然在某种程度上将偶然性的经验事实视为给定的约束，它本身没有任何能够给出这些事实是否"应当如此"或"不应当如此"的判断。特别是当这些约束策略行为的事实来源于社会制度的时候，策略行为理论完全无法超出这些社会制度之上，为社会制度的正当性提供论据。一个人在事实意义上的实际所得，不代表他在规范意义上有所应得，而策略行为理论必然在某种程度上将所得当成"应得"接受下来，因此策略行为理论在判断一个人实际所得"是否应得"的这个问题上，是无能为力的。要寻找正义以及制度的正当性根源，只能依赖于自律行为理论。

在前面的分析中，笔者在讨论康德道德哲学的基础上，进一步将自律行为区分为个人自律行为和集体自律行为两种。笔者是这样定义个人自律行为和集体自律行为的：意志自律就它的普遍性在经验的运用上存在一个限度而言，它是个人自律；但就它以之为调节性目标、反事实地超越一切经验之上被设定的那个普遍性而言，它是集体自律。当我们说集体自律行为和个人自律行为相一致的时候，表示的是以下的这样一种状态：集体自律行为和个体自律行为能够同时被设想为可能的，以集体自律的方式来实施的行动，并不否定这行动同时也能被理解为个人自律行为；相反，以个人自律的方式来实施的行动，也不否定这行动同时也是合乎集体自律的。但是，集体自律和个人自律并不必然地相一致，因为自律行为的概念在经验的运用过程中，会产生道德相对主义和道德的形而上学独断论两种极端情形，前者否定了正义和道德的客观性和必然性，后者则否定了个人在有限的生命体验中，能够通过单纯的自我实践达到普遍正义和道德的可能性，只有依赖那些超越个人之上的外部普遍力量，才能够彻底将自己从非正义和道德堕落中拯救出来。只有达到个人自律行为和集体自律行为相一致的状态，对于社会中有限经验的个人来说具有客观性和必然性的正义和道德，才有可能被设想出来。

既然个人自律和集体自律之间并不必然地相一致，那么要使两者之间相互一致，或者说，至少两者之间的相一致是被设想为可能，需要满足怎样的条件呢？在此之前，我们首先能够明确的是，该条件是不可能具有经验内容的，否则无论是个人自律行为还是集体自律行为，都不能说是"自律行为"。因此这一条件必然仅仅是形式的，只能包括对个人自律和集体自律运用的纯粹形式上的限制，其作用就像康德定言命令为现实中的道德行为所提供的形式规定一样。这跟康德还有罗尔斯的思路是一致的。本章接下来的工作，就是试图探究这一条件应该包含怎样的内容。

第一节　康德：理性的私人运用与理性的公开运用

我们不妨先了解一下康德和罗尔斯的相关论述。在著名的《回答这个问题：什么是启蒙运动？》一文里，康德区分了理性运用的两种方式，分别是理性的私人运用和理性的公开运用。关于这两者，康德写下了以下的一段文字：

　　哪些限制是有碍启蒙的，哪些不是，反而是足以促进它的呢？——我回答说：必须永远要有公开运用自己理性的自由，并且唯有它才能带来人类的启蒙。私下运用自己的理性往往会被限制得很狭隘，虽则不致因此而特别妨碍启蒙运动的进步。

而我所理解的对自己理性的公开运用，则是指任何人作为学者在全部听众面前所能做出的那种运用。一个人在其所受任的一定公职岗位或者职务上所能运用的自己的理性，我就称之为私下的运用。

就涉及共同体利益的许多事物而言，则我们必须有一定的机器，共同体的一些成员必须靠它来保持纯粹的消极态度，以便他们由于一种人为的一致性而被政府引向公共目的，或者至少也是防止破坏这一目的。在这上面确实不容许有争辩的，而是人们必须服从。但是就该机器的这一部分同时也作为整个共同体的、乃至于作为世界公民社会的成员而论，从而也就是以一个学者的资格通过著作面向严格意义上的公众时，则他是绝对可以争辩的，而不致因此就有损于他作为一个消极的成员所从事的那种事业（康德，2010：25－26）。

细致分析康德留下的这段著名的文字，康德首先抛出了一个重要的问题：人们在社会生活中处处能够碰到来自法律制度和政府政策对社会成员行为的约束，那么哪些约束会妨碍启蒙，哪些约束则会促进它呢？更一般地说，在正义和道德角度看，哪些制度和政策的约束是"不应当"被执行的，而哪些约束则是"应当"被执行呢？如果这样理解的话，康德有关理性私人运用和理性公开运用的讨论，实质上就是试图回答"制度如何能够被设想为正当的"这个问题。康德区分了理性的私人运用和理性的公开运用两个概念。在康德这里，理性的私人运用似乎是指这样一种理性的运用，即这种理性的运用总在某种程度上让经验上的偶然事实构成了理性运用的边界，使之对理性行为施加了经验上的限制。这些经验上的偶然事实也就是康德在文中所说的个人在现实中所受任的"一定公职岗位或者职务"。但问题是，在这些约束下采取的理性行为，不就成了他律的吗？如果这些行为是他律，按照康德在《实践理性批判》（2003）和《道德形而上学原理》（1986）中的说法，怎么能说是实践上理性的呢？康德关于自由和理性有着十分严苛、自成一体的理解，既然康德说的是个人在其所受任的一定公职岗位或者职务上所能运用的那种

"理性"，那么，要逻辑自洽地理解康德的想法，我们就必须认为康德在此所说的确实是一种自律的行为，只是这种自律行为受到"一定公职岗位或者职务"所限。既然这是一种自律行为，那么"在其所受任的一定公职岗位或者职务上所能运用的自己的理性"，就绝不应该被设想为经济学家所说的那种"屁股决定脑袋"式的、通过精明计算最大化个人利益的行为，那种行为是纯粹他律的。因为在康德哲学中，自由并不能简单理解成随心所欲地按照欲望来做选择，受欲望奴役的意志并不是自由的；只有让意志纯粹地按照自己为自己颁布的律令（即定言命令）来行动，使意志具备反事实地对偶然事实进行规范性判断的能力，把意志摆在一切经验上偶然的东西之上，意志才能说是自由的，因而是实践理性的。

现在接下来的问题就是：受到"一定公职岗位或者职务"所限的自律行为，如何可能成其为"自律"的呢？笔者倾向于对此作这样的理解：这种行为确实是自律的，它按定言命令的形式表现出了道德的普遍性，但其普遍性仅以个人所受任的职业或职务为限。这种理性的私人运用产生的并非普遍的公民道德，而是各种职业道德，它所形成的"目的王国"也是以职业共同体为限的。职业共同体与其他不同范围内的共同体一样，甚至与包括整个社会成员在内的共同体也一样，都面对着某些给定的外部事实。只不过，职业共同体所面对的外部事实除了自然禀赋外，还包括由其他个人或共同体构成的、以市场或非市场的社会关系等形式表现出来的外部事实。而职业共同体的成员，并不会任由这些事实规定自己的行为，他们仍然能够反事实地将作为职业共同体成员的意志摆在这些事实之上，遵循意志颁布的律令，只根据这些律令来决定自己"应当"如何面对和处理这些事实。因此，康德所说的"在其所受任的一定公职岗位或者职务上所能运用的自己的理性"，这必然就意味着自律，而不是他律，且与本书所说的个人自律基本上是一致的——意志自律就它的普遍性在经验的运用上存在一个限度而言是个人自律，而在康德的这段文字中，正是以职业和职务为限。笔者认为康德在这一观点上，是逻辑自洽的。

由于职业共同体在一定程度上把以市场或非市场的社会关系等形式表现出来的外部事实接受了下来，而这些社会关系事实又是"人力所及"

的，那么职业共同体成员就完全可能会超出职业范围，在更高的层面上思考这些社会关系事实的正当性。此时，职业共同体的成员就会把自律行为的普遍性限制扩展到职业共同体之外的其他公民身上，把其他公民都纳入普遍性的范围之内，在更宽泛地对普遍性的理解下来适用定言命令。此时就会导致康德所说的理性的公开运用，即"任何人作为学者在全部听众面前"所能做出的那种理性的运用。但理性的两种运用方式并不是必然协调的。一名军人作为武装部队的成员必须服从命令，但他作为一名公民却有着道德义务去拒绝不正义的战争。只有当不同层面上的自律行为都被得到充分的权衡和考虑时，才能说理性的公开运用"不致因此就有损于他作为一个消极的成员所从事的那种事业"（康德，2010：26）。

通过分析理性的私人运用和公开运用的关系，康德是否成功地回答了他一开始提出的那个问题呢？而我们是否就能判断——用康德的原话来说——哪些约束会妨碍启蒙，哪些约束则会促进它呢？我个人认为，康德除了区分了理性的私人运用和公开运用两个概念之外，似乎并没有告诉我们更多的东西。因为无论是理性的私人运用还是理性的公开运用，用本书的观点来看，康德似乎说的都是个人意义上的自律，因为两类运用之间的差异是经验上的，而不是先验上的。从特殊的职业团体成员出发到普遍的社会公民，我们能够从作为职业共同体成员的自律达到作为社会共同体成员的自律。但正如第三章中所论述的那用，这种从经验世界出发去达到的普遍性，总会遇到一个不可逾越的边界，这个边界将人们在经验世界中所达到的普遍性与在先验世界中设想的那个普遍性绝对地隔离开来。只要我们是指向经验而非指向先验地来考虑这种运用，再大程度的理性公开运用都逾越不了这个经验的边界，因此这种运用相对于一个具有更高普遍性的运用来说，就可能是私人的；相反，再狭隘的职业共同体的理性私人运用，相对于一个更加狭隘的特殊共同体来说，也算是某种程度的理性的公开运用了。如果笔者的个人理解是正确的，那么笔者认为康德并未能够很好地回答一开始提出的那个问题，因为康德所设想的理性公开运用尚无法抵御那种关于正义制度和道德行为的相对主义和形而上学独断论观点。正如前面所述，前者根据普遍性的要求仍然从经验角度把正义和道德设想为不具备绝对客观性和必然性的东西；正义和道德的普遍性仍然是相对的，因而其客观性和必然性也仍然是相对的。而后者则同样根据普遍性的要求，却仅仅从先验角度出发把客观必然的正义和道德设想为永远不可能通过个人在经验上的实践而达到的东西。更激进地，可能把个人在有限生命和有限生活空间中对正义和道德的摸索统统视为徒劳之举；客观必然的正义和道德只能通过学习和服从它们的化身或者它们在人世间的代言人，"一劳永逸"地达到。只要两种观点仍然以不可调和的状态存在，那么我们就仍然无法认为自己找到了正义和道德。必须承认的是，但凡读过康德著作的读者应该都不难体会到，康德既不是道德相对主义者，因为他提出的纯粹实践理性基本法则是先于任何特定的善观念的；康德也绝对不是道德的形而上学独断论者，因为他在各种场合下都表明，只有在经验实践中敢于公开运用理性，自律的意志就可能达到普遍的正义和道德本身。但要有效消除两种对立观点对追寻正义和道德的阻碍，我们似乎还需要更多的见解帮忙。

第二节　罗尔斯：完备性学说与公共理性

罗尔斯关于政治自由主义的论述，或许可以看成是对康德上述思想的一个解释和补充。为了解决其正义理论（罗尔斯，1988）仍需依赖于一个具体的善理论所导致的逻辑缺陷，在《政治自由主义》（2011b）一书中，罗尔斯提出了政治自由主义的三大理念，其中之一是被称为"公共理性"的理念，其余的两个理念则分别是重叠共识理念、权利的优先性和善的理念。

什么是公共理性？罗尔斯写道，公共理性"是公民的理性，是那些共享平等公民身份的人的理性。他们的理性目标是公共善，此乃政治正义观念对社会之基本制度结构的要求所在，也是这些制度所服务的目标和目的所在。于是，公共理性便在三个方面是公共的：作为公民自身的理性，它是公共的理性；它的目标是公共的善和根本性的正义；它的本性和内容是公共的，是由社会的政治正义观念表达的理想和原则所给定，并有待于在此基础上作进一步的讨论"（罗尔斯，2011b：196－197）。公共理性有两个基本特征：第一，"在民主社会里，公共理性是平等公民的理性，他们作为一个集体性的实体，在制定法律和修正法律时相互行使着最终的和强制性的权利"（罗尔斯，2011b：198）。第二，"它的限制并不适用于我们对政治问题的个人性沉思和反思；或者说，不适用于诸如教会和大学这类联合体的成员对政治问题的推理，所有这些都是背景文化中至关重要的部分"（罗尔斯，2011b：199）。

相对地，非公共理性则是指那些具有特殊职能的联合体所运用的理性，例如教会、大学、科学社团和职业团体等，他们的理性运用产生的是各种形式的完备性学说。罗尔斯是这样区分完备性学说与有关正义和道德的普遍性学说的："当一观念使用于一广泛的主题范围（限于所有的主题）时，我们就说该观念是普遍的；而当一观念包含着人生价值的观念以及个人美德和品格的理想，并提供绝大部分有关我们非政治行为（限于我们的整个生活）的信息时，我们便说该观念是完备的。"（罗尔斯，2011b：162）而政治正义观念独立于完备性学说，它能够为自由而平等的公民所共享，同时不以任何完备性学说为前提。因此，在罗尔斯的理论中，非公共理性似乎是指那些决策背景仍然受到既有的文化、传统、历史和原初社会地位等经验因素影响的理性行为，由此而产生的各种各样的完备性学说。因此，单纯地依靠这些非公共理性，政治上的共识将无法实现。只有公共理性才提供了这种共识的基础。

将罗尔斯"公共理性—非公共理性""普遍性学说—完备性学说"与康德的"理性的私人运用—理性的公开运用"进行对比，不难发现他们的观点具有高度的一致性。但由于罗尔斯还引入了完备性学说的概念，我们就不能简单地将罗尔斯的观点和康德的观点等同。康德并没有明确地把理性的私人运用和特定的善观念联系起来。倘若笔者的理解没错的话，康德所设想的理性的私人运用仍然没有离开自律行为的范畴；尽管说理性的私人运用意味着正义和道德普遍性在经验上存在一个限度，例如以职业和职务为限，但这并不意味着理性的私人运用必然导致某种善观念，因此也并不必然意味着某种特定的善被置于个人意志之上，使意志成为他律的。因为理性的私人运用与理性的公开运用的区别只在于它们要处理的外部事实不同，它们都没有把外部事实作为自身规定的根据；相反，不论理性是以私人形式来运用还是以公开形式来运用，它们都只根据自己给自己颁布的律令来处理外部事实。而罗尔斯通过运用"公共理性—非公共理性"的概念，试图比康德走得更远。

在罗尔斯的政治自由主义理论中，罗尔斯运用"公共理性"和"非公共理性"的概念，要解决的问题是：当一个社会具有理性多元论的特征，因而存在着不同的甚至是冲突的完备性学说——这些完备性学说为生活于其中的个人提供了某种善观念的情况下，重叠共识是如何可能达到的？在罗尔斯的理论中，重叠共识意味着某种超越完备性学说之上的政治共识。在重叠共识中，个人的目标是正义观念，并且在道德和理性的基础上为人们所认同，因此个人是由于内在的理性法则达到正义观念和重叠共识的，不是因为外在偶然的环境达成的临时妥协。这种重叠共识是如何在不同的完备性学说中成为可能的呢？区别于非公共理性的"公共理性"的运用，是解决这一问题的关键。

罗尔斯认为，非公共理性也是一种理性运用的方式，与康德所说的理性的私人运用一样，这种运用同样是自律的。由非公共理性的运用所表达的自律，按罗尔斯的概念，应该被称为合理自律而非充分自律。罗尔斯写道："合理自律依赖于个人的理智能力和道德能力。它表现在个人实践他们的形成、修正和追求一种善观念以及按照这一善观念来思考的能力之中。它还表现在个人与他人达成一致契约（当他人也服从理性约束时）的能力之中。"（罗尔斯，2011b：67）这包括两个方面："第一，适合于具体规定社会合作之公平条款的正义原则，是那些作为合理慎思过程的结果而可能被各派接受的原则；第二，引导各派把他们自己作为公民之代表来考虑，正是利益的本性所致。"（罗尔斯，2011b：67-68）而"充分自律是在公民按照正义原则——当各派都公平地代表着自由而平等的个人时，该原则就具体规定了各派可能给予他们的公平合作条款——来行动的时候才实现的"（罗尔斯，2011b：71-72）。充分自律是政治实践意义上的，是政治自律，而非实践自律。作为公平的正义观肯定适用于所有人的政治自律，但同时认为伦理自律应该由个人所持的完备性学说来提供。通过非公共理性的运用，由于这种理性的运用必然存在一个经验上的边界，人们得到的是各种形式的完备性学说，把自身的行动与各种不同的善观念联系了起来，最终实现的是合理的自律。而要达到充分的自律，那么就还需要公共理性的运用。

罗尔斯认为，公共理性只是一种"公共探究指南"，通过遵从这一指南，运用非公共理性的个人或团体才能够进行公共讨论，找到令其他同样运用非公共理性的个人和团体也认可的理由，为其所提出的政治观念提供一种公共的证明基础。罗尔斯写道："公共理性之理想的关键是，公民将在每个人都视为政治正义观念的框架内展开他们的基本讨论，而这一政治正义观念则建基于那些可以合乎理性地期待他人认可的价值，和每个人都准备真诚捍卫的观念上。"（罗尔斯，2011b：209）"公共理性并不要求我们接受一模一样的正义原则，而毋宁说是要求我们按照我们所认可的政治观念来进行我们根本性问题的讨论。我们应该真诚相信，我们对这一问题的观点是建立在可以合乎理性地期待每一个人都会认可的政治价值之基础上的。"（罗尔斯，2011b：222）当公共理性被否定时，"在承认别人的完备性学说合乎理性时，公民们也承认，在缺乏建立其信仰真理之公共基础的情况下，坚持其完备性观点的做法必然被别人看成正如他们自己对其信仰的坚持。倘若我们这么固执己见，那么，自我辩护的其他人也就会利用不合乎理性的力量来反对我们"（罗尔斯，2011b：228）。

罗尔斯所说的公共理性是一种纯粹形式上的东西，指的是某种形式上的限制，而不是具体的理性行为方式，否则公共理性就回落到完备性学说或非公共理性的地位了。如果拒绝以某种完备性学说同样也支持的理由来寻求不同完备性学说之间的共识，那么这种完备性学说就是排他性的，按照这种理由人们永远无法进入公共理性；但如果一种完备性学说能够"允许公民在某些境况中提出他们认为是根植于他们完备性学说的政治价值基础"（罗尔斯，2011b：228），以强化公共理性的方式提出其观点，那么这种完备性学说就是包容性的。由于公共理性是一种先验上的形式的东西，我们难以离开各种具体的完备性学说来达到公共理性的理想，人们通常也"不在完备性理性与公共理性之间做出区分"（罗尔斯，2011b：232），那么，我们应当按哪种方式来理解并达到公共理性呢？罗尔斯写道："哪一种观点最能鼓励公民尊重公共理性的理想，并最能确保秩序良好之社会较长远的社会条件，我们便按该观点来理解公共理性的理想。"（罗尔斯，2011b：229）因此具有包容性的完备性学说观点，在经验上看似乎就是更合适的观点。"假如人们在恰当的时间里所提出的公共理性是由一种合乎理性的政治观念给定的，这种公共理性足以支持不论是何种人们用来作为支撑的完备性学说的话，那么这些合乎理性的学说在任何时候都可以引入公共理性之中。"（罗尔斯，2011b：35）不难看出，罗尔斯试图在此给我们指明一种从完备性学说到达重叠共识、从合理自律到达充分自律的经验方法①。

　　现在的问题在于，我们应该根据怎样的标准，确定什么才是"最能鼓励公民尊重公共理性的理想，并最能确保秩序良好之社会较长远的社会条件"的完备性学说呢？罗尔斯提出了"相互性标准"的概念。关于相互性标准，罗尔斯写道："只有当我们真诚地相信我们为自己的政治行动所提供的理由有可能为其他公民合乎理性地接受下来，作为他们行动的正当证据时，我们对政治权力的行使才是恰当的。"（罗尔斯，2011b：29）在《重释公共理性的理念》（1997）一文中，罗尔斯又特别地重新强调了"相互性标准"的作用。当人们就如何进行社会合作提出一些公平合作条款时，罗尔斯写道，按照"相互性的标准要求，当这些条款被提出来当作最合乎理性的公平合作条款时，那些提出这些条款的公民也必定认为，其他人作为自由而平等的公民，而非受到宰制或操控的或者是因政治或社会地位较低而承受压力的公民，来接受它们至少是合乎理性的"（罗尔斯，2011b：414）。"基于相互性标准的政治合法性理念认为：只有当我们真诚地相信我们的政治行动所提供的那些理性（由）——假如我们作为政府来陈述这些理由的话——是充分的，且我们也能合乎理性地认为其他公民也会合乎理性地接受这些理由时，我们履行政治权力的行为才是合适的。"（罗尔斯，2011b：414－415）"相互性标准是具体规定公共理性及其内容的本质性要素。"（罗尔斯，2011b：452）

---

　　①这种经验主义的方法在罗尔斯较早的著作《正义论》（1988）中也有体现。详见本书第八章关于罗尔斯"反思的平衡"的讨论。

　　本章试图解决的核心问题是个人自律和集体自律在什么条件下才能达到相一致的状态，罗尔斯对此到底向我们阐释了什么观点？与康德不同，罗尔斯关于"公共理性—非公共理性"以及"合理自律—充分自律"的理论，进一步说明了经验上有限的自律（罗尔斯称为合理自律，笔者称为个人自律）如何通过公共理性的运用达到一种具有更高普遍性的自律。但需要注意的是，罗尔斯整个论证的出发点都是经验性的，从经验上给定的各种完备性学说出发，然后到达经验上最能够被接受的普遍性学说。在这一过程中，理性从非公共的运用转向公共的运用，合理自律最终被提升为充分自律。罗尔斯看起来十分谨慎地将关于这一过程的论述保持在经验的限度内。但正是由于这种谨慎，罗尔斯仍然未能回答我们想要解决的那个问题：正义和道德原则的"普遍性"运用如何才是恰当的？在康德和罗尔斯的那种自律理想下，依赖于一种在经验上趋向于空洞的"意志自由的主体"的论证方法，即便通过相互性标准，但个人能够在经验世界中说服他人将其认可的道德准则接受为普遍的准则吗？这一从《正义论》（1988）开始就留下的问题，罗尔斯似乎并未作出足够有力的回应。罗尔斯在《政治自由主义》（2011b）一书中仍然坚持认为，共同体主义对此的批评，是未能将无知之幕下的原初状态视为一种合理推论过程中的代表设置而导致的。当不同层次的共同体——例如家庭、教会、职业团体和民族等——需要寻求更高、更抽象层面的协调一致时，仍然需要求助于无知之幕的方法；而不论个人是从怎样的历史事实或完备性学说出发，无知之幕方法总是趋向于那个非历史的、"空洞的"意志自由主体的。正是出于对此的不满，麦金太尔在《德性之后》（1995）一书中使用了以"社会"或"集体"为出发点的论证方式，即被桑德尔（2011；2012）称为"共同体主义"的、继承了亚里士多德目的论传统的那种论证方式。这种论证方式同样体现在沃尔泽（2002）的"复合平等"以及泰勒的"框架"（2001）等共同体主义理论之中。

第三节　麦金太尔：情感主义的困境与目的论传统

麦金太尔在《德性之后》一书中对康德和罗尔斯式的论证方式表达了不满。麦金太尔指出，现代社会的道德争论主要有三个特征：第一个特征是道德论证往往取决于深层次的、非理性的立场，这也意味着道德问题上的论证与反驳往往缺乏充足的理由；第二个特征是道德争论的各方都试图做出非个人的合理论证，诉诸那些客观必然的、非个人化的准则或理由来为行为的正当性提供论证；第三个特征是这些相互冲突的道德论证通常有着不可通约的前提，而这些前提同时也有着多样化的历史起源。从前面关于康德和罗尔斯思想的概述可以看出，康德和罗尔斯都认为正义和道德意味着一种超越事实的"是或不是"之上、反事实地做出"应当或不应当"的规范性选择的能力；意味着拥有自由意志的个人能够只根据自己为自己颁布的律令来行事，拒绝把任何特定形式的善观念摆在意志自律的个人前面，使行为变成他律而非自律。传统的观点通常把摆脱了身份、等级和出身等传统约束的"康德—罗尔斯式"的自我看成是历史的进步，麦金太尔则相反地认为，这种没法通过任何社会传统进行规定的自我，是不具有任何必然的社会内容和社会身份的自我。这种自我观念恰恰是当代道德问题最深刻的根源所在；正是这种把自我从社会的和历史的善观念中解放出来的做法，导致情感主义观念占据了人们关于正义和道德的理解，最终令现代道德分歧无法终止且不可调和。

在麦金太尔的理论中，情感主义是指这样的一种学说：它把所有的正义和道德判断都看成是个人爱好、态度和感情的表述，把客观必然的正义和道德律令还原为主观偶然的个人偏好。在第三章中，笔者曾利用"目的—手段"关系链条来解释康德的定言命令。在不断追溯行为的目的因的过程中，我们会发现：假如不想"目的—手段"关系链条无限延伸，或者不想因循环论证导致把人类行为终结于生物性活动，那么，"目的—手段"关系链条总需要在某个地方结束。在链条结束的地方，目的是最终的和自在的，不再作为手段依赖于其他的目的因，一切"目的—手段"

关系链条上的经验内容（包括个人在经验上的偶然差异）此时都被反事实地置于最终目的的规范性审视之下。通过这一过程，康德找到的是定言命令这一客观必然的法则。然而，通过同样的过程，情感主义达到的却是相反的东西。在情感主义学说看来，"自称的合理论证也许有，但真正的合理论证不可能有，因为本来就没有"（麦金太尔，1995：26）。因为，在情感主义学说中，"正当理由的终点永远是这样一种没有得到进一步合理证明的选择，一种没有标准指导的选择。在这样一种选择的基础上，每一个人都或隐或现地不得不采用他（她）自己的第一原则，对任何普遍原则的表白，最终都是个人意志所好的一种表述，并且，对于个人意志而言，它的原则唯一地具有和能够具有这样一种权威，就是因为采用了这些原则而给予它们的"（麦金太尔，1995：27）。事实上，康德的理论确实无法阻止情感主义学说在相同的"目的—关系"链条中达到与其完全相反的结论，其根本原因就是康德并没有区分个人自律和集体自律，对正义和道德法则的"普遍性"在先验和经验两方面的冲突并没有给出更合理的说明：从个人自律（即道德命令的普遍性在经验上的运用存在一个限度）出发，情感主义学说总能够合理地认为一切道德命令都不过是个人偏好的幌子；从集体自律（即道德命令的普遍性最终由意志自由的主体超越一切经验事实之上对之进行规定）出发，客观必然的道德命令则是真实存在的，人们能够摆脱经验事实的任意性将其作为正当行为的充分理由。此外，再加上康德定言命令在内容上的空洞性——正如前面第三章中所述，只要按准则行事的个人不会前后矛盾地拒绝被他人以同样方式对待，那么"人不为己，天诛地灭"的准则同样可以按定言命令的形式变成普遍的道德准则——麦金太尔认为，在此背景之下，康德和罗尔斯式论证把一个意志自律的自我从具体的善观念中解放出来的做法，最终导致的不是新的道德标准的出现，而是已有道德传统的消亡，意志自律的自我最终也变成了情感主义的自我，这种自我并不具有为现实道德争论确立客观必然的道德标准的能力。

麦金太尔在亚里士多德关于德性的目的论传统下，把道德哲学史看成了一部趋向于情感主义学说的历史。麦金太尔把这样的一部道德哲学史分成了三个阶段：

　　在第一个阶段，价值理论尤其是道德理论和实践所体现的真正客观的非个人的标准，为特定的政策、行为和判断提供了合理的正当的理由，这些标准本身也可以合理地证明为正当的；这个阶段就是以亚里士多德主义为中心的道德传统占支配地位的历史时期（麦金太尔，1995：10）。

　　第二个阶段，存在着维护客观的非个人的道德判断的不成功的企图，而且依据标准和为标准提供合理的正当的理由的运动持续地失败，这就是自从启蒙运动的思想家直至功利主义者为道德进行合理论证全部失败的历史时期，这个时期由于社会历史的变迁，客观的非个人的标准虽然还存在，但使这种标准赖以存在的社会背景条件正在丧失或已经丧失（麦金太尔，1995：10）。

　　第三个阶段，客观的非个人的标准已不适用，情感主义的主张已为社会所接受。这是从 20 世纪初直至现在这个当代的历史时期，其开端以直觉主义的出现为代表。在这个时期，普遍性道德已变得不可诠释，善已不可定义了（麦金太尔，1995：10）。

在已有道德传统消亡而新的普遍性道德看起来已变得不再可能的现代社会，麦金太尔提出了一个设想，即："我们所处的现实世界的道德语言，同我所描绘的想象世界的自然科学语言一样，处于一种严重的无序状态。如果这个论点是正确的，那么我们所拥有的也只是一个概念体系的残片，只是一些现在已丧失了那些赋予其意义的背景条件的片段。"（麦金太尔，1995：4）"现代道德言论和道德实践只能被理解为来自过去年代的一系列残章断片，对于现代的道德理论家来说，它们已产生了不可解决的问题，这些问题在没有被很好地理解以前，仍然是不可解决的。"（麦金太尔，1995：139）"如果剥夺了禁忌规则原有的社会背景条件，便显得是一套武断的禁令，当这种原初的背景条件丧失了，当人们原本据以理解禁忌的背景性信念不仅被遗弃而且还被忘却了，它们的特征就确实是如此。"（麦金太尔，1995：141）麦金太尔认为，如果这一设想是真的，那么这意味着，尽管我们现在继续使用着那些具有久远历史的道德语言来表述我们关于正义和道德的看法，但是那个从道德传统中解放出来的意志自律的自我，已经使这些道德语言失去了原有的社会意义，由这些道德语言所表达的正义和道德观念也已经失去了它们在原先社会中的客观性和必然性，成为现代人表达主观偏好的手段。按麦金太尔的观点，目前为我们的正义和道德观念提供有力论证的，主要是以边沁（2000）和密尔（2008）为代表的功利主义思想和以康德和罗尔斯为代表的契约主义思想。然而上述的哪一种思想，都无法引导我们走出现代道德争论的困境。对此，麦金太尔写道：

> 现代道德理论中的问题显然是启蒙运动的失败造成的。一方面，摆脱了等级制度和目的论的各个道德行为者把自身构想为个人道德的权威统治者——道德哲学家们也如此构想作为道德行为者的个人。另一方面，必须为一部分改变了的道德规则找出某些新的地位，因为继承而来的道德规则已被剥夺了其古老的目的论特性，剥夺了作为一种终极神圣律法的表达的更古老的绝对特性。如果不能为这些规则找到一种新的、可使它们成为合理诉诸物的地位，那么对它们的诉诸便会仅仅成为个人欲望和意志的工具。由此产生了一种必须证明道德规则的正确性的压力：要么为之发明某种新的目的论，要么为之找到某种新的绝对地位。前一方案使功利主义成为现代的重要理论，后一方案则使所有试图追随康德、把诉诸道德规则的权威性建筑在实践理性性质基础上的理论显得十分突出。……这两种努力过去都失败了，目前仍在失败着；但是，在哲学家们力图使它们成功的过程中，却完成了某种社会的和理智上的转化（麦金太尔，1995：80）。

在麦金太尔看来，不论是功利主义还是契约主义，两种理论都由于自身的内在缺陷不可避免地导致现代道德争论陷入情感主义的困境。尽管各方都诉诸客观的、非个人的道德标准反驳对方并为己方观点提供论证，但事实上真正客观的和必然的道德标准已然摇摇欲坠。

那么，我们应当如何走出这一困境呢？麦金太尔主张，我们应当回归到亚里士多德的目的论传统之中——在亚里士多德（2011）那里，个人只有作为政治动物才是真正可理解的，也才会真正地与正义和道德产生联系——在社会这一"整体性"概念之下来追寻正义和道德，理解和论证我们应当做什么以及不应当做什么。换言之，我们不应抛开社会现实和社会传统所定义的善来谈论正义和道德。麦金太尔以戏剧来类比人们在社会中理解和践行正义和道德的活动。就像演员通过戏剧的整个剧本以及他（她）在其中需要扮演的角色来理解角色的作用和意义一样，个人首先需要把自身所在的社会的历史、现实以及可能的未来叙述成一个"整体性"的故事，继而确定自己在社会关系中的位置，然后才能够运用这些关于社会事实的知识来指导和建构自己的行为，告诉自己应该做什么以及不应该做什么。首先，与康德和罗尔斯不同，麦金太尔所说的道德自律的自我是一个在社会"整体性"之下加以理解的"叙述性"的自我，"它的整体性在于这样一种叙述的整体中，这种叙述把诞生、生活和死亡联结起来作为叙述的开端、中间和结尾"（麦金太尔，1995：259）。为了"成功地识别和理解某人正在做什么，我们总是要把一个特殊事件置于一些叙述的历史背景条件中，这历史既有个人所涉及的历史，也有个人在其中活动和所经历的环境的历史。……正是因为我们过着可叙述的生活，也因为我们依据我们所过的叙述生活理解我们自己的生活，叙述形式才是理解其他人的行为的适当形式"（麦金太尔，1995：266）。"我所称为一种历史的东西是一种演出了的戏剧叙述，在这种戏剧叙述中，角色也是作者。当然，角色确实不可能从头开始；他们插入戏中，对于他们来说，他们的故事的开端已经被在过去的人和事创造了。"（麦金太尔，1995：271）其次，对于这样一种"叙述性"的自我来说，德性意味着什么呢？麦金太尔写道："在相互联结的社会关系中，个人都继承了某种独特的位置，没有这种位置，他就什么也不是，或至多是个陌生人或被放逐者。但是，认识到自己是这样一种社会的人并不是要占据一种静止固定的社会位置，而是要发现自己已被置于朝向一定目标进发的旅途中的一个点上，度过生命就是能或不能朝一既定目标前进。从而，一个彻底的或完成了的生命也就是一个成就，死亡不过是可以把某人判断为幸福或不幸的那个点。"（麦金太尔，1995：44－45）"一个人的生活的整体性是一种叙述寻求的整体，这种寻求有时失败、受挫、被放弃或因厌倦而涣散；而且人们的生活可能在所有那些方面都失败。但是，把一个人的生活看作一个整体的成功或失败的标准是一种被叙述的或将被叙述的寻求中的成功和失败的标准。"（麦金太尔，1995：276）因此，我们需要这样来理解德性法则，即"（德性）将不仅维持实践，使我们获得实践的内在利益，而且也将使我们能够克服我们所遭遇的伤害、危险、诱惑和涣散，从而在对相关类型的善的追求中支撑我们，并且还将把不断增长的自我认识和对善的认识充实我们"（麦金太尔，1995：277）。实际上，与康德和罗尔斯一样，麦金太尔也没有像一个说教者那样告诉我们正义和道德行为具体是什么东西；笔者认为，麦金太尔只是告诉我们，如果要追寻正义和道德，从那个已经彻底脱离了社会和历史背景的"意志自由"的自我出发，是行不通的；我们就必须立足于那个在整体性叙述中被理解的社会之上，从社会为我们最初准备好的道德传统出发；必须从这些道德传统为我们准备好的善观念出发去思考正义和道德（体现了亚里士多德的目的论传统）；我们需要在持续的道德冲突和论证中补充、调整或印证已有的善观念，并以此为根据最大限度地为行为提供客观的、非个人的正当性论证。笔者相信，这就是麦金太尔（1995）最终想告诉我们的事情。从这个意义上来讲，麦金太尔的德性法则与康德的定言命令、罗尔斯的正义原则一样，都是先验的、抽象的和形式上的；两种思路之间的分歧只是在于，生活在经验世界中的个人应该从何种立足点出发去达到具体的正义和道德准则。

通过"整体性的戏剧故事"摆脱个人局限、实现普遍道德的观点，并非麦金太尔所独有。在其他的共同体主义思想家那里，我们同样能够找到这种观点，这种观点正是为现代的共同体主义思想家普遍分享的。例如，泰勒在《本真性的伦理》（2012）一书中认为，源于启蒙运动时代的自由主义思想所追求的"本真的"（authentic）自我是重要的历史成就，是使人们从旧时代制度的束缚下解放出来的重要思想力量。同时泰勒（2012）认为，这种理想容易走入这样一种极端：自由主义者所追求的那种空洞的、抽象的"意志自律的自我"可能使人们走入相对主义和工具理性的思想状态。泰勒（2012）认为，自由主义的自我观念是自我毁灭的，无法达到任何真正具有道德重要性的行为准则；真正具有道德重要性的事物，总是在一个可理解的背景下得到的，这背景在《自我的根源：现代认同的形成》（2001）一书中被称为"框架"（framework），而在《本真性的伦理》（2012）一书中被称为"视野"（horizon）。恰当的"本真性的自我"必须以那些超越自我之外的要求——历史、自然、人类同伴的需求、公民职责、上帝的号召等作为条件。

　　让我们继续回到麦金太尔的论述。倘若认为麦金太尔只是主张简单地回到亚里士多德的目的论德性学说，那就未免太低估麦金太尔的论证方式所蕴含的巨大力量了，也小看了他作为一位伟大的道德哲学和政治哲学学者为我们理解正义和道德所做出的贡献。在仔细阅读了《德性之后》（麦金太尔，1995）这部出色的著作后，笔者相信麦金太尔和康德、罗尔斯一样，既不是道德相对主义者，也绝不是道德的形而上学独断论者。麦金太尔所继承和延续的目的论传统，与康德和罗尔斯所代表的契约论传统之间的区别，与其说是在正义和道德的内容上，不如说是在追寻正义和道德的方式之上。麦金太尔追寻正义和道德的方式，或许可以用本书的术语解释为：从集体的或共同体的角度出发去达到道德自律（即被称为"共同体主义"的那种论证方法）。这与罗尔斯从个人角度出发去达到道德自律的方式是截然不同的。在罗尔斯的理论中，对正义和道德的追寻是从"意志自由"的个人开始的，用麦金太尔的语言来说，这种个人摆脱了社会和历史的束缚，仅仅依据自己为自己颁布的"律令"来怀疑和审视一切经验事实，把自我摆在一切社会的和历史的事实之上。个人一开始带着各式各样的完备性学说甚至是个人偏见进入公共讨论，然后通过进入无知之幕以及运用公共理性，最终达到有关正义和道德的重叠共识。这就是罗尔斯在《正义论》（1988）和《政治自由主义》（2011b）中告诉我们的事情。麦金太尔反对这种进路，认为我们追寻正义和道德的出发点不应该是那个脱离了社会和历史的"一无所有"的个人，认为我们应当从社会为我们最初准备好的道德传统出发，从这些道德传统为我们准备好的善观念出发去思考正义和道德。当然，不能认为麦金太尔只是简单地采用了集体主义思维，认为社会角色所表达正义和道德原则必然是一致认同的；麦金太尔只是认为，这个社会角色提供了分歧的立足点，自律正是从这个社会提供的立足点出发，接受不同方面的指责而产生的——它可被斥之为自利的，又或是被认为是符合共同利益的。不论是罗尔斯的理论还是麦金太尔的理论，他们所说的正义和道德都必须经受各种争论才能产生，任何理论事前都不可能单方面就正义和道德的内容说出任何经验上具体的东西。罗尔斯和麦金太尔的分歧，只是关于我们应该是从个人还是从集体出发去开始这些争论。麦金太尔以下的文字正体现了这一点。麦金太尔写道："在一般地谈到特性角色时，我说他们是为某种文化提供道德定义的社会角色；在这里，至关重要的是强调指出，我这句话的意思并不是说特定文化中的由特性角色表达和体现的道德信念将确保在那个文化中受普遍的赞同。与此相反，这些特性角色之所以能够履行其限定的任务，部分原因恰在于他们提供了分歧的焦点。"（麦金太尔，1995：41）"自我不得不在社会共同体中和通过它的成员资格发现它的道德身份，如家庭、邻居、城邦、部族等共同体，但并不意味着，自我必须接受这些形式的共同体的特殊性的道德限度。但没有这些道德特殊性作为开端，就绝不可能从任何地方开始；而对善和普遍性的寻求就出自这种特殊性的向前的运动。但是，特殊性绝不可能被简单地滞留在后面或被遗忘。"（麦金太尔，1995：279）"不要把这种德性与任何保守主义的古董形式相混淆，我不赞成那些选择了充当赞美过去的传统的保守主义角色的人。宁可说，传统的一种适当意义是在对将来的那些可能性的把握中表明的，这种可能性就是说，过去已使现在的出现有其可能，活着的传统，恰恰因为它们继续着一个未完的叙述而面对一个未来，而就这个未来具有的任何确定的和可确定的特征而言，它来自过去。"（麦金太尔，1995：281）因此，总的来说，罗尔斯的论证方式在笔者看来可视作是一种从个人角度出发来思考意志自律的方式（即个人自律），拒斥个人意志在任何给定的集体事实（例如各式各样被观察到的社会道德传统）下被转变成他律；相反，麦金太尔的论证方式在笔者看来则可视为是一种集体角度出发来思考意志自律的方式（即集体自律），指斥摆脱集体事实的个人意志再怎么努力达到"自律"，总避免不了受个人偏好等经验上的偶然因素所困扰，而集体事实则为正义和道德争论提供了一个更加审慎的立足点和出发点（即上面麦金太尔所说的"分歧的焦点"），使我们的争论过程能够更有效地隔离在个人偏好以及其他经验上的偶然因素之外，同时也不至于使意志沦为实质上的他律①。

　　不论是从个人还是从集体的角度出发去达到自律，都会不可避免地涉及个人与集体（或社会）之间的关系问题。从个人的角度出发去达到自律，由于正义和道德法则的普遍性在经验的运用上必然存在一个限度，那么这种理论总需要在个人的互动关系下，解释为什么社会秩序是经过深思熟虑选择出来的，而不是无数个人偏好和外部自然事实导致的毫无意义的偶然现象。罗尔斯在《正义论》（1988）和《政治自由主义》（2011b）中对此提供了一种有力的解释。像哈耶克那样用"自发秩序"的概念把这种随意性包裹在内，是难以有效解决问题的（哈耶克，2000a，2000b）。同样的，从集体的角度出发达到自律，由于必须在某种程度上借助超越任何个人主观意志之上的事物（传统习俗、社会秩序、上帝、天道等形形色色诸如此类的概念）来克服和对抗个人的经验局限性，那么，这种理论则又总是需要说明为什么这些事物对个人来说是正当的；为什么这些事物对颁布的行动命令可能合乎个人的意志自律，不会与个人根据自由意志为自己所选择的道路相冲突。对于个人和集体之间的矛盾，麦金太尔是这样对其进行描述的："当代社会处于进入社会组

---

　　①继续《德性之后》（1995）的思想，麦金太尔在《谁之正义？何种合理性？》（1996）一书中研究了共同体主义道德哲学的三种探究传统。第一种是从荷马到亚里士多德，后来通过阿拉伯和犹太作家传给大阿尔伯特和阿奎那的传统，第二种是《圣经》通过奥古斯丁传到阿奎那的传统，第三种是把苏格兰道德传统从加尔文派亚里士多德主义传承到休谟的传统。麦金太尔提出了一种从"探究传统"出发的追寻正义和道德的方法。为了思想体系的完整性和连贯性，麦金太尔把以康德和罗尔斯为代表的自由主义思想本身也看作是一种依赖于传统的理论，这些传统以民主选举和权力分立等制度为象征。麦金太尔认为，不同传统之间具有不可公度性和不可译性。自由主义者所假想的、在不同传统中间存在的客观正义和道德标准，实际上是不存在的。可这样一来，现在的问题是：如果说个人身处于这些不同的传统之中只是偶然的事实，且个人无法逃离自身所处的传统，那么，个人如何能够在这些不同的传统中间获得对普遍正义和实践合理性的确信呢？

织化王国的分歧点上：一方是一个所有目标皆为既定并且不可能受到理性仔细审察的社会组织化王国；另一方是一个以价值的判断和争论为其核心因素的人格王国，但其中的问题又不可能得到合理的社会解决。这一分歧点在个人自我与社会生活中的角色及特性角色的关系中得到了内在化，找到了其内在表现形式。……这种政治争论常以人们设定的个人主义与集体主义相对立的形式出现，双方各表现为种种不同学说。在这种对立中，一方是个人自由的自我规定的宣传者，另一方是计划和规则，以及那些通过官僚组织可得到的各种利益的自我规定的宣传者。"（麦金太尔，1995：45－46）在这种个人主义与集体主义相对立的状态中，"作为结果产生的当代道德经验具有一种自相矛盾的特性。一方面，我们每个人都受到要把自身视作自律道德行为者的教育，但另一方面，我们每个人又都被某种实践的、审美的或官僚政治的行为模式约束着，这些模式使我们自身卷入与他人的操纵关系之中。在力求保护我们珍视的自律性时，我们渴望自身不被他人所操纵；但在实践世界中力求具体体现自身的原则和观点时，我们却发现除了使用自己渴求避免的操纵关系模式来对付他人外，无任何路可循"（麦金太尔，1995：87－88）。

麦金太尔是否为我们提供了足够强有力的解决方案呢？笔者认为答案是否定的。因为不论是罗尔斯从个人自律角度提出的方案，还是麦金太尔从集体自律角度提出方案，如果说两种方案都有可能正确且合理，那么两者最终留下的问题也将是相同的：个人自律和集体自律在何种条件下能够达到一致？在这种一致性的状态下，到底需要满足怎样的条件才能使不幸的个人无法埋怨社会的不公，而幸运的个人无法把不当得利说成是自身努力和自然运气的结果？人与人之间应满足怎样的关系，才能够让每个社会成员都接受这样的事实：社会已为每个人力所能及地做到了最好？关于这种个人与集体（或社会）之间可能的理想状态，麦金太尔写道："人类生活的许多主要特征源自可预言性与不可预言性两者的特殊的和独特的联结方式。正是我们社会结构的可预言性程度使我们得以计划和从事长期性规划；而做出计划和从事长期性规划的能力，是发现生活的意义的必要条件。"（麦金太尔，1995：130）"我们每个人，既是单个的个人又是作为特定的社会团体的一个成员，都力求在这自然的和社会的世界里，具体展现自己的计划和规划。实现这一目的一个条件就是尽可能多地使自然和社会环境成为可以预言的。在我们的生活中，社会科学和自然科学的重要性，至少部分是——虽然仅仅是部分——由于它们对此的贡献。同时，作为个人又作为特定社会团体成员的我们每个人，都渴望保持他的独立，他的自由，他的创造力，他的个人见解（这在其自由和创造力中起极其重大作用），以及不受他人侵犯。我们仅希望在我们认为恰当的范围内展露我们自己，但没有一个人想要展露他自己之全部——除了在精神分析所造成的幻象的影响下有这种可能之外。我们需要保持某种程度的不透明性和不可预言性，尤其是当我们被其他人的预言实践威胁时。这种需要的满足，至少在某种程度上为生活富有意义提供了另一个必要条件。因此，生活才富有意义，并且，才能富有意义。而如果生活是富有意义的，我们就必须能够从事长期规划，这就需要预言。如果要使生活富有意义，我们就必须占有我们自己，而不仅仅是他人的设计、意图、欲望的作品，而这就要求不可预言性。我们就是这样卷入了这个世界之中，在这个世界里，我们试图既使社会中的其他人成为可以预言的，同时又使我们自己成为不可预言的；既设计出普遍概括以捕获其他人的行为，同时力图使我们自己的行为能够避开他人设制的普遍概括。"（麦金太尔，1995：131）至于如何达到这种理想的社会状态，笔者认为，不论是罗尔斯的还是麦金太尔的观点，虽然它们都是合理的，但仍然缺乏足够的论证力量。

第四节　自律在个人与集体意义上相一致的形式条件

接下来要做的是本书最核心的工作：找到个人自律和集体自律相一致的条件。我们不妨先来梳理一下，为了进行这项工作，我们到目前为止已经得到了哪些有用的提示。第一，这些条件应该与康德的定言命令和罗尔斯的正义原则一样，也应该与麦金太尔关于德性法则的设想一样，是先验的、抽象的和形式上的①。因为不论是个人的还是集体的经验事实，只要这些经验事实进入了我们试图找到的那些条件之中，个人或集体都不可能被设想为具有自律的普遍意志。第二，这一形式条件只涉及社会中的个人应当怎样看待他人，或者说，只涉及这样一个人看待他人的方式：这个人试图达到既是个人自律又是集体自律的行为法则。也就是说，这一形式条件只关涉个人认为自己应当如何行为的观点，跟那些认为他人应当如何行为的看法无关。现在我们不能再借助"普遍性"这一概念，因为，这个概念中间现在恰恰包含着我们正打算去解决的矛盾。这意味着，我们眼下试图找到的这个形式条件不应该包含有"任何有理性的主体""任何人"或者"整个社会中的个人"等诸如此类隐含地运用了普遍性概念的表述。不加规定地使用"普遍性"概念来描述这些形式条件，就像康德所做的那样，根本无法阻止人们对立地从个人和集体两个不同的角度去设想和运用"普遍性"概念。无论是罗尔斯还是麦金太尔，他们都合理地设想和运用了"普遍性"的概念；尽管他们追寻正义和道德原则的方式有着巨大的分歧，但也都前后一致地要求了个人和他人。因此，如果要达到个人自律和集体自律的一致，那么追寻正义和道德法则就并不仅仅是追求前后一致地对待他人和以同样方式被他人对待，而且还需要追求"前后一致"这一要求背后的普遍性概念运用方式得到合理的规定，使这种前后一致能够最大限度地经受来自个人自律和集体自律两方面观点的辩驳。这自然就引出了第三个提示：这一形式条件必须能够对普遍性概念的运用作出规定，使在这一形式条件下得到的正义和道德法则能够同时允许个人自律和集体自律两种观点的共存。

现在的问题是，怎样的形式条件能够满足上述三个提示中说到的那些要求呢？个人认为以下的形式条件或许是合适的：

①笔者不太确定这样评论麦金太尔关于正义和道德法则的设想是否正确，但就笔者的个人理解而言，麦金太尔似乎与康德、罗尔斯一样，目的并不是提出某种形式的法则，一劳永逸地终结人们对正义和道德原则的探索；恰恰相反，他们的目的都是提出达到和设想正义和道德原则的正确方式。就这个意义上来说，笔者认为麦金太尔关于德性法则的设想同样是先验的、抽象的和形式上的。

个人自律和集体自律一致的形式条件：如果一个社会能够被个人设想为既是个人自律的又是集体自律的，或者说，这个社会的制度能够被个人接受为不论从个人角度还是集体角度看都是自律的产物，那么这要求个人如此看待自己和他人：个人对经验上可能的社会状态能够有所认知，同时对他人认知以及共同采取行动实现这些社会状态的可能性有所期待。

这意味着，不管是从个人自律还是从集体自律角度得出的行为原则，也不管其中意志自律的状态会被如何设想，只有当这些原则既是通过个人的意志自律能力而成为可能的，又是通过他人的意志自律能力而成为可能的，才不会陷入矛盾；也只有通过这两方面而成为可能的行为原则，才说得上是一个正义社会中的行为原则，按照这一原则行事，才可能不会有任何责备社会的余地。乍看之下，该形式条件与罗尔斯的相互性标准（罗尔斯，2011b：29、414）① 相比并没有多大区别，但一方面，笔者弱化了相互性标准的先验含义，刻意回避了在条件表述中使用"合乎理性"这样的字眼，从而避免"康德—罗尔斯式"的抽象主体概念被无端引入；另一方面，笔者又强调了"经验上同样经由他人意志自律而成为可能的社会状态"概念，保持了共同体主义者所希求的那种较强的经验含义。因此，相互性标准在罗尔斯那里可能被看作是对正义特征的描述，因为它要求以"合乎理性"作为前提；但这里的形式条件，除了应被看作一条在个人、社会和外部自然三类因素中间取得某种平衡的思辨规则之外，并无更多含义。笔者将说明，该形式条件将指引我们取得某种论据上的平衡，使这样的一个社会在我们眼前渐渐清晰：在这个社会中，个人的处境或地位纯粹由个人的或外部自然的因素所导致，社会制度本

①回顾一下，前面我们提到，罗尔斯是这样表述他的相互性标准的："只有当我们真诚地相信我们为自己的政治行动所提供的理由有可能为其他公民合乎理性地接受下来，作为他们行动的正当证据时，我们对政治权力的行使才是恰当的。"（罗尔斯，2011b：29）"相互性的标准要求，当这些条款被提出来当作最合乎理性的公平合作条款时，那些提出这些条款的公民也必定认为，其他人作为自由而平等的公民，而非受到宰制或操控的或者是因政治或社会地位较低而承受压力的公民，来接受它们至少是合乎理性的。"（罗尔斯，2011b：414）

身是无可责备的。当然，笔者在此并不是说只有上述的形式条件能够满足提示中的要求；只是认为，至少在笔者目前的理解下，上述形式条件是合乎提示要求的适当条件，并且这种适当也仅仅是可能的而已①。笔者无法排除其他同样可能的，或许更有说服力的条件，因为这本身就违背了笔者在此提出的形式条件。接下来，笔者将尝试去论证，为什么提出的这一形式条件，能够符合三个提示的要求，同时又是如何能够将人们的行为引导到一开始设想的那种正义状态上去。这些理由将为同样对这一问题感兴趣的读者有力地反驳或补充笔者的观点，提供一些出发点。

首先是对形式条件中"社会状态"这一概念进行说明。笔者在这一形式条件中所说的"社会状态"，是一个关于社会的整体性概念。所谓的社会状态在内容上不仅包括社会中个人的行为以及人们通过这些行为相互影响的方式，而且还包括各种形式的个人目的和共同目的、个人善观念和共同善观念。因此，生活在某种"社会状态"下的个人，不仅生活在一个受他人行为影响的世界，而且还生活在一个拥有不同目的和善观念的世界，通过选择和接受这些目的和善观念，个人除了单纯的行为之外，还持续调整和确认着行为的意义及其在道德上的正当性。此外，社会这一概念之所以是整体的，是因为它一方面在时间维度上包括社会状态的现在、过去和未来，而且另一方面还在空间维度上包括有可能共同生活在这一社会状态之下的任何个人。如果不这样去设想社会状态的整体性，那么无论是从个人还是从集体角度，都不可能找到什么自律。因为只要缺乏这种整体性，个人就必然地只是根据偶然的时间和空间事实来行动，处于特定时间和空间条件下的、由他人构成的"社会"对个人来说不过是一个被简单接受下来的事实，从而导致个人丧失了行为的自律性而陷入他律；同样地，由于缺乏这种整体性，由个人行为表象出来

---

①关于个人自律和集体自律的关系，我们或许可以学着黑格尔（1961；1981）在论述"道德—伦理""人的规律—神的规律"以及"启蒙—信仰"关系时所运用的那种玄之又玄的辩证法，去讨论两者之间的对立统一，但个人认为这并没有什么意义，因为不论任何一方"否定"或"扬弃"另一方，我们仍然需要知道怎样才算得上是恰当的"否定"或"扬弃"方式。否则光有这种辩证法本身，也只是一种毫无现实意义的同义反复罢了，正话反话都被说全了。

的一个集体或一个社会的行为，在外部看来也只不过是受偶然的时间和空间事实左右、毫无规律性可言的现象罢了，完全没有什么集体意义上的自律可言。因此，要使个人自律和集体自律的概念对个人来说具有意义，那么就必须令社会状态穿透时间和空间维度获得整体性。只有获得这种整体性，个人才有可能超越他自身所处的特定时间和空间条件，反事实地对眼前的社会约束做出规范性判断，并以此规定自己的行为，从而达到个人自律。同样地，也只有获得这种整体性，集体或社会才能够被设想为超越具体的时间和空间条件，具有某种坚实的规律性和合目的性的存在，从而达到集体自律。

其次，我们接下来对这一形式条件中的两个关键的要点进行说明。这一形式条件包括两点，第一点是"个人对经验上可能的社会状态能够有所认知"，第二点是"对他人认知以及共同采取行动实现这些社会状态的可能性有所期待"。

第一点意味着，个人具有能力认知所有可能的社会状态，这些不同的社会状态在经验上是可能的，而不论这些社会状态对个人来说是已知还是未知，因此这也意味着个人需要对各类可能的、潜在的或未知的正当性论据保持开放。这一条件保证了个人是具有意志自律的能力的，或者说，至少个人自律是被视为可能的。个人不能因为单单认识到自己对集体或社会的认知在经验上存在局限性，就把关于正义和道德的规范性判断的权力交予或诉诸外部的权威，否则个人在任何意义都不能说具有个人自律的能力。因此，正义和道德问题是拥有意志自律能力的个人必须直接面对的问题，这些问题的解决是永远无法交给技术专家代劳的。在生活中我们经常能够碰到一种自我贬低的观点，这种观点总认为在"我们面对哪些可能的社会状态"和"什么样的社会状态才是理想的、值得我去追求的"等诸如此类关于社会状态的规范性判断问题上，技术专家、行政官僚或立法领袖比普通人想得要周到得多。如果一个人希望约束着他的社会制度有可能看起来是他个人自律行为的结果，那么最好就放弃这种自我贬低的想法。事实上，不管人们的专业技术和专业职务差别有多大，也不管人们的权力和财富地位的高低相差多远，个人必须这样设想自我：有能力且必须运用只属于我的意志自由去审视各种可能社会状态的正当性，对支持各种正当性论证的理据进行审视和做出规范性判断。否则，个人自律将会与集体自律相互排斥，后者将把前者消除得一干二净。接下来要说明的是第二点。

第二点意味着，不管个人对经验上可能的社会状态有哪些认识，也不论个人根据什么样的理由选择其中一种可能的社会状态并据之行动，如果个人不希望自身的行为或隐或显地被看成偶然的个人偏好产物，或被视作可加以策略性利用的手段，而是希望这种行为有可能被同样自律的他人所接受，仿佛有一个超越任何具体个人之上的自律主体一样，这个主体具有历史的连续性和道德反思能力，能够反事实地做出规范性判断并对所有人发布命令，那么，个人就必须设想：生活在这一社会状态下的其他人，同样能够根据意志自律的能力认识到不同的社会状态，甚至有可能认识到笔者尚未认识的那种社会状态，并根据其认识去选择、认同或驳斥所有可能被设想的理想社会，以及据此采取行动。如果形式条件中的这一点不满足，个人自律将同样会与集体自律相互排斥，但此时前者却将后者消灭殆尽。因此，只有形式条件中的这两点同时构成对个人行为的约束，一种行为或其所根据的制度秩序，才有可能既是个人自律又是集体自律的；要是违背了这两点中的任何一个，一种既是个人自律又是集体自律的行为或制度，则无论如何都不能被设想出来。

我们更加具体地考察一下，当这两点被违背时，会发生怎样的后果，个人自律或集体自律是如何被取消的。关于第一点，如果个人对除了当前的社会状态之外其他可能的社会状态毫无认知，那么他就没有什么可选择和加以期待的。他不能把自我的意志置于作为经验事实的社会状态之先，反事实地提出社会不应该是这个样子而应该是另外一个样子的观点；相反地，他只能不加思考地让已经存在的社会状态作为一个经验事实凌驾于个人的意志之上，把个人在社会中的一切处境都思考为个人行动的结果，就像活在野蛮的自然状态下那样。如果一个皇帝专制的国家不遭遇一个没有皇帝也能具有高度文明、拥有强大力量的他国，或者说它治下的国民不能自主地设想一种没有皇帝也能良好运转的社会状态，那么专制皇权的统治可能永远无法结束。个人只会感受到自己任由不断循环的所谓历史规律摆布，把经验上偶然的社会事实作为准则约束个人的行动。此时，对个人而言，将不存在个人意义上的自律；他将体验到社会或集体作为一个异己的存在与他相对立，不容置辩地向他发布无可抵抗的命令，使他产生一种"一切皆由命中注定"的无力感。这就是为什么对于生存在专制社会之下，同时又看不到社会的其他可能出路的人来说，荣华富贵是如此地反复无常，最终都不过是一场梦罢了。而为了反抗这种无常，他们又会经常自认为"看透人生"，发明出形形色色有关"治乱兴衰"规律的所谓理论（谢天佑，2021）；他们认识自己所处的社会就像认识杂乱无章的外部自然现象一样，认为只有某种描述了客观规律的"理论"，才能把自己从这种杂乱无章中拯救出来；他们混淆外部自然与社会，不仅祈求神祇保佑他们免遭自然的灾害，也会祈求神祇保佑他们免遭来自社会的迫害；幸运者把偶然的运气说成是社会制度的必然成就，不幸者则认为所有的不幸都需要由社会或具体的个人或团体负责。在这种状态下，即使一个人的行为从最普通的正义和道德观念来看无可指责，但一旦我们知道这个人其实并没有认识到自己的人生还有其他可能，也没有认识到自己所生活于其中的那个社会还有其他可能的、更值得人们生存于其中的状态，他只不过像动物遵从自然规律、奴隶遵从主人命令那样采取这些行动，那么，他的行为在我们眼里就会立马失去所有正义和道德的力量了。

　　从历史来看，长期的专制政治统治最容易产生这种状态[1]。在专制政府治下，人民往往被禁止谈论国事，也无法通过争论形成共识，对社会的满意或不满也缺乏共同的理解；一切都仅仅按照集体自律的原则来运作，自律被认为只能来自国家和政府的集体命令，而不被允许来自个人积极的实践反思和道德思考。在这样的社会中，一切"天灾"都可能会被说成是"人祸"；一切好运气都可能会被说成是良好制度的"祥瑞"或必然结果。一场台风能够把市政首脑逼下台，一场破产危机足以使官僚系统大换血，一次偶然的物价上涨就使商人被尽数投入监狱；相反，一次短期的经济繁荣却又可能被说成是社会制度或意识形态的必然胜利。

---

[1]可参阅泰勒在《现代社会想象》（2014）一书中关于法国大革命和反犹主义的相关论述。

泰勒在《现代社会想象》（2014）一书中描述了这种"替罪羊"理论。这种理论认为，一种不合意的事实——不论是物价上涨、台风侵袭、物资稀缺还是贫富不均——总是由可受责备的、可识别的人类主体造成的，并且没有为任何客观自然的机制（如市场机制）留下余地。从本书的观点来看，产生这种思想的根源就在于自律论证在个人层面的缺失。

关于第二点，如果个人对他人认知以及共同采取行动实现这些社会状态的可能性没有任何期待，那么除了诉诸暴力和显见利益的诱骗之外，他所欲求的那种社会状态将没有任何办法在经验世界的因果律下现实地产生。在这种状态中，与第一点相反，个人并不关心社会变化的规律性，他只是将把社会体验成一个为了他的目的而可资利用的外部自然，把达到这一目标单纯地看成是一个人如何付出努力、如何"技术地"利用他人和自然要素的问题，就像用树木和砖石搭成一间屋子一样。简言之，他只关心如何"技术地"利用偶然出现在他眼前的"外部社会环境"以达到偶然的目的。这一由他人构成的、可称为"外部社会环境"的东西，对他来说只是一个不断变化的客观事实，没有"应该如此"或者"不应该如此"这么一说，因此也就不需要对其有任何规范性的判断，也不需要有任何规律性的认识。他所谓的对社会状态的理想和追求，与受偶然因素左右的、纯粹的个人野心或妄想根本无法区分，因此这时候对个人来说就没有集体意义上的自律可言，历史上出现的那些祸害人命的乌托邦思想，很大程度上就是在这种心态下产生的。

第二点实际上还包含着对正义和道德原则的历史性理解。在前面的讨论中可以看到，自由主义观点受到共同体主义学者批评的一点在于，它所设想的"意志自由的主体"是非历史性的；离开行动的历史性，无论是个人还是其所在的社会共同体，都不可能为过往的行动背负什么责任。一个人的过去以及一个社会的历史，在自由主义者那里并不是能够通过自由意志可加以选择的对象，而只是一个既定的事实。就像一切可加以利用的事实一样，把历史"涂脂抹粉"加以策略性利用的行为，似乎并不与自由主义者的观念相违背。此时，历史作为既定事实，显示的是一个相对于当前意志自由主体的异己对象，就像其他动物、植物和一切无机物一样，在道德意义上是"无可救药"或不可期待有改变的，只可加以策略性利用的。但在现实中，我们通常可以看到：一个人或许不需要为婴儿时期的行为负责，但却需要为成年后的行为承担责任；我们作为一名中国人，或许会把宋代或明代的历史反思为自己所在社会共同体的历史，但不会把印度人、阿拉伯人或欧洲人的历史也反思为我们所在的社会共同体历史的一部分，从而背负上什么责任，除非我们站在全人类的视角去思考问题。如果要把历史反思为意志自由主体之一部分，那么以下的悬设将必不可少：现在和未来的行为与过去的行为分享着在先验上相同的意志自由主体（这个主体是个人或者是社会共同体）。由于分享着在先验上相同的意志自由主体，过去的自我、过去的他人以及过去的社会共同体就不再是道德上"不可救药"的或不可期待有改变的，而变成了当前仍可予以道德批评、期待和反思的实践产物，是在相同的意志自由主体之下被设想成应当且本来能够有所改变的。因此，该准则的第二点以与共同体主义相容的方式，提出了对道德普遍性观念运用的一个限制，这一限制通过把一个广义上的"他人"（这意味着过去的自我以及过去的他人也包括在内）先验地悬设为同样可予以道德批评、期待和反思的主体，从而确保了社会整体从正义和道德观点看不会被视作一头充满任意性、缺乏道德自律能力的"怪物"。

第二点的不满足意味着一种缺乏集体层面论证而只有个人层面论证的自由主义思想，而这种思想又可能导致一种被称为优绩至上主义的观念。桑德尔在《精英的傲慢：好的社会该如何定义成功?》（2021）一书中论述了自由主义思想如何导致了优绩至上主义的暴政。按桑德尔的描述，优绩至上主义观念根据某种成败标准将人分为成功者和失败者，并将成功与失败视为对道德优劣的奖赏和惩罚。桑德尔认为，优绩至上主义过度夸大了个人意志的作用及其责任，将个人成败得失的责任即使不是全部也绝大部分地归因于个人的努力程度，轻视运气、自然和社会条件等偶然因素的影响。在优绩至上主义者眼中，一个人的成功，必然意味着他做了技术上或道德上"对"的事情；失败则必然意味着他做了错误的事情，可能是由于技术应用上的愚钝，也可能是由于道德上的堕落。这种冷酷的观点在成功者和失败者之间划下了一道在道德意义上不可逾越的鸿沟；由于社会中的成功者不恰当地抬高了自己和贬低了失败者，一道难以愈合的伤口便出现在社会共同体之中了。桑德尔指斥康德和罗尔斯式的自由主义思想——尤其是当道德哲学和政治哲学上的自由主义思想和经济学中的市场崇拜相结合之后——在很大程度上需要为这种优绩至上主义的暴政负责。

这一观点其实是颇令人费解的。因为事实上，康德和罗尔斯都主张"正当优先于善"，而不是相反地主张由任何特定的善观念来主宰人的意志。在康德和罗尔斯看来，市场机制所产生的任何结果不过是偶然的经验事实，都不能因其自身而具备正义和道德的客观性和必然性；市场机制的结果若是正义的和道德的，那么它必须合乎更高的原则，这一原则是先验的和普遍的，是意志自律的体现。这意味着，市场机制导致的人与人之间的差异，只有当这种差异不合乎正义和道德原则时，才是值得加以纠正的；换句话说，只有当失败者之失败并非由于自身，而是由不公正和不道德的社会制度所导致时，失败者才值得整个社会对其实施救助。从这个角度来看，康德和罗尔斯式的自由主义思想理应是优绩至上主义观念的敌人才对，但为何反倒成了其产生的原因呢？问题就出在如何区分什么是"出于自身原因的失败"以及什么是"由不公正和不道德的社会制度所导致的失败"。

在康德（1986；2003）和罗尔斯（1988）的思想中，划分这两类失败的准则就是正义和道德原则。他们认为，任何有理性的人，通过不断地剥离偶然的经验现象进行反事实的思考，或者说通过对意志自律能力的积极运用——罗尔斯（1988）从经验的角度将这一过程描述为一个"反思的平衡"的过程——都能够一致地达到客观必然的正义和道德原则，这一准则对每个有理性之人来说都是相同的。由于这一准则被视为个人意志自律能力的体现，于是任何外部的偶然经验事实，包括来自社会上其他人的关于正义和道德的思想或传统、市场中消费者偶然的偏好等，都不能凌驾于自由意志之上，否则这一准则就不再是自律而是他律的了。于是，这种思想就把个人意志和责任的作用放大到了无以复加的地步。如果一个持有这种思想的自由主义者，像康德和罗尔斯那样谦逊和博学还好；但如果是一个偏执认死理的人，非要把过去取得成功的经验方法当作是客观必然的正义和道德原则本身，从而把过去的成功看作是单纯个人在道德上运用意志自律能力的结果，没有在理解过往成就的时候给任何偶然的经验因素留下余地，那么优绩至上主义的暴政就不可避免地产生了。那些在此准则下遭受鄙视的失败者，如果并不认为被成功者奉为金科玉律的准则具有正当性，甚至将其视为成功者掩饰私利的说辞，那么在这些失败者看来，社会制度就是不正义的；他们认为自己的失败，很大程度上是由于受到成功者的不公正对待所致，而非"由于自身"。康德和罗尔斯式的自由主义思想之所以会导致优绩至上主义的后果，根本原因是其理论从未能够很好地论证正义和道德原则是如何通过他人的意志自律能力而成为可能的；正如前面所述，一种只有个人层面论证而缺失集体层面论证的自律思想，并不区分外部自然和社会制度对个人成败的影响，个人的成败仅仅取决于这个人是否合理且正当地利用了社会制度和外部自然。然而，有无数种能够公开且机会平等地被人利用的社会制度（密尔，2008），但显然并不是每种公开且机会平等的制度所产生的结果，都能在道德上被成功者或失败者所接受。因此，优绩至上主义者实质上采取了一种策略性地对待这个世界的态度，不论他多么努力地将其目的描述得合乎正义和道德，社会制度和外部自然最后都变成了他达到私人目的的可资利用的手段。于是，失败就必然被描述成智力和道德缺陷的象征了，而相反成功则成了对智巧和德行的奖赏。失败者因此把成功者那套"一个人失败都是因为他不够努力"的说辞，看成是对个人努力的侮辱以及对不义行为的掩饰，就毫不出奇了。

桑德尔认为，要克服优绩至上主义的暴政，一种可行的方法或许是引入纯粹的运气来作为决定结果的准则，例如在大学招生过程中随机抽取合乎标准的学生作为录取对象。通过引入运气因素，能够在一定程度上抑制优绩至上主义者的狂妄自大，使人们在理解成功和失败的时候能够在社会和自然面前保持谦逊，使人们时刻告诫自己：成功与失败不仅取决于个人的努力，也取决于那些远远超越个人之上、来自社会和外部自然的偶然力量，这股力量往往是人类有限的智慧难以充分理解的。不过，笔者认为这种做法是错误的。我们无法在每一件事上把握自己的命运，并不是我们把社会命运直接就丢给外部自然去决定的理由；保持在社会和自然力量面前的谦逊态度，并不意味着我们必须消极地听天由命，任由外部自然随意塑造社会的形态。单纯地引入运气因素，并不能减少失败者对社会不公的控诉。因为尽管此时再没有什么成功或失败可归因于个人的努力，但如果没办法论证社会作为一个整体在应对外部自然时恰当地引导和对待了个人，那么再小的"天灾"也可能会被解释成不可饶恕的"人祸"，因运气而导致的失败也可能会被理解成社会不公的表现。因此，根据本书的观点，更恰当的方法应该是引入集体层面的对意志自律的论证，阐释清楚社会作为一个整体在变化莫测的外部自然力量面前，如何为其中的个人做到了最好；或者说，不可能再有其他的"人为"和"自然"之间的边界划分，能够更好地被个人设想和接受。而这里所谓的"为个人做到了最好"，是指社会作为一个不可分割的共同体能够合目的、合规律地指引着个人走向成功，为个人的成功创造条件；这个合目的、合规律的社会整体使个人能够通过它实现意志的自律，达到客观必然的正义和道德原则。

第二点涉及的第三个方面内容，是关于如何恰当地对待一个社会的实践传统的。首先，一个社会的实践传统，正如共同体主义者所强调的那样，其本身就是一个集体或共同体意义上的概念。一个社会的正义和道德传统并非仅仅通过个人意义上的自律就能够产生。任何"生而有涯"的个人，不管怎样剥离他有限的经验事实去达到康德所说的那种抽象的意志自由主体，都不可能产生一种体现了集体努力的社会实践传统。传统这个概念本身表述的就不是任何属于个人的东西。传统是一种个人只有把自己置于一个由他人共同组成的绵延不绝的思想和实践过程中才能够认识到的对象。而作为这个过程参与者的他人，既包括现在之人，也包括过去之人，因此传统必然是一个集体的概念。当我说"应当做某事"是某种传统的时候，我实质上就等于告诉他人，我"应当"去做这件事的理由，不仅不是任何偶然的个人利益或个人偏好，而且也不是任何属于我个人的自律性思考的结果；我在此诉诸的，是一种超越于我作为一个个体的集体力量。其次，以传统为依据的道德行为，是否像康德和罗尔斯式自由主义者所批评的那样，必然就是他律的呢？如果我们把传统仅仅表述为经验上观察到的集体行为模式，自由主义者的批评就是正确的。"传统"这一概念如果这样去理解，自然就失去了任何道德力量，这样的所谓传统自然也不值得任何拥有意志自由能力的主体去做出道德上的参与、改变和学习。但笔者个人认为，自由主义者的这一观点实际上不恰当地贬低了传统的道德意义。既然自由主义者认为同样作为自律行为之结果的传统会使人陷入他律，那么共同体主义者同样可以指出，没有理由认为个人通过自律性思考所得的结果反而能够幸免于此。作为追寻意志自律的不同方式，自由主义者陷入他律的危险并不比共同体主义者少。按照自由主义者的观点，一个社会中人们普遍遵循的行为方式作为一个经验的事实，可以根据详尽的历史考察概括出来，但这还远远算不上是一种具有道德意义的实践传统。比如，我们可以根据对自然史的考察，总结出蚂蚁和蜜蜂绵延数十万年甚至数百万年的集体行为模式，但我们并不会将其称为一种"实践传统"。或许站在上帝的最普遍角度我们可以这么做，但我们现在要讨论的是"尽人事"，而不是"听天命"。自由主义者似乎混淆了这一点。因此，在形式条件的第二点下，笔者个人倾向于把传统视为是一种经验上反映了通过他人意志自律而成为可能，并且我能够以自己的意志自律参与其中、（在先验上）使其可能通过我的自律性思考而成为现实的事物。因此，如果一种经久弥远的行为模式称得上是一种社会实践传统，那么重要的就不是它的表面形式，而是包含在其中的目的、意义和论据。我们之所以不会将蚂蚁和蜜蜂的集体行为模式称为一种传统，原因就在这里。当然，向这方面努力是值得的，但至少目前来说，我们尚无法理解动物们集体行为模式的目的、意义以及它们为其提供的论证——眼下这是上帝的事，而不是人间的事。那些被人们加以策略性利用的事物和生命，以及那些被人们视为自然规律加以敬畏的对象，它们背后隐藏着的道德意义（即造物主的目的），对我们来说都静默如谜。我们与他人交往从而形成一个自律的精神共同体的过程，在某种意义上其实就是一个解谜过程①。在这一点上，或许我们现代人与那些古老的、在人和事上尝试与神灵交流的萨满，并没有本质上的不同。我们所确信不疑的道德信仰，通常是无数历史悠久的解谜结果的积累。尽管其中存在无数的偶然性，但却是我们在经验世界中所能信赖的可靠对象。

对于现实中那些我们尚无法充分理解其目的、意义和论据的事情，我们往往会谦卑地交给上天来决定，而不是人为地加以改变，即使我们有限地加以理解的那些目的和意义已有可靠的技术手段能够将其实现出来。例如按人的目的肆意改造自然环境、编辑人类和各类生命的基因、出于非医学目的的胎儿性别鉴定，以及对市场机制的全面计划控制等，这些做法所产生的真实后果往往远超出人类有限智慧的设想。在这些情况下，我们似乎还是按最宽泛、最普遍的方式去设想事物的运行"传统"，保持其悠久的、本来的样子为上策，而不是自负地将人的目的和意义加诸其上，用"看得见的手"取代"看不见的手"。我们作为个人在面对社会为我们提供的共同价值观和道德传统时，这种谦卑同样是有价值的，它能使我们将注意力保持在那些能够加以充分理解和论证的目的和意义上，使我们更好地"尽人事"。因此，当我们按照康德和罗尔斯式的

①这一解谜的过程，实质上是一种试图将个人经由意志自律而成为可能的目的因加诸他者之上的试错过程。在这些目的因驱动下采取行动的他者，同样被悬设为具有意志自律能力的主体，同样能够提出被个人自律地接受的行动理由。正是通过感受这种能够同时被自我和他者自律地接受的目的因，行为具有了客观性和必然性的意义，个人将通过他者而"经验地"感到自己生活在一个自律的、合目的的社会整体之中，道德规劝和法律奖惩的手段也因此被用于维系这一整体，取代了欺骗和掠夺等将他者视为工具加以策略性利用的手段。不过，由于造物主的终极目的在经验世界里无可窥测，虽然我们能够为所有无生命之物和有生命之物设想一个目的作为它们如此这般行动的原因，但却并非任意被我们施加了目的因的对象都能在经验上被接受为自律的行动者，能够为接受或拒绝该目的提出理由。同样地，以免除饥饿之苦为目的，动物可能慌乱地四处找食、相互掠夺，最终只能遵循物竞天择、适者生存的法则；但相比之下，人却可能发动一场精心组织的革命，在"被动地因饥饿而死"与"主动地为建立一个没有人再饿肚子的社会而死"之间，自律地选择自己生存与死亡的方式和意义。通过宗教仪式倾听上天的指令，与通过语言和思想交流活动追寻他者灵魂当中的普遍目的和道德法则，从解谜这个角度来说，似乎是一致的。

自由主义观念去剥离经验事实、趋近抽象的意志自律主体时，一种在经验上被充分认识的社会实践传统，为我们提供了一个值得参与、改变和学习的对象，也为我们追求意志自律提供了一个有益的参照方式。通过对社会实践传统的参与、改变和学习，个人得以通过更少个人偶然因素的方式去达到普遍的道德准则，这一准则在个人看来是最可能通过他人的意志自律而成为可能的。罗尔斯所希望避免陷入的那种康德式的先验学说，有可能通过对某种社会实践传统的参与、改变和学习来实现。但如果我们仅把传统视为是对一个社会的行动表象的历史概括，将其视为是囿于给定事实（如阶级和种族等）的事物，那么我们自然就拒绝了这个社会的道德意义，这样被理解的社会或集体带给我们的道德实践上的知识，并不会多于蚂蚁和蜜蜂所能够带给我们的知识。

　　集体自律与个人自律的相一致，将意味着所有参与集体行动的个人都把共同欲求的社会状态视为先于任何个人经验上的偶然差异而普遍设定的目的因。在这种被先验地、无条件地普遍设定的目的因下，社会集体才能够被设想为一个独立于各种个人偶然性因素、只遵循自己并为自己颁布的律令而行动的整体，即集体意义上的自由，而不是任何个人或利益团体之间野心斗争和策略性互动的被动产物。同时，由于这种设定是普遍的，个人并不会体验到集体作为一个外部自然在向他发号施令，不会体验到在身处集体给他安排好的社会命运面前的那种无力感和渺小感，也不会体验到自己或他人的特殊处境和个人偶然偏好凌驾于个人的意志自由之上。此时，个人才能够以集体自律和个人自律相一致的方式策略性地利用偶然获得的各种经验上的自然禀赋差异，而体验不到个体与集体之间的冲突。然而，正如康德在《实践理性批判》（2003）中所言，个人意志的自由是一个形而上学的概念，个人无法在认识论意义上观察到意志自由的经验现象，因此它不是理论认识的对象；个人只能从自律和道德行为中体验到一个属于自我的意志自由的存在，意志自由因此不是构成性的而是调节性的概念。集体意义上的自由同样如此。集体自由同样不是任何可以通过直观加以认识的对象，因为根本不存在一个离开具体个人之后还具有独立意志和选择能力的"集体"，个人只是在学习、参与和改变一种社会实践传统的过程中体验集体自由。个人在这个过程中，一方面尽可能排除个人的偶然偏见，提出最可能被普遍接受的对社会状态的设想；另一方面又必须面对他人指责该设想不过是出于个人私心来利用他人的指控，并进一步排除设想中的偶然性因素，趋向一种符合集体自由概念的社会状态设想。因此，集体自由的概念对于个人的实践理性而言也是一个调节性概念，而不是一个构成性概念；它只能在个人的实践中得到调节性的运用，就像一切形而上学的概念一样，不可能依靠它获得任何有现实意义的实践知识。如果像一开始所说，个人对他人认知以及共同采取行动实现这些社会状态的可能性没有任何期待，那么集体自由作为一个调节性的形而上学概念就不会起任何作用，个人只是单纯地把社会体验成一个为了他个人目的而可资利用的外部自然。这时，如果他把作为实现个人目的之工具的他人和自己一同看成一个社会整体，就会发现社会的状态纯粹就是各种偶然性因素复杂交错产生的结果，就像我们不知道上帝的目的、外部自然和宇宙的变化会把我们带往何方一样，个人也不会知道自己或他人不可预料的行为偏好变化会把社会整体带往何方；社会从上帝或本体论视角看是任意的、不完全受个人意志操控的东西，即使他作为个人一贯地以心目中那个理想的社会状态为目标而行动。因此，局限于自己对社会状态的主观设想而把他人当作实现目标的手段，集体自由的概念将无从说起，我们也将无从认识和发现那个从集体角度看最值得生活于其中的社会，更遑论实现它。我们在自然中观察到不少动物有着类似于人类社会那样井然有序的规则，例如蜜蜂和蚂蚁等。由于它们无法设想其他可能的社会状态，它们千百万年来可能都遵循着相近的生存方式，不存在先知、圣人和革命者等这类角色，不存在孔子、苏格拉底和耶稣等这些伟大的社会成员。由于它们只把同类当成实现个体生存目的的手段，它们所谓的"社会秩序"也只能任由自然环境和遗传因素的变化来塑造。因此，与第一点相反，即使一个人认识到自己的人生还有其他可能，也认识到自己所生活于其中的那个社会还有其他可能的状态，他也以冠冕堂皇的理由说服了大家相信他所采取的行为完全是为了集体的共同利益，符合集体自律的意志，但一旦人们发现他背后的真实原因不过是为了个人利益、不过是遵循个人的偏好来行事的时候，他的行为也会失去一切正义和道德的力量。综上所述，至少在目前来看，只有人才能够设想个人自律和集体自律并使之一致。这就是人的全部尊严所在。

通过个人自律和集体自律相一致的形式条件，我们现在就可以来定义正义制度和道德行为了。当一种社会制度既是个人自律的同时又是集体自律的时候，或者当一种社会制度能够从个人自律和集体自律相一致的形式条件中产生，且能够最大限度地经受来自个人自律观念和集体自律观念两方面的论证和辩驳的时候，这种制度就是正义的。当一种制度是正义的时候，由于它合乎个人自律，它就是个人在其经验限度内能够被设想的、对其而言最好的制度了，社会已经为个人生活的"善"提供了其所能提供的最好的条件，个人的幸运与不幸都无法归因于社会的不公，只能归因于特殊的个人行为。由于这种正义制度同时也是集体自律，这也意味着个人在其经验限度内看来，社会也已经引导个人对外部自然因素的变化做出了最好的应对，个人的幸运与不幸同样无法归因于社会的不公，只能归因于特殊的外部自然因素。相应地，当一种行为合乎正义制度的要求时，这种行为就是道德的。正义表述的是制度的性质，而道德表述的是个人行为的性质。道德与正义之间的关系，在本书的理解下，体现的正是个人与社会制度，或者说个人与集体之间的关系。一种行为之所以是道德的，是因为它恰当地体现了正义制度对个人的希冀和呼唤，它受个人内心中那种追寻正义制度的意志和欲求所引导。由于道德自律的普遍性在经验上存在一个限度，道德行为时常会在经验中表现出冲突和争论，这实际上并没有什么不合理的地方，因为按照形式条件的要求，谁也不能以形而上学独断论的方式断定，认为只有自己才是真正受到正义制度或"天理"所呼唤的那个人，其他人都不过是受人欲之私所蔽而已。相应地，一种具体的社会制度之所以可能是正义的，是因为它至少是根据目前的经验，是那个能够最大限度地经受每个有德者或追寻道德者的论证和辩驳的制度，不论这些论辩者是从道德的个人自律还是集体自律的角度出发来发起论证和辩驳。个人自律和集体自律相一致的那个形式条件，正是引导人们进行道德探索并达到正义制度的方式；一旦违背了它，我们就既不能拥有道德，也不能达到正义。

对应上述条件，我们可以看到由不正当制度统治的社会，通常所具有的两大特征。第一个特征是，从集体自律角度看，统治者通常把自身的统治权看成天命所归或所谓历史必然性下所得的结果，否定其他的可能性以及历史偶然因素的作用，并将任何反对其观点的人都指斥为邪恶的和道德堕落的。然而实际上，从偶然性的经验中我们永远得不出它必然如此的结论①。第二个特征是，从个人自律角度看，统治者使人们相互之间相互隔绝、相互猜忌，相互把对方当成生存的工具，而不是相互平等对待的公民，他们能够共同发现、认识和实现一个更值得生活于其中的社会状态。生活在由不正当制度控制的社会下，人们之所以会感受到个人与社会之间的剧烈冲突，根本原因是个人自律和集体自律相一致的两个形式条件被严重违背：个人一方面感到"社会"作为一个异己的独立意志在对他肆意地发号施令，强迫他采取那些他并不理解也并不赞同的行为，令他没办法按意志的自律变成自己想成为的那种人，过上自己想要的生活；另一方面个人又会感到那个凌驾于他之上、对他肆意发号施令的"社会"就像一艘在暴风雨中失去动力的轮船，裹挟着他不知要去向何方。就算统治者向人们承诺了各种有关未来的美好愿景，但由于人们"自扫门前雪"，埋头过着自己的小日子，统治者再美好和再坚定的承诺都无法消除人们对社会前景的这种无规律感带来的焦虑。

与已有的观点相比，这个形式条件是否说出了更多有意义的内容？笔者认为至少在以下这两个方面，答案是肯定的。首先，形式条件的前半部分要求个人"对经验上可能的社会状态能够有所认知"，也就是说，保证了正义和道德是经由个人的意志自律能力而成为可能的东西，是在个人在有能力摆脱经验事实的束缚、认识各种理想社会状态的条件下才成为可能的。这构成了对共同体主义论证方式的一个约束，即认为共同体主义的论证方式只有在肯定个人意志自律能力的条件下，或者说能够将宗教信仰和道德传统等共同体象征与个人在经过反事实地进行规范性思考后所意图达到的理想社会状态相关联时，共同体主义的主张才是有说服力的，才可能被个人理解为一个有效的自律行为的对象，而不是一个束缚个人的事实。其次，形式条件的后半部分要求个人必须"对他人

---

① "经验确实可以教给我们，某种事物是这样或那样得出来的，但却从不会教给我们，它绝不能是另外的样子；而且任何类比也填不满偶然和必然二者之间这条无法预测的鸿沟。"（参阅［德］康德《评赫德尔〈人类历史哲学的观念〉（第一、二部)》，载《历史理性批判文集》，何兆武译，商务印书馆 2010 年版，第 48 页。）

认知以及共同采取行动实现这些社会状态的可能性有所期待"，也就是说，保证了正义和道德同时也是经由他人的意志自律能力而成为可能的。这相反地构成了对自由主义论证方式的一个约束，即认为个人运用自由主义论证方式所得到的结论，只有在经验上最有望使之同时成为他人自律行为的对象时，才是正义的。这里之所以强调"在经验上"这一点，原因是：那种把自身关于意志自律的想象在抽象层面普遍地施加于他人的做法（如康德和罗尔斯所做的那样），未必是经验上最有望使一种准则成为他人自律行为对象的方式。因此，包括这两方面含义的形式条件在被应用时，一方面要求已然存在的宗教信仰和道德传统只有在肯定个人意志自律能力、有效回应个人反事实地思考现实的诉求，以及能够把自身与个人自律地追求的理想社会状态相关联时，才值得为之辩护。另一方面，还要求追求康德和罗尔斯式"意志自由"的个人，在摆脱经验事实的随意性时，必须认真考虑已然存在的宗教信仰和道德传统是否能提供更好的方法和引导来做到这一点；必须审慎地判断，在急于摆脱经验事实束缚的激进态度下所得到的正义原则，与那些已然存在的宗教信仰和道德传统相比，是否更少经验事实的随意性，是否更能够让社会整体显示出自律的能力、显示出那种趋向于善的合目的性和合规律性。通过形式条件的这两方面，我们就为"普遍性"观念的运用加了一个限制，确保它不会把我们带到相对主义和形而上学独断论的立场上去。

因此，该形式条件意味着，正义实质上是什么，这个问题是不重要的；真正重要的是如何在自由主义方法和共同体主义方法中间取得某种思辨和论证上的平衡，使不幸只能归咎于个人或外部自然，社会制度本身是无可指责的。自由主义者惯常采用这样一种句式去寻求正义："如果我是（不是）……，那么……"例如，如果我是女性，那么现行的家庭和婚育法律是公平的吗？又例如，如果我是少数族群，那么种族隔离和歧视的政策是否能合理接受？从康德、斯密到罗尔斯，这些伟大的自由主义者们都试图通过不断剥离偶然的经验事实以达到一个抽象的自我，或者说，找到一个就算离开社会处境也能得到恰当描述的自我，然后从这种"自我"出发去追问正义。但他们似乎没能提出更有效的原则，阻止这种思维在经验上走入一个荒唐的境地。设想自己是女性或设想自己是少数族群成员、残障人士，这样的同情心运用或许在道德上是富有成效的，但是设想自己是一条鱼、一头牛甚至是一只蟑螂，就显得十分荒唐了，只会导致自己陷入无法思考的境地（泰勒，2014）。这正是自由主义方法被共同体主义者诟病的地方；如此运用自由主义的方法，不是同情心泛滥，就是狭隘和臆断，从而陷入麦金太尔所谓的情感主义陷阱之中（麦金太尔，1995），连恰当地对待"人"都做不到。因此，本书认为，我们不应当将自由主义的方法视为达到真正自我的方法，而应当将其视作一种把经验上可辨识的共同事物在自我与他者之间显露出来的手段。这意味着，除非这一抽象过程有助于揭露出存在于人们中间的共同处境或共同目的，抵御那种分裂性的寻找"替罪羊"的冲动，进而使人们有望在更高、更抽象的层面上结合成一个自律的社会整体时，这种抽象才是有效的。相应地，共同体主义的方法同样如此。我们不应当指望能够被动地从作为一个整体的社会那里获得对自我的真实认识，以至于陷入形而上学的独断之中不能自拔；共同体主义的方法同样应被视作一种"揭露"的手段，只有用这种方法把个体的特殊行为归属于某种经验上可辨识的普遍社会秩序或集体行动目的之下，从而抵御情感主义和优绩至上主义等思想时，它才是有效的。面对着令人不满的各种社会事实，我们可以从这两种不同的角度出发去追寻正义，时而通过自由主义的方法调整我们的判断，时而又通过共同体主义的方法调整我们的判断；时而把不满归因于外部的自然因素，时而把不满归咎于个人因素。当我们能够在两种论证中间取得某种平衡，从而最大限度地使那个最小受责备的社会状态显露出来时，我们就达到目的了。比起罗尔斯（1988）那种指向抽象主体的"反思的平衡"方法，这似乎要更靠谱一些。

反过来看，若普遍性观念被以最狭隘的方式来运用，那么个人将会对包括社会和自然在内的整个外部环境采取策略性行动，此时讨论正义和道德问题就是多余的了，因为个人仅仅把社会当成一个事实接受下来，不会对其进行任何反事实的规范性思考，社会只是个人采取策略行动以达到个人特殊目的的手段而已。反之，若普遍性观念被以最宽泛的方式来运用，那么个人将会对任何有生命或无生命的事物尽以所谓人道待之，不顾任何经验上的差异将其视为"目的王国"的成员，取消社会与可资利用的自然之间的边界，此时，讨论正义和道德问题同样是多余的。因为我们所说的道德行为或道德价值，是一种即使人们不以策略性行为相互对待，也能够合理地期待会被他人自主接受的东西，只要他人同样被设想为具有意志自律能力的有理性主体。这意味着，如果不顾任何经验上的差异将万事万物都视作"目的王国"的成员这一做法是合理的，那么，我们除了接受"一切都是上帝（不管它多么神秘莫测、喜怒无常）的合理设计"这一空洞无物的说法之外，什么也做不了，最终不过是换一种方式"听天由命"罢了，而我们恰恰要在"尽人事"的经验范围内确保社会共同体的合目的性和自律性①。因为，如果不接受这一说法，但却同时又坚持认为万事万物都是"目的王国"的成员，或许不是做出通过道德感化去改变行星的运动定律和草原上狮子的生存方式这类荒唐的事情，就是陷入某种虚无和无为的思想。没有人能够知道造物主是按照怎样的普遍法则安排万事万物的。正义和道德虽然是普遍的，但总归是人间的事情。

　　从这个角度看，我们每个人似乎面对着两个截然不同的世界：一个是由道德原则和教化构成的精神世界（或者按康德的说法叫作目的王国），在其中运动着的个体是充满灵魂、拥有自由意志的；另一个则是由因果律和技术应用构成的物质世界，从处于精神世界中的个人的视角来看，这个物质世界中的事物只是作为手段而存在，从属于精神世界为其设定的目的。对于精神世界中的存在，我们会通过对目的、意义和论据的考察为其颁布行动的规则，因此没有什么行动规则是必然地被当成无可更改的事实接受下来的；但对于物质世界中的存在来说，我们只会将其行动规则（或事物运动的因果规律）当成一个事实接受下来，使其服从于我们的目的。如果我们所生存的世界由个人、社会和外部自然三部分组成，那么正义和道德问题主要涉及的就是如何理解这三个部分在精神世界和物质世界中的位置。有时候我们会以一种万物有灵的观点把外部自然也当成精神世界的一部分，通过显示牺牲和苦难祈求风调雨顺，

---

　　①《论语》中记载了一段与此颇为贴切的对话："长沮、桀溺耦而耕，孔子过之，使子路问津焉。长沮曰：'夫执舆者为谁？'子路曰：'为孔丘。'曰：'是鲁孔丘与？'曰：'是也。'曰：'是知津矣。'问于桀溺，桀溺曰：'子为谁？'曰：'为仲由。'曰：'是鲁孔丘之徒与？'对曰：'然。'曰：'滔滔者天下皆是也，而谁与易之？且而与其从辟人之士也，岂若从辟世之士哉？'耰而不辍。子路行以告。夫子怃然曰：'鸟兽不可与同群，吾非斯人之徒与而谁与？天下有道，丘不与易也！'"（参阅〔宋〕朱熹《四书章句集注》，中华书局1983年版，第184页。）

或者通过神学的解释使牺牲与苦难富有神圣的意义；但有时候我们又会走到另一个极端，将除了自我之外的社会其他成员都当成物质世界的一部分加以策略性的利用。其中的变化似乎没有多少历史的规律性可言：过去我们曾经将其他种族和民族的人们当成物质世界的一部分加以利用，但现在，他们却可能成为与我们共同生存于其中的精神世界的重要成员；过去我们曾经把天空、大地与河流也当成是精神世界的一部分，这些事物同样被普遍精神主宰，就像四肢服从于我们心灵的主宰一样，但现在，它们却可能已经是被置于物质世界的一部分；过去我们把其他动物都简单地置于物质世界之中，但现在，我们却发现它们也可能有喜怒哀乐，会为后代的出生感到喜悦，会为"亲人"的离世哀恸，甚至于对不平等的愤怒也是它们生存的重要内容，让我们不时怀疑自己将它们置于物质世界之中的做法是否正确。精神世界和物质世界之间的关系似乎并不是牢固不动的。实际上，我们对于精神世界和物质世界之间关系的解释，事关我们如何设想一个正义和道德的社会。只有在正义和道德原则的引导之下，我们的精神世界或"目的王国"才能得到最可靠、最恰当有效的扩张。总的来说，普遍性观念只有恰当地运用，才能使现实中对正义和道德的探讨有现实意义，才能恰当地对自由主义和共同体主义观点的错误运用构成约束。笔者相信本书所提出的这一形式条件，能够成为普遍性观念运用的一个恰当限制。一方面，设想一个不同于现实的可能社会状态或可能行为方式的能力，确保普遍性观念不会在最宽泛的意义上被运用，人们积极地运用意志自律能力还是能够对社会状态的选择有所影响的；另一方面，被设想的可能社会状态或可能行为方式必须通过他人的意志自律能力而成为可能，这确保了普遍性观念不会在最狭隘的意义上被运用，使当社会被看成是一个超越任何个人之上的整体时，具备在经验和历史过程中作为一个整体进行反思和采取自律行动的能力。但无论如何，该形式条件仍然不能保证必定能够消弭人们在现实中的道德争论，因为它只不过是个人在提出正当性论据时应当包含的方面，以及个人评价各种正当性理据时所应遵循的方法，而不是将任何制度和行为

"点石成金"，变成正义和道德本身的魔法棒①。

_____

①关于自由主义和共同体主义之争，福斯特（Rainer Forst）在《正义的语境：超越自由主义与社群主义的政治哲学》（2023）一书中，根据哈贝马斯（1994；2003）的交往行动理论以及民主商谈理论的观点，试图通过区分正义的不同语境，实现两者的调和。福斯特认为，自由主义和共同体主义之争实际上涉及了有关正义的四种语境，分别是：伦理的语境、法律的语境、政治的语境和道德的语境。这四种语境也分别对应不同的个人，包括伦理人（作为一个构成身份的伦理共同体中的一员）、法人（作为一个法律共同体中承担着主体性权利的一员）、公民（作为在政治上承担责任的政治共同体的成员）以及道德人（作为由所有在道德上自主的行动者组成的道德共同体中的成员）。在这四种语境之下，人们对理据的正当性要求是不同的，行动者的个人也以不同的方式为其他人所理解。自由主义和共同体主义之间的争论，很大程度是因为混淆了这些不同的语境导致的。福斯特认为，在伦理的语境下，正当性来源于符合作为某个伦理共同体成员的个人身份的善观念，因此其理据是特殊的、只能够在伦理共同体之内被理解和解释的；在法律的语境下，正当性来源于符合法律的形式规定（即合法律性）；在政治的语境下，正当性来源于公民作为平等的立法者参与政治的过程；在道德的语境下，正当性来源于道德的普遍性，因此诉诸道德的理据必须超越伦理共同体的特定善观念、一般性地为所有具备道德能力之人所接受。在每一种语境中，个人都是一种普通语用学观点下的交往行动者（哈贝马斯，1994；2003），按照每种语境下不同的正当性标准，相互之间不断提出理据并不断承认和接受。一种行为或一种制度的正当性理据可以从四种语境中的任何一种出发来提出，当这些在不同语境下提出的理据得到恰当的规定和整合时，其对应的行为或制度就是正义的；正义和道德的普遍性正是在交往行动过程中被确定的东西。笔者在此并没有接受哈贝马斯交往行动的观点，也没有接受福斯特正义语境的观点。第一，笔者始终认为把道德普遍性理解为某种主观上被共同接受的东西，是难以接受的；第二，即使采取交往行动和正义语境的观点，我们似乎仍然需要根据更高的原则去确定谁才是恰当的"商谈"对象，以及划分四种语境的恰当依据。笔者认为，道德普遍性是个人思考意志自律的一种方式，它本身不因他人的接受与否而有任何动摇。我并不打算求助于复杂深奥的主体间性观点来论证正义和道德的普遍性。从本书的观点来看，"被他人接受"的说法本身指向一个涉及他人作为一个自在主体的形而上学想象，但在现实中，它却只能作为一个经验现象向思考着意志自律的个人呈现，其经验现象的偶然性决定了它不可能充当正义和道德的根据。按笔者个人的理解，虽然"主体间性"理论宣称自身具有去先验化的特征，但事实上这种理论却仍然追求主体之间的实质性"同意"。在本书看来，存在实质性同意的形而上学假定是不必要的；个人自始至终都只能在自身限度内去思考和实践道德的必然性，现实社会中的同意永远只是偶然的成就。尽管这些成就在历史中日积月累成为我们生活中不可动摇的信仰之一部分，但它是偶然的，也正因其偶然性才能被我们经验地认识。因此，在本书看来，对"普遍性"而言，重要的不是在多大程度上"被他人接受"，也不是人与人之间的实质性同意是否存在，而是个人在运用普遍性观念时所产生出"被他人接受"的社会经验现象是否可能偏离理想或在逻辑上存在不一致。

第五节　与上述形式条件相关的三个经济学问题

在个人自律和集体自律相一致的形式条件下，现在我们就能够回答一些与之相关的经济学问题了。第一个问题是：到底是人决定制度，还是制度决定人？前一种观点认为，制度是个人通过集体决策机制进行理性经济计算后选择出来的结果，制度是被理性地设计和选择出来的。上一章中提到的政治科斯定理或立法的经济理论（Parisi，2003；黄晓光，2022），体现的就是这种观点。后一种观点则与之相反，认为制度本身就是一个在历史过程中被确定有效的理性计算结果，为了降低立法成本，节省思考、争论重要立法问题所耗费的时间和精力，个人在生活中通常直接对这一结果加以利用，而不是把制度推倒重来；制度一旦被创设出来，就会因此而不断自我维持下去。因此，说"制度决定人"同样是合乎经济理性的。哈耶克（Hayek，2000a，2000b）、肖特（Schotter，2003）、道格拉斯（Mary Douglas，2018）[①]，还有西蒙（Herbert A. Simon，2016）都在一定程度上持有这种观点。我们不妨把前一种由理性计算决定的制度称为"理性设计的制度"，把后一种被当作理性计算结果加以运用的制度，称为"自发生成的制度"。从经济学的观点看（黄晓光，2022），这两种制度实际上是难以严格区分的。一种理性设计的制度，很可能其最初被创设出来的时候是小范围的理性设计的结果，这一艰难而伟大的计算成就被后续进入社会的人们当成协助他们决策的工具加以利用，从而逐渐被视为自发生成的制度。相对地，那些拥有悠久历史的自发生成的制度，也很可能会被后来的人们加以理性地审视，不断被加以重新计算和论证，从而转变成理性计算的结果。因此，从经济学的角度来说，区分这两种制度实在是不必要的。但这种经济学的解释方法仍然假定了人

---

①玛丽·道格拉斯在《制度如何思考》（2018：87）一书中写道："制度创造了一些阴暗地带，其中的事物我们看不见，其中的问题也无人再问。同时，制度使得另外一些地方被暴露无遗，其中的事物被详细探查，排列有序。"

们始终以权衡收益及成本的方法评价制度，论证制度的正当性。其实我们把视野放得更宽些之后，同样能得到相似的结论，即不管以何种标准论证制度的正当性，理性设计的制度和自发生成的制度也仍然无法区分，两者是否是同一回事，取决于我们以何种角度看待制度下的个人是如何获得意志自律的能力的。从自律的个人意义上看，由于一种具有正当性的制度是人们努力摆脱经验事实的束缚、在意识到还有其他制度同样可行的状况下选择出来的结果，因此它是理性设计的制度；从自律的集体意义上看，由于这一制度是正当的，按制度行事的个人看起来就像是遵循着一个超越所有个人之上的集体意志（如上帝、天道等）命令一样，这个意志仿佛有着能够摆脱自然和个人偶然因素的自律能力，只根据自己为自己颁布的律令决定社会应往何处去，以及决定社会中的个人应如何行事。从这个角度看，制度就是自发生成的了，不是任何偶然的个人意志的产物。总之，从自律的个人意义上看，是人决定制度；反之，从自律的集体意义上看，是制度决定人。一种获得正当性论证充分支撑的制度，既是理性设计的，也是自发生成的，它既决定人，也决定于人。当然，谁也说不准眼下的社会制度是否处于正当性的轨道上，道德的相对主义和独断论似乎总是会轮番披挂上阵，人们也总是免不了在持续的争论中思考和解决社会应往何处去这个问题，以维持和恢复社会的平衡。

接下来的第二个问题是：那种认为意识形态能够减少制度交易成本的观点，在多大程度上是正确的？诺斯（Douglas C. North）在《经济史上的结构和变革》（1992）一书中提出了一种将意识形态理论与降低交易成本和解决"白搭车"问题联系起来的理论设想。诺斯认为，在现实社会中我们通常能观察到，人们在没有获得明显收益补偿的条件下参与了集体行动，例如投票和匿名献血等。"我们一方面看到人民在收益超过成本时不服从社会的章程，另一方面也看到，他们在个人算计理应使他们采取其他行动时却循章而为。"（诺斯，1992：52）诺斯认为，"如果没有一种关于意识形态的清晰理论，或更广泛意义上的关于知识社会学的理论，那么，我们解释现行资源配置或历史变革的能力便会有很大的缺口"（诺斯，1992：55）。因此，在诺斯看来，一种意识形态理论，对于解释大型集体行动团体为什么没有被"白搭车"行为击垮，是十分重要的。

诺斯指出，一种成功的意识形态需要包含以下几个方面：第一，"意识形态是由一种内在联系、通观世界的看法构成的，它应当说明现存产权结构和交易条件怎样成为一个大系统中的一部分"（诺斯，1992：60）。第二，"成功的意识形态必须是灵活的，以便能赢得新团体的忠诚，或随外部条件变化也得到老团体的忠诚"（诺斯，1992：61）。第三，"最重要的是，任何成功的意识形态都必须克服白搭车问题。其基本目标是为不按简单的、享乐的、个人对成本收益算计来行动的团体注入活力"（诺斯，1992：62）。第四，从竞争性的、对现存意识形态构成对立关系的意识形态来说，"成功的、对立的意识形态不仅应提供一幅可信的图像，显示不同集团已觉察出的明确的不公正同知识企业家希望改变的大系统之间的联系，而且应提供摆脱这些不公正的乌托邦计划和行动的指导原则——个人通过适当的行动以实现那种乌托邦计划的途径"（诺斯，1992：63）。因此，在诺斯的观点中，降低交易成本、约束"白搭车"之类的机会主义行为，是意识形态的重要功能。也就是说，在意识形态下出于正当性和道德自律的行动，会降低维持制度的交易成本；相反，当制度不再具有正当性的时候，交易成本将会高得可怕，使维持制度在经济上变得不再现实①。

该理论很容易导致这样一种误解，即认为意识形态是某种可以人为地加以策略性利用的东西，统治者可通过策略性地对其加以利用，以达到降低特定制度地交易成本（或统治成本）的目的；意识形态变成了统治者或"经济技术专家"达到目的的工具。事实上，该理论并没有这种含义，也推导不出这种含义。因为，意识形态可降低交易成本，并不意味着意识形态是可以人为地加以操纵或策略性利用的东西，反而应该说正是降低交易成本的激励促使人们去发现和确证了真实的意识形态。

即便如此，该理论仍然有着内在的矛盾。在该理论下，不同的制度在内容上似乎是无关紧要的，所有制度都可按相同的价值标准转变为制度收益和制度交易成本之间的比较，转变为计算最大净租金的过程。在

①同样的观点，可参阅［美］卡普洛、沙维尔《公平与福利》，冯玉军、涂永前译，法律出版社2007年版，第422页。

制度目的相同的条件下，这种经济学的方法似乎是合理的。但一旦涉及不同的最终目的和价值标准这类更根本性的制度选择时，经济学的方法就失效了，因为正是这些更根本性的制度塑造了社会的最终目的和价值标准。而意识形态恰恰就是针对最终目的和价值标准的选择来说的，反映的是一个社会作为一个集体在经验事实之先进行自律选择的能力。因此，意识形态能减少交易成本的说法即便不能算是错误的，至少也是空洞的。因为在一种意识形态下的低交易成本表现，在另一种意识形态看来可能恰恰是高交易成本的象征。因此，在意识形态的功能这一问题上，准确的说法应该是：给定具有正当性的最终目的和价值标准，以之为目的的意识形态才能够降低交易成本，使行为趋向于正当。至于应该选择什么样的目的和价值标准、哪种目的和价值标准才具有正当性，在这个问题上，交易成本理论是毫无解释能力的；它无法回答这个问题，却必须依赖这个问题的答案去思考。

第三个问题是关于爱国主义的。当经济政策被运用于服务国家目的时，这一问题的经济意义就显得尤为明显。"爱国"这个词在单纯的个人自律的概念下很难理解，因为当我们在有限的个人经验限度内讨论道德自律的时候，国家作为一个集体概念，往往超越任何在经验上有限的个人之上，看起来就像是一个超越任意个人却又具有意志自律能力的主体，它表达的正是集体或共同体观念对有限个人经验的辩证否定。当我们说出"爱国"这个词的时候，我们认为要去爱的到底是个什么事物？"爱"这个情感意向或行为道德指向怎样的对象？而在"爱国"这个概念之下，怎样的行为才是恰当的呢？

"国家"本身就是一个颇为令人困惑的概念。它有时以文化为边界，有时以地理为边界，有时以政权为边界，有时又以宪法和法律为边界，有时却又以血缘、人种和民族为边界。总的来看，任何把经验上的事物指称为国家的象征，或用以充当国家与国家之间划分边界的标准，总免不了产生一系列的问题。但不管怎样，把"国家"视作是集体意志或共同体意志的某种象征，是大致不差的。那些试图强制要求他人做出牺牲并企图为此提供正当性论证的观点，经常会诉诸"国家利益"之类的字眼，仿佛国家是一个有独立意志的主体，它能摆脱任何个人的特殊性去自律地思考自身的目标和利益，并告诉它治下的国民成员"应当"怎样行事。我们通过前面的论述可以知道，集体意志、上帝、国家、天道等概念都不是虚妄的、自我欺骗的产物。只要人们还试图去追寻正义和道德律令，追求人的意志自由和自律，以及思考人类反事实地做出规范性判断的能力是如何可能的时候，这些概念总会伴随着人类的历史，总会自然且合乎逻辑地出现。

因此，注意到这一点，要讨论什么是爱国主义，什么才是"爱国"一词中爱的恰当对象，以及什么才是"爱国主义"观念下应当采取的行为，我们或许应当改变一下问题的提法，穿透爱国主义和爱国行为的形式，看到它作为一种正义和道德行为的本质。我们应当回答的其实是这样一个问题：怎样才是设想和对待集体意志的恰当方式？在集体意志的悬设之下，什么样的行为才是恰当的？笔者认为，其恰当性就体现在上一节所述的个人自律和集体自律相一致的形式条件之中。根据这一形式条件，真正的爱国主义并不是简单地以某种经验的、具体的国家象征物作为爱的对象，例如服饰、土地、法律和民族等。有些人热爱正义，但离开了经验上的象征物，就失去了思维正义的能力；有些人憎恨不义，同样离开经验上的象征物，也就失去识别不义的能力。这纯粹是一种思维上的懒惰，如此思考正义的人只会陷入"他律"，沉迷于偶像崇拜中不能自拔。因此，爱国主义与其说是一种具体的行为，倒不如说是一种道德地对待他人的方式。一种具体的行为并不会因其自身之缘故就必然是爱国的；它之所以具有爱国这一道德含义，根本来说是因为它符合正义和道德的标准。特定个人或团体强制他人行事，并否认他人能够自律地实现爱国，这永远不可能是一种爱国的行为，不管这些个人和团体怎样大肆宣扬自己的大公无私、为国为民。

在本节的最后，笔者想说的一点是：就算我们前思后想、千辛万苦地走到现在，很遗憾的是，我们还是没能找到什么办法，能在我们面对具体的道德问题时帮助我们安逸地做出选择。西季威克（1993）指责康德的定言命令是空洞的，不管是圣人的行动准则还是恶棍的行动准则，都能够被人当成前后一致的普遍规律去加以执行，都能够被视为是"有理性的主体"的自律方式①。密尔（2008）同样指出了这一点（密尔，2008：4）。只要前后一致地接受来自他人的同等对待方式，为什么相互利用、相互算计就必然比相互善待拥有更少的正义性和道德性？市场机制就是这么一种允许人们相互利用和相互算计的规则，但它并不是必然就是道德堕落的，尽管我们曾有过这么一段时间，把一切按市场规则行事的行为都斥为投机倒把，但我们现在在有意识地利用市场达到社会目的方面，要做得更好，也取得了巨大的成就。在过去，市场中的逐利行为往往被视为是无序的、动物性的行为。在古希腊，生产和经营是奴隶的事，参与公共事务才是自由公民应该做的；在古代中国，商人也是"士农工商"中的末等人，跟参与道德论辩和公共事务的士人不可同日而语。这一切在斯密之后被反转了过来：市场机制不是无序的，它恰恰是一种导向社会之善的秩序；市场机制中的分工与交换也被视作是创新和生产力增进的重要源泉。罗尔斯（1988）的正义理论似乎也没能够逃脱这种关于空洞性的批评（麦金太尔，1995）。罗尔斯在《正义论》（1988）中是这样替康德和他自己进行辩护的，他认为康德必然会这样去反驳上述批评："虽然按照任何有一致性的行动原则而行动可能是本体自我的一个决定的结果，但并不是现象自我的所有此类行为都表明这一决定是一个自由的、平等的理性存在物的决定。这样，如果一个人通过他的表现自我的行为实现了他的真正自我，如果他的最高愿望是要实现这个自我，那么他便将按照那种能表现作为一个自由的、平等的理性存在物的本质的原则来选择行为。"（罗尔斯，1988：254）罗尔斯认为，虽然康德没有明确地对此作出回应，而《正义论》（罗尔斯，1988）中的原初状态理论正是通过揭示康德未说出的这一点来回应这种批评的。罗尔斯写道："我们把原初状态看成是本体自我理解世界的一种观察点。作为本体自我的各方有完全的自由来选择他们所愿望的无论什么原则；但是它

---

①"如果我们说一个人是在合理地行动而言，他是一个'自由的'主体，那么当他在不合理地行动时，我们显然不能在同一意义上说他是根据自己的'自由的'选择而不合理地行动的。"（［英］西季威克：《伦理学方法》，廖申白译，中国社会科学出版社1993年版，第81页。）

们也有一种愿望，这就是要以这种选择自由来表现他们作为理智王国的有理性的平等成员、即作为能够在他们的社会生活中以原初状态的观点来看待世界、并能表达这种观点的存在物的本质。于是，他们必须决定哪一些原则当它们在日常生活中被坚持并遵循时能出色地表现他们的共同体中的这种自由，充分地揭示他们对于自然、社会的偶然因素的独立性。"（罗尔斯，1988：254 - 255）换成康德的话来说，尽管不同的行动准则都可能被视为前后一致的普遍规律，但并不是所有行动准则都能充分体现个人作为有理性的存在成为目的王国之一员的本质；那种最能够将人视为自在目的本身的行动准则，才应被接受为普遍的道德律令。但现在的问题是，怎样才算得上是"最能够将人视为自在目的本身"的方式呢？这就涉及本章要回答的关键问题"普遍性应如何恰当地运用"。我们从前面的论述可以看到，如何才是正确的把自我和他人设想成意志自由的"有理性的存在"或"自在的目的"的方式，这正是以亚里士多德和麦金太尔为代表的目的论传统，与以康德和罗尔斯为代表的道义论传统在方法上的重要分歧。西季威克（1993）试图在自由意志论和决定论中间寻求某种折中以解决这个问题①，但是解决自由意志论的这种空洞性并不意味着必须走向或求助于决定论，因为决定论本身也不能幸免于这种"空洞性"的指责。设想一下，由于正当行为决定于给定的事实，那么生活在一个在我意志之先存在的按恶棍原则组织起来的社会，就意味着这个社会对我来说必然是正当的。实际上，西季威克所说的自由意志论的空洞性根源于从个人意义上去思考意志自律的方式，因此与之相对的不是决定论，而是自由主义谱系的另一家族成员——那种从集体意义上去思维意志自律的理论，这种理论走入形而上学独断论的极端之后，就变成了那种受到贡斯当（2017）和以赛亚·伯林（Isaiah Berlin，2011；2014）抨击的、会实质上导致暴政和奴役的自由意志论。因此，如何在

---

①西季威克的回答是这样的："尽管按照决定论，如果我们没有根据相信我们以后会坚持某种德性的行为，我们在某种场合行它就会是错误的，但根据自由假设，我们还是应当大胆地经常做若坚持去做就将是最好的事，并且同时意识到坚持这样做是我们能力之内的事。"（参阅［英］西季威克《伦理学方法》，廖申白译，中国社会科学出版社1993年版，第97 - 98页。）

方法上恰当地将自我与他人设想为意志自由、拥有意志自律能力的主体，才是解决问题的关键。

在本节笔者以十分保留的态度提出的所谓"个人自律和集体自律相一致的形式条件"，或许就是一种可能恰当地将自我和他人设想为意志自由的选择主体的方法，意在使我们在设想自我和他人的意志自由或意志自律时，能够最大限度地避免陷入道德相对主义和道德形而上学独断论的泥潭。作为经济学出身的学者，笔者在政治哲学、伦理学和社会学等领域是不折不扣的门外汉，凭着这些"不务正业"的业余阅读提出的观点，笔者不确定在多大程度上是正确的。不过到目前为止，至少有一件事情符合笔者的生活体验：在现实中一劳永逸地解决正义和道德问题是一种痴心妄想。事实上，无论是本书提到的康德、罗尔斯还是麦金太尔，都没有告诉我们面对具体的道德问题时应如何抉择，例如是否应当说谎、是否应当服从纳税和兵役命令以及是否应当接受金钱的收买等，任何的行动准则看起来都有成为普遍道德命令的潜力；但这些学者至少告诉了我们应当如何不自相矛盾地去追问正义和道德。笔者在本书所做的工作也是这样，试图在某些可能导致自相攻讦的地方给出恰当的方法准则。我们每个人仍然需要迫使自己的意志直面具体的道德抉择，没有什么东西能帮助我们免除这种义务。意志自由和意志自律就是多余的了，也不再有什么应当与不应当的区别，与之紧密相连的正义和道德本身就更是不存在的了。因此，我们要做的，是思考如何完善我们的论证内容和方式，想办法留给子孙后代一个我们能够为之提供的最有力辩护的社会秩序，而不是想办法使论证不再发生，使子孙后代无须再参与我们的论证。

最后，笔者把本章的核心内容概括如下（表6-1），以便读者检视。

表 6 - 1　本章的核心内容概括

普遍性观念的运用	屈从于他律时的错误形式	仅有该种方法时可能产生的错误
个人自律方法：在有限的个人经验范围内寻求"纯粹的意志自律主体"	道德相对主义（从集体角度看）	混淆个人与社会，普遍道德命令一点也不"普遍"。幸运者可能过度地将其幸福归因于个人努力，从而错误地维持社会现状；而不幸者则可能过度地埋怨社会，而不是将不幸归咎于个人的特殊行为。社会作为一个整体缺乏恰当引导成员行为的能力
集体自律方法：通过集体或共同体的"传统"超越有限的个人经验，从而达到正义和道德原则的普遍性	道德形而上学独断论（从个人角度看）	混淆社会与外部自然。幸运者可能过度地将偶然的自然运气说成是良好社会制度的必然结果，从而错误地维持社会现状；而不幸者则可能认为社会作为一个神秘的、异己的意志应为偶然的外部自然事件负必然的责任

个人自律和集体自律一致的形式条件：如果一个社会能够被个人设想为既是个人自律的又是集体自律的，或者说，这个社会的制度能够被个人接受为不论从个人还是集体角度看都是自律的产物，那么这要求个人如此看待自己和他人：个人对经验上可能的社会状态能够有所认知，同时对他人认知以及共同采取行动实现这些社会状态的可能性有所期待。即不管是从个人自律还是从集体自律角度得出的行为原则，也不管其中意志自律的状态会被如何设想，这些原则必须既是通过个人的意志自律能力而成为可能的，又是通过他人的意志自律能力而成为可能的。

形式条件对可能错误的纠正：引入个人自律的论证能够使集体自律的观点更加恰当地对待外部自然的运气；相应地，引入集体自律的论证能够使个人自律的观点更加恰当地对待个人努力

第三编　作为事实的市场与作为规范的市场

在第二编中，我们寻找并提出了个人自律和集体自律相一致的形式条件。这一条件纯粹是先验的和形式上的，它并不能够告诉我们在经验现实中怎样行动才合乎正义和道德。它只能告诉我们，如果我们真心想要追寻正义制度和道德行为，理解市场中个人反事实地做出规范性判断的能力，那么我们就必须把这一形式条件作为方法标准；一旦偏离了这一方法标准，各种正义和道德论证都不可避免地导致无穷无尽且不可调和的争论，使本来应该归咎于外部自然和个人行为的东西统统错误地变成对社会制度的指责。本编在第二编探究的基础上，回答第一编提出的问题：作为一个事实的市场与作为一个规范的市场，其边界到底在哪里？我们需要对市场机制赋予怎样的约束，收益、成本和竞争等被制度塑造出来的经济概念，才能够称得上是正当的，因而才能够恰当地被理解为一个价值无涉的事实？那些从市场观点看来通常是不可理喻的利他主义和自我牺牲行为，以及行政权力的暴力行为，为什么可能是正当的，并且不会与市场机制相冲突？为什么一些人与人之间的经验差异可以在市场中加以利用，而另一些则被严令禁止，甚至通过法律的强制和行政的暴力去消除这些差异？本编作为本书的最后部分，尝试根据第二编的结论来回答这些问题。

第七章　市场机制的道德约束

第一节　市场机制是客观的自然规律吗？

在微观经济学中，市场机制被理解为一种人们策略性地利用自身特殊的资源禀赋，通过定价和交换行为增进自身利益的行为组织方式；人们利用市场机制达到自身的目的，就跟利用客观的自然规律达到自身的目的一样。在开始论述之前，对于本书所说的市场机制这一概念，需要先做以下两点说明。第一，按新制度经济学和法律经济学的观点，市场机制本身是被制度所构造的，而不是无意图或无目的的自然衍生物；收益、成本和竞争方式等市场机制的核心内容，都是制度的产物。假如只盯着市场机制中的定价和交换行为来看，市场机制自身似乎并没有凌驾于所有市场主体之上的一个更高的目的，相反，它承载着无数互不相同的个人和企业法人的目的。如果我们没意识到那个在背后支撑着市场机制的正义制度以及市场中个人对制度的正当性判断，那么市场机制自然看起来就是一个"自发"生成的结果，它产生于又服务于无数目的互不相同的个人和企业法人；一旦我们切实意识到市场机制规范性的一面，市场机制就很难说纯粹是"自发"的、不受人类意志和力量控制的了。从前面的分析我们可以看到，当我们让制度内生于个人的经济计算，使之变成经济计算行为的"无意图"产物时，会导致以下的困难：个人行为会沦为单纯的他律，丧失反事实地对制度进行规范性判断的能力，制度的正义性以及与之相关的行为道德性等问题更是无从谈起。如果制度能够内生地从市场交换行为中产生，那么又该用什么制度去解释这个产生了制度的市场机制为何会如此运作呢？此时，要理解制度变迁的动因就会是不可能的了。第二，同样按照新制度经济学和法律经济学的观点，这里所说的市场机制应该采用一种广义上的理解，既包括一般意义上那种以价格和合约为中心的市场交换组织，也包括以绩效指标和命令为中心的科层制组织。不论是前者还是后者，在新制度经济学的理论中，它们不过是在交易成本条件下市场机制的不同组织形式罢了。在滕尼斯（1999）的理论中，它们都属于"社会"的范畴；在涂尔干的理论中，它们应归在"有机团结"的概念之下；而在交往行动理论中，哈贝马斯则将两者归入"系统"之属；帕累托则将两者都称为逻辑行为。因为，不管是以价格和合约为中心的市场交换组织，还是以绩效指标和命令为中心的科层制组织，其中的个人都通过策略行为相互联结，都以功利主义的态度活动于其中；这些功利主义行为都有着明确的目的，且行为的合理性都以达到经验目的的技术合理性作为衡量。在这种状态下，个人与个人之间策略性地相互对待，互相都是对方达到个人目的的工具。虽然经验告诉我们，不管市场交换还是科层组织都在一定程度上受到正义和道德的约束——例如市场交换需要排除不正当的目的、成本和竞争手段等，科层组织也会需要确认共同价值观和组织使命，并排除那些背叛和不忠诚的行为——但这些都是意志自律的社会成员为市场交换和科层组织施加的外部约束，是从外部给这两匹脾气暴躁的"野马"套上的缰绳，而非两者自身的内在性质。而市场交换和科层组织两者的内在性质是相同的，即它们都通过客观的指标将人与人之间的行为联结起来，以客观的指标指示和激励个人去决定怎样利用自身的资源禀赋并对待他人[①]。从这一点来看，我们把市场交换和科层组织都归属于"市场机制"这个概念下，大体上是合理的。

市场交换和科层组织尽管都通过客观的指标将人与人之间的行为联结起来，但从道德意义上看，客观的指标却起着切割的作用。这些客观

---

①因此，科层组织或官僚体制也是一种分工、交换与合作的机制。科层组织或官僚体制的这一性质，可参阅哈特和摩尔（Hart & Moore, 2005）以及笔者在《寻租、立法与官僚体制的纯经济理论》（2022）中关于官僚体制最优结构的数理分析。

指标就像把枝叶和果实从树干上剥离开来一样，把社会中的人们从集体意志和共同价值上分离出来；它们也把集体意志和共同价值赋予行为的道德色彩揭去，让大量未经正当性检验的经验事实（这些事实包括人与人之间经验上的差异）把个人紧紧包裹起来，令个人相互割裂地处于一个接一个由这些经验事实构建的小世界之中，而个人则根据这些事实和自身目标采取策略性的行动。我们只要简单地看一眼自己在日常生活中碰到的现象，就不难发现和理解市场机制的这种非道德性特征。

让我们先设想存在这样的一个需求者，他迫切需要一批毛衣。在一个分工发达的市场上，他可以选择以两种方式来满足需求。一种方式是最简单直接的，即付出手上持有的货币，从毛衣生产商那里定做或购买其所需的毛衣。另一种方式则是通过购置设备和雇用工人自行组织生产。假设在自行生产的场合，这位需求者（同时也是资本家）利用自己财产上的优势以及工人的贫穷、缺乏信息等困境，要求工人无限制地加班，以及其他诸如此类的工人们"自愿接受"的方式，去生产需求者所需的毛衣。在这种场合下，如果这个需求者是一个意志自律的主体，那么他就是直面正义和道德问题的，因为他需要确定以下的事情：怎样做才是恰当对待工人的方式？在多大程度上被允许利用资产控制权，把工人的相对贫困当成自身的禀赋优势来加以利用？如果这个控制工人的需求者是一名儒家学者，那么他很可能会反对利用这种人与人之间差异的方式，强调以更加道德和仁义的方式去对待工人，给予他们"正当的"补偿。但如果这个需求者是一名市场原教旨主义者，又或者根本不打算对这里的正义和道德问题作任何思考，那么他很可能会自觉或不自觉地接受了如此利用人与人之间差异的方式。但不管怎么说，这个需求者是始终直面着正义和道德问题的，无论他选择回答还是选择逃避这一问题，只要我们以一个具备意志自律能力的主体去看待他，那么他始终是直接做出决策的那个人。然而，假设现在他不打算通过购置设备和雇用工人来自行组织生产，而是在市场上通过付出一定量货币的方式来满足需求，那么事情就发生了变化。同样为了获得毛衣，他现在不需要费心费力去计算财务、管理设备和监督工人，只需要向毛衣生产商做出"支付等价的货币"这么一个简单易懂的动作，就能够获得他所需要的东西。然而，支付货币这一行为通常没有多少特别的道德意义。人们支付货币购买一件毛衣的时候，他们只关心毛衣的质量是否对得起自己为此支付的价格，而不会去关心这件毛衣是在一家严格执行劳动法的企业生产出来，还是在一家压榨工人血汗的工厂生产出来——相信没有谁会在商场买衣服的时候除了看清价格标签和试穿款式大小之外，还会去质问店家生产衣服的过程是否存在虐待工人和违反劳动法的现象。那是劳动和社会保障局官员的工作。但如果像前面所说的那样，这个需求者雇用了工人来生产产品，那么他就需要直面"应当怎样对待工人"这个正义和道德的问题了。

　　同样，人们可能会怀着对生命的敬畏去善待动物，用一种充满道德的观点去看待自然。尽管我们必须蓄养和宰杀它们以获取食物，但作为共同生存于地球上的生命，人们往往不难理解和同情那种对死亡的恐惧。出于这种同为生命的同情，主张善待动物的人们很可能会反对那些在正当目的（例如获取食物）之外杀害动物的方式；如果一种杀害动物的方式从因果关系上说对于实现正当目的是不必要的，那么这种方式就很可能会被视为非道德的、虐待动物的行为。从道德的观点来看，动物会被我们杀死食用这个事实，并不能说明我们以何种方式取走它们的性命是无关紧要的——只要我们试图发展意志自律的能力而不是任由一时之快去主宰我们的杀戮行为，这一结论就是必然的。但事实上，我们在市场里购买猪肉的时候，内心通常不会有如此复杂的道德思考行为。切肉、上称、打包、付款，事情就是这么简单。在这个过程中，作为购买者，我们只在肉质、斤两以及价格之间进行权衡，至于这头猪是被人道地杀害还是被残忍地虐杀，则很少关注，除非宰杀方式在技术上会对肉质有明显影响。但如果我们获取猪肉的方式并不是通过支付货币，而是必须亲自动手宰杀一头猪的时候，事情就不一样了，这时我们就必须直接面对关于如何对待地球上其他生命这一道德问题。我们在市场上购买猪肉的时候之所以不用面对这一道德问题，根本原因是明确标识的价格把我们与之隔离开了；我们通过分工和交易将这一问题抛给了屠夫和屠宰场，而付款这一行为本身没有多少道德意义，只是一个让我们获得消费满足、简单得不能再简单的技术手段而已。

　　诸如此类的例子在日常生活中俯拾即是。现在我们要问，我们从这些例子中能够获得怎样的启示？从上面的例子不难感受到，一旦我们在人们中间引入市场机制之后，某些具有根本重要性的东西便被排挤掉了。这些具有根本重要性的东西，就是我们在价格之外评价经验事实的方式，以及我们关于应当如何行动的看法。当一项道德义务可以通过支付金钱而免除时，人们实际上是在承担义务损失和金钱损失之间进行选择，而不是在是否应当承担道德义务中做出决定。市场机制的引入从根本上改变了人们的选择结构。道德抉择把个人的选择不经过任何中介，直接地与集体意志或共同价值联系起来，但市场机制的引入剥离了这种直接的联系，使人们的个人行为与集体意志或共同价值相隔离，或者用康德的话说，把个人与目的王国相分离。此时，人们不再关注行为正当性的论证，不再考虑他们的行为如何能够与创造一个更好的世界这种可能性的关联。人们用金钱激励一种行为，意味着不指望这种行为参与集体意志或共同价值的构建。因此，虽然市场机制为人们方便地利用他人有关技巧的智慧创造了条件，但也可能会使人们把一些不该放弃的道德智慧弃于一旁。例如，我在家中懒洋洋地度日的时候，我的母亲经常会呵斥我，并责令我承担更多的家务工作。虽然感到厌倦，但这确实是我应当承担的道德义务，因此多数情况下我是会服从母亲的命令的。但在同样的情况下，如果我的母亲提出，要是我承担了家务工作会支付给我等价的金钱，仔细想想，我是会感到伤心的。因为有些对我来说无可估量的东西发生了价值变化：在支付金钱的情况下，我对母亲而言就不再是无可替代的了；而母亲通过支付金钱的行为也表达了这样一种看法，即不再对我做家务这个行为抱有任何道德上的期待，不再指望我能够通过承担家务工作参与这个家。我们在保险市场的发展史中，也能观察到类似的问题（桑德尔，2012；陈纯菁，2020）。不管销售人员如何巧妙地宣传人寿保险产品对风险管理的重要性，一个人通过人寿保险合同将家人指定为自己死亡时的金钱受益人，在某种程度上也会把家人置于道德上的不利境地。因为从道德观点看，一个人的死亡并不是可以从中获得金钱利益或补偿的商品，尤其是对于亲人来说，死亡是需要共同面对的困难。将死亡等价地变成商品，甚至把人寿保险合同作为金融产品在市场上流通，就把受益人从对死亡的共同面对中割离了开来，从而也把受益人从与死亡有关的道德感中割离了开来。如何处理道德与市场之间的关系，是投保人和保险公司都需要面对的一个难题。①

在家庭这个小范围里，正当性通常十分显然，要找到它一般来说不怎么费力；一旦离开家庭的范围去寻找爱、正义和道德，就十分困难了。在大学中，我们也能看到类似的状况，大学的规章制度通常严禁出卖学籍以及请人代考，其原因是我们在制度上把每一个学生当成一个无可替代的道德主体加以对待，我们对他们的学习行为抱有某种道德上的期待，希望他们能够通过学习与社会的真理和共同价值产生联系。但在引入市场机制，允许出卖学籍以及请人代考的状况下，这些道德上的期待就统统消失殆尽了。可在现实中我们也经常看到，国外一些大学以筹措经费为目的将学位提供给捐献较多的家庭。较多的财产是否应当意味着拥有更多的教育机会？答案逐渐变得不确定。我们把视野进一步扩大到国家层面：公民是否能够通过支付金钱免除兵役义务？是否能够通过支付滞纳金免除按时纳税的义务？是否能够通过支付罚金免除遵守交通安全守则的义务？答案也不再是确定无疑的了。因为到了国家和社会层面，集体意志和共同价值因大量素未谋面且处境各异的陌生的人参与，逐渐变得扑朔迷离，正义和道德不再显而易见，追寻正义和道德之路更是变得

①陈纯菁在《生老病死的生意：文化与中国人寿保险市场的形成》（2020）一书中通过详细的田野调查资料考察了人寿保险销售中道德与市场之间的冲突。作者研究发现，由于中国存在忌谈死亡的文化，聪明的保险代理人巧妙地淡化了人寿保险中的人身保障功能，通过突出人寿保险产品的理财和礼物功能，成功地扩大了产品市场。理财功能迎合了那种"未知生，焉知死"、追求现世幸福的观念，而礼物功能则消减了把死亡当成商品时所面临的道德困境，促使生者将人寿保险产品视为对受益人表示的道德关怀。作者提出了一种可称为"文化的多重互动模型"的理论对文化（或道德）与市场之间的关系进行了分析。作者将文化分为两个类型：一类是作为共同价值观的文化；另一类是作为"工具箱"的文化。所谓作为"工具箱"的文化，是指文化的作用就像是一个工具箱，人们从中取用各种各样的文化资源或工具，以构建其行动策略，解决各种各样的问题。"文化的多重互动模型"理论认为，文化与市场的关系既不是决定论也不是唯意志论；文化对市场的作用源于共享价值观和工具箱的相互作用，人们一方面以文化符号作为工具应对生活的变化，另一方面作为共享价值观的文化也规限了人们在行动时能够做出的选择。因此，文化对市场既具有建构作用，也具有限制作用。但对于本书的目的来说，这个理论是不够的，因为我们还想要知道：作为共同价值观的文化与作为工具箱的文化，边界到底在哪里？站在实践的角度来说，怎样才算得上是这两种观念起作用的"恰当"方式？

崎岖、曲折和布满荆棘。笔者必须借助于抽象的思考才能够找到通往正义与道德的恰当途径。

市场机制的引入导致评价事物的方式产生变化，以及个人行为与集体意志之间的分离，算不上是什么新鲜的发现，现有研究早已提到了这一点。桑德尔在著作《金钱不能购买什么?》（2012）中为我们提供了大量的事例。桑德尔认为，市场不只是一种机制，它预设并促进了评价事物的某些方式，体现了某些规范；它本身就意味着某种意识形态，反映了人们对待人与人之间差异这一经验事实的方式。桑德尔总结了反对市场机制引入的两种观点，一种是腐蚀观点，另一种是公平观点。桑德尔写道，腐蚀观点"所指向的是市场估价或市场交换有可能会对某些物品和做法产生的贬损效应。根据这种反对意见，如果某些具有道德性质的物品和公共物品被拿来买卖，那么它们就会受到销蚀或腐蚀。反对腐蚀的意见不可能通过建立公平的交易条件而被消解，因为无论条件是否平等，它都可以适用"（桑德尔，2012：121）。而公平观点与腐蚀观点不同，"前者并不会因为某些物品是珍贵的、神圣的或无价的而反对把它们市场化；它反对在那种严重到足以产生不公平议价条件的不平等情形中买卖物品。它并不为人们反对在一个具有公平背景条件的社会中将一些物品商品化的做法提供任何理据。与之不同的是，反对腐败的意见所关注的是物品本身的性质以及应当用来调整这些物品的规范[①]。因此，仅仅通过确立公平的讨价还价条件，并不能消除这种反对意见。甚至在一个不存在能力和财富不公正差异的社会中，仍会有一些东西是金钱不应当购买的。这是因为市场不只是一种机制，而且还体现了某些价值观。因

[①] 同样论述可参阅桑德尔《自由主义与正义的局限》（万俊人等译，译林出版社2011年版）。在该书中，桑德尔认为契约的公正性或道德性可从两方面考察，"一为自律理想，它把契约视为一种意志行为，其道德在于交易的自愿品格。另一种理想是相互性的理想，它将契约视为一种互利的工具，其道德取决于相互交换的潜在的公平性"（桑德尔，2011：125）。两者之间是不能相互还原的。"每一种理想都提示着一种契约义务的不同基础。从自律的立场来看，契约的道德力量源自它是人们志愿达成的事实。……相互性理想却是从合作性安排的相互利益中推导出契约义务的。"（桑德尔，2011：126）相互性理想必须首先设定一些独立于契约的公平标准，否则没办法确定自愿的交易是否公平。

而，有时候，市场价值观会把一些值得我们关切的非市场规范排挤出去"（桑德尔，2012：123）。在笔者看来，桑德尔所说的腐蚀观点和公平观点本质上是没有区别的，因为这两种观点都认为对所有经验事实来说，市场机制并非都是恰当的处理方式；此外，如果我们不把公平简单地理解成取消或忽视人与人之间经验上的差异，而是理解为把他人同等地看成是具有道德自律能力的主体，那么桑德尔所说的不公平自然就意味着腐蚀，腐蚀自然也相应地意味着不公平了，两种观点没有本质的区别。不管怎么样，以上例子所反映的市场规范与非市场规范之间的冲突，目前似乎已被看成一个基本的事实被不同领域的学者所接受，在金蒂斯（2015）、布罗姆利（2017）以及巴苏（2020）等学者的研究中我们也能看到相关的论述。

事实上，正是评价事物的方式决定了我们对待和利用经验事实（包括人与人之间在经验上的差异）的方式，两者是同一回事。一个人从出生到死亡，每时每刻都面对着既成事实的个人选择和他人选择，以及这些选择所产生和累积的结果。换句话说，一个人在整个生命历程中时刻都需要面对着从各方面看都与自我不同的他人，时刻有意识或无意识地在各种正义和道德观念的指引下学习着如何与这些人与人之间的差异共存。但事物在眼下这个样子不代表它应当就是这个样子。人与人之间在经验上的差异只是偶然的事实，这些事实无论如何也无法决定一个拥有意志自由能力的人"应当"怎样去对待和利用这些事实。如果心灵被仇恨、盲信、偏执和臆断所控制，人与人之间再细微、再普通的差别都会被放大成政治、种族和阶级之间的对立，把这种人为的偏见当成"自然"的规则接受。毫无疑问，按照康德的说法，这样的心灵将始终处于一种被奴役的状态，是绝对称不上自由的，也不可能是道德的。只有在追寻正义和道德的过程中，做到"毋意、毋必、毋固、毋我"①，我们才能够学会怎样恰当地对待和利用人与人之间的差异。正义和道德理论的一个重要内容，就是要回答：怎样做才算得上恰当地对待和利用了人与人之间的差异？哪些差异我们应当允许其存在，并通过市场机制加以利用；

①参阅〔宋〕朱熹《四书章句集注》，中华书局1983年版，第109页。

哪些差异我们则不应当允许其存在，恰当对待它的方式是通过正义制度和道德行为消除这些差异？一个人若天生有着一副好嗓子，歌声犹如天籁，那么禁止他以歌唱为业对整个社会来说都是一种损失；一个人若思想敏感、情感细腻，善于观察、理解和同情他人，那么禁止他以写作为业对整个社会来说同样也是一种损失；一个人若高大魁梧、体魄强健，那么他不成为一名运动员，或者不在正义感和爱国之心的引导下成为一名出色的军人，人们也很可能会将此视为社会的损失。从这里可以看出，我们怎样评价这些资源禀赋优势反映了我们认为其应当怎样被利用的观点。但是，也有很多人与人之间的差异，我们通常会认为它们是不应当加以利用的，否则就会被视作是对他人的侵害或对集体意志的冒犯，是一种不道德的或不公平的行为。例如，在台风、海啸和自然灾害下，将受灾人群的困境当成自身的资源禀赋优势，以勒索般的高价出售生活和应灾物资，是令人憎恨的。同样是利用人与人之间存在差异的事实，此时却变得不再合乎正义和道德。这些趁火打劫的行为，实质上相当于把救助他人的道德义务变成市场上待价而沽的商品，让市场规范排挤掉了道德规范；通过引入金钱的目的将自己从社会的集体意志和共同价值中脱离。不过需要注意的是，这两种情况并不是截然分明的。现实中怎样恰当地对待人与人之间的差异这个问题，从来都是永不消失的争论点。灾难中上涨的物价，在商家眼里可能只是单纯地由资源稀缺和生产运输困难所致，并没有恶意地利用他人的困境，上涨的价格也不过是对正当成本的弥补而已；拥有适合于从事特定职业或适合于创造市场收益的资源禀赋优势，在其所有者眼中可能纯粹是人生的累赘，他或许能够援引同样有力的正当性理由，认为这些资源禀赋优势不应该如他人所期待的那样加以利用，也不应该按他人所持的价值标准加以评价。超人也可能希望自己能像普通人一样生活。当我们能够确定什么才是正当地对待和利用人与人之间差异的方式——或者说，确定什么是正义制度和道德行为之后，公共机构的正当性暴力以及个人利他主义的自我牺牲行为①，就容易理解了。首先，公共机构的正当性暴力与个人牺牲的道德义务是对称的，因为一种正当行使的行政权力同时也意味着个人服从正当权力的道德义务，反之亦然。其次，不论是公共机构的正当性暴力与个人牺牲的道德义务，背后支撑着两者的观念都是相同的，即正当性的观念，因此两者都是个人自律地思考自身与社会"应该"是怎样时的产物，是个人运用道德自律能力进行规范性思考的结果；两者都根据正当性的观念对眼下的经验事实进行纠正，并试图在整个社会中维持、传递和再生产着这个社会"应该是怎样"的信念。因此，两者也都具有相对于市场机制而言鲜明的再分配特征。但不管怎样，现在关键的问题就在于：如何确定什么才是正当地对待和利用人与人之间差异的方式。经验事实向我们直接呈现的只不过是它如其所是的样子。至于它应该是什么样子，则从来不是随着经验事实的给予而向我们直接呈现的。这意味着必须要由经验事实之外的准则来帮助我们穿透其经验表象，做出反事实的规范性判断，最终达到这些经验事实本来的样子。

从人的行动要素进行分解，或许更有助于理解为什么我们需要对市场机制施加道德约束，也更有助于我们看清市场机制规范性的一面。人的行动要素主要包括两个方面：一方面是行动本身，另一方面是行动所依据的条件。按康德的分类，当行动可被纳入纯粹意志的法则之下理解时，它是自律的；当其无法纳入纯粹意志的法则之下从而必须按经验法则理解时，它是他律的，这时偶然的经验事实构成了唯一的行动的原因。这些构成行动条件的经验事实也包括两个方面：一方面是自然事实，例如地势、河流、气候以及人的生理特征等；另一方面则是社会事实，由行动着的他人、社会价值观以及法律制度等构成。个人的任何行动都旨

---

①在市场竞争中，自觉地服从正当法律约束，不使用暴力、欺诈等竞争手段排斥对手，只通过改善产品和服务品质排斥对手，这也算得上是一种根据正当性观念的自我牺牲行为。根据正当性观念而服从法律，与根据利益的计算而服从法律，本质上是不同的，前者体现了个人道德自律能力的运用，后者只是经验事实统治下的他律。因此，利他主义精神和自我牺牲行为，并不是非理性的；恰恰相反，这正体现了个人在规范地思考这个社会应该是怎样时的高度理性能力。

在选择、适应和创造他所生存于其中的自然和社会事实。为了实现个人的目的，个人需要通过一定的技术手段，或适应着事实（利用自然规律以及他人的行动），或改变着事实（改造自然环境和改变他人的行动方式），这些都是他达到目的的重要途径。

自然事实与社会事实并非截然分离。因为，在改造自然事实的过程中（如修建水库、开辟公路），需要通过相应的、有效的社会组织形式实现。这一社会组织形式对于生存在其中的个人来说，就是社会事实。社会事实变成了联结个人与自然事实之间的重要手段。人通过社会组织选择和创造着自己生存于其中的自然事实，而非单纯依靠有限的个人能力，这是人类的重要进化成就。我们只要简单看一下自己家里的状况，就不难理解这一点：在生活中紧紧包围着我们的各种用品都是由自然物质组成的，但绝大多数都是社会组织产生的结果（考虑环境污染问题，甚至连呼吸的空气也不例外）。一旦理解了这一点，我们就不难发现：对于有效对抗自然灾难来说，不论是通过巫术组织施行巫术仪式来实现该目标，还是通过"科学"的现代官僚制度和工业组织来实现该目标，从意识形态角度看都有可能是合理且正当的。因为不论是在巫术组织还是在现代工业制度的统治下，不幸的原因都有可能归咎于行动着的个人以及无可抗拒的自然力量，而非归咎于社会组织本身。实际上，我们社会中各种法律制度（无论是按巫术原则还是按科学原则组织起来的社会），都是在一定共同价值观下以"如果—那么"的方式指明行动的规范的。其中，"如果"指示行动所依据的自然与社会事实，"那么"则指示行动的规范本身。因此，法律制度事实上是一个由"事实—规范"关系组成的结构，界定着事实与规范之间的边界（卢曼，2013）。法律制度为每个人创造了他生存于其中的社会事实，并指明个人在相应事实中应当采取的行动。由于个人行动本身又在塑造着他人所面临的社会事实，因此法律制度又可以被理解为一个不断再生产"事实—规范"关系的过程。当个人期望的事实并没有按预想出现，从而导致期望落空的时候，个人可能持有两种态度：一是接受事实或调整个人行动，此时失望被归咎于无可抗拒的自然力量或个人错误的行动方式；二是继续自身的行动，并谋求改变事实本身，即认为失望之根源在于他人做出了错误的行动，而这些错误的行动导致了我本不应该生存于其中的事实。只有当人们将法律制度设想为正义，从而使法律制度获得充分的意识形态支撑的时候，人们才会以前一种态度看待自己和社会，并确定下一个恰当的"事实—规范"关系。因此，市场机制作为社会组织方式的一种，它如果要被设想为客观的、自然的或价值无涉的，那么它就必须首先被设想为合理的和正当的。

　　为什么一个被设想为合理和正当的市场机制对我们来说是必须的？因为我们无法仅仅在个人的主观限度内把"事实—规范"的关系确定下来。或者说，至少凭借市场机制本身，是无法做到这一点的。帕森斯在《社会行动的结构》（2003）一书中将行动的要素分为"目的—手段—条件"三类。在帕森斯的理论中，行动无法加以改变的事实称为"条件"，可改变的则称为"手段"，条件与手段就是客观必然性与选择可能性之间的区别。例如，河水的涨落若纯粹地取决于自然规律，那么它产生的结果（如旱涝）就只是人们实现目的或理想社会状态的条件。当技术进步，人们能够通过筑坝或修水库控制河水的涨落之后，行动条件的边界就发生了变化，现在条件变成了建筑材料的物理性质以及工程学的科学规律，河水的涨落也因此变成了人们可供选择的达到目标的手段，而不单单是行动的条件了。因为此时人可以通过操控闸门开关控制河水涨落，但人并不能选择水坝或水库发挥作用的物理学和工程学原理。在人们通过科学方法将行动条件的边界确定在更抽象的物理、化学和工程学原理之前，这一边界或许是由各种巫术世界观确定的。就此来看，科学和巫术具有内在的一致性，唯一不同之处就在于两者将行动产生效果的"条件"边界确定在了不同的地方，因此两者从正义和道德角度看都可能是合理且正当的。因此，由于人与自然的关系是以包括市场机制在内的社会组织为中介的，个人与其所希望生活于其中的理想事实（包括自然事实和社会事实）之间就存在着某种技术性的联系。但如果我们仅仅着眼于市场机制本身，那么这种技术性的联系似乎就无须是客观的。正如本章一开始所说的那样，市场分工使每个人创造经验事实的技术"简单化"了，他只需要专注于特定的技术行动（职业技能），以此"生产出"货币，然后通过货币去购买他所不了解的技术即可。例如，对于一个屠夫来说，他要穿上一件称心如意的衣服，并不需要掌握裁缝的技术。在市场分工之下，这名屠夫创造和选择自己所希望生活于其中的经验事实，所需要的技术是相对简单的，他只需要掌握熟练的屠宰技术以及在市场上讨价还价的能力即可，至于制衣工厂采取了怎样的"技术"去生产衣服，他根本毫不关心。比如制衣工厂可能雇用童工，可能剥削和虐待工人，但在市场机制之下，这些他都毫不在意。这意味着，就市场机制本身来说，客观的"事实—规范"关系是不重要的，分散的个人通过纯粹的个人买卖技术适应、选择和创造着他所生活于其中的经验事实，他人和自然事物都是技术控制下满足个人目的的手段，都仅仅作为技术控制的对象而存在。对于市场中的个人来说，只有自己眼前那个通过个人行为就能加以技术性改变的事实，才是重要的。那些把我们带入新世界的伟大科学家和思想家之所以在道德上如此崇高，根本原因就在这里，他们为之奉献一生的东西，是不能用市场价格衡量和评价的，他们的动机也不能简单还原为市场机制统治下的利益追逐。因此，如果我们仅仅着眼于市场机制本身，个人与理想事实之间的技术关联根本无须是客观的，个人只需要在主观范围内的这个小世界里验证这些技术的有效性。个人对于什么是"无法通过技术改变的必然性"与什么是"能够通过技术人为实现的可能性"仅有孤立的认识。这也意味着，如果我们仅仅着眼于市场机制本身，看不到市场规范性的一面，那么人和动物很难被区别开，因为动物之间也存在某种类似于交易的互利与共生关系，病毒、寄生虫和古代的皇帝一样，看上去似乎都深谙"切勿竭泽而渔"的道理；市场竞争也无法和自然界中动物的竞争进行区别，因为两者都有可能是不择手段的。在这种场合下，市场分工和竞争将每个人分离、切割并孤立起来，"行动—条件"的边界也因此只能在每个人孤立的主观限度内加以确认；自然、社会和他人在每个人看来都不过是一些需要加以技术控制的"生产要素"，不存在什么应当或不应当的问题。然而一旦我们肯定了自身的意志自律能力，能够反事实地设想一个不同的、更值得生活于其中的事实状态，并且认为只有以社会组织作为中介才能够实现它，那么，一种共同的"事实—规范"标准就是必不可少的了。唯有如此我们才有可能把社会设想成一个对每个人来说都是无可指责的、合理且正当的对象。就此而言，市场机制并不是自给自足的客观规律。我们只有通过追问市场机制的正义和道德性质，才能真正做到这一点。

第二节　一个客观自然的市场机制意味着
一个道德上正当的市场机制

那么能够指引我们到达正义和道德之所在的准则是什么呢？笔者在第二编花了超过整本书一半以上的篇幅来讨论这个问题，接下来要做的事情，就是将第二编的讨论所得应用到市场的限度这一问题上。这些准则之所以是重要的，是因为正当性的观念并不仅仅是个人的，它决定的事情并不是消费者要选择吃雪糕还是喝奶茶之类的个人问题，它涉及的是人与人之间应怎样恰当地相互对待，和涉及每个人是否能够恰当地期待和要求他人做什么事情，还有如何才能让社会在每个人眼中看起来是无可指责的。至于达到正义和道德之所在的准则或方法，一般来说包括两大类：一类是以康德（1986；2003）和罗尔斯（1988；2011a；2011b）为代表的道义论，另一类是延续亚里士多德传统的目的论。其中，经济学理论或以边沁（Jeremy Bentham，2000）、密尔（John Stuart Mill，2008）和西季威克（Henry Sidgwick，2008）为代表的功利主义理论，应属于目的论的传统，因为在这些理论中，具有正当性的价值标准或行动目的都是外部给予的，并不像道义论那样将其视为相互性标准或公平原则等形式条件下的产物。不过功利主义者与遵循亚里士多德传统的目的论者略有区别，后者通常会对各种传统秩序表达出谦虚和敬意，而前者则往往会激进地用效用的标准重新拷问一切道德传统。

在道义论方面，康德提出的定言命令或纯粹实践理性基本法则是一条重要的原则，这条原则要求个人前后一致地对待自己和他人，要求个人"只按照你同时认为也能够成为普遍规律的准则去行动"（康德，1986：72），并且在这一过程中将自己和他人视为"目的王国"的一个平等的立法成员。由于康德的定言命令追求的是一种能够成为普遍规律的行动法则，那么康德的定言命令自然就包含了一种关于个人作为一个意志自由的主体的理解，即个人在决定应如何行动时能够使人与人之间在经验上的差异抽象掉，或者是将意志置于经验事实之先，只根据意志为自身颁布的律令来采取行动。但除此之外，关于怎样才是抽象掉人与人之间的差异的合理方法，康德并没有为我们阐释过多。罗尔斯（1988）延续了康德的思想，认为个人将自我和他人设想为意志自由的主体的过程，就是一个通过构造"无知之幕"（veil of ignorance）而进入原初状态（original position）的过程。由于在原初状态中个人被设想为互不影响、自由而平等的主体，个人在原初状态中选择出来的行动原则将是正义的，而在一个满足正义原则的社会中，"它的成员是自律的，他们所接受的责任是自我给予的"（罗尔斯，1988：13），且正义原则同时也是康德的绝对命令①。那么在原初状态中将为每个意志自由主体所接受的原则是什么呢？罗尔斯提出了著名的关于正义的两个原则（罗尔斯，1988：60-61）：

> 正义的第一原则："每个人对与其他人所拥有的最广泛的基本自由体系相容的类似自由体系都应有一种平等的权利。"
>
> 正义的第二原则："社会的经济的不平等应这样安排，使它们被合理地期望适合于每一个人的利益；并且依系于地位和职务向所有人开放。"

第二个原则又可表述为："社会的和经济的不平等应这样安排；使它们：①适合于最少受惠者的最大利益；②依系于在机会公平平等的条件下职务和地位向所有人开放。"（罗尔斯，1988：84）其中，第一个原则称为"公平原则"，是关于个人作为一个意志自由的主体地位的；第二个原则又称为"差异原则"，涉及处理人与人之间差异的方式。在罗尔斯的

---

①正义原则是自律的，因为在正义原则下，"人是一种自由、平等的理性存在物，当他的行为原则是作为对他的这一本性的可能是最准确的表现而被他选择时，他是在自律地行动。他所遵循的原则之所以被选择，不是因为他的社会地位或自然禀赋，也不能用他生活在其中的特殊社会以及他恰好需要的特定事物来解释。按照那样的原则行动也就是在他律地行动。现在，无知之幕使原初状态中的人不具有那种使他能够选择他律的知识。各方完全作为仅知道有关正义环境的知识的自由和平等的理性人而达到他们的选择。"（罗尔斯，1988：251）同时，"正义原则也是康德意义上的绝对命令。……在不管我们的具体目的是什么正义原则都适用于我们的意义上，按照正义原则行动也就是按照绝对命令行动。这直接反映了这样一个事实：即在推出正义原则和绝对命令时，没有以任何偶然因素作为前提。"（罗尔斯，1988：252）

设想中，公平原则要优先于差异原则，任何违背公平原则的损失都无法通过事后的不平等加以弥补。公平原则的违背将导致他律而不是自律，社会和个人必然被某些经验上的偶然因素裹挟着前行。关于差异原则，我们后面再谈，首先来看看公平原则。

公平原则意味着个人在思考正义的时候必须把自己和他人设想为意志自由和道德自律的主体，能够不受经验上偶然因素的左右而进行选择。但问题在于，怎样才算得上恰当地把自己和他人设想为意志自由和道德自律的主体呢？怎样构造无知之幕人们才算是进入了最可取的原初状态呢？罗尔斯提出了"反思的平衡"的概念，认为对原初状态的合理解释是反思的平衡的结果。罗尔斯写道：

> 在寻求对这种原初状态的最可取描述时，我们是从两端进行的。开始我们这样描述它，使它体现那些普遍享有和很少偏颇的条件，然后我们看这些条件是否足以强到能产生一些有意义的原则。如果不能，我们就以同样合理的方式寻求进一步的前提。但如果能，且这些原则适合我们所考虑的正义信念，那么到目前为止一切就都进行得很顺利。但大概总会有一些不相符合的地方，在这种情况下我们就要有一个选择。我们或者修改对原初状态的解释；或者修改我们现在的判断；因为，即使我们现在看作确定之点的判断也是可以修正的。通过这样的反复来回：有时改正契约环境的条件；有时又撤销我们的判断使之符合原则，我预期最后我们将达到这样一种对原初状态的描述：它既表达了合理的条件；又适合我们所考虑的并已及时修正和调整了的判断。这种情况我把它叫作反思的平衡。它是一种平衡，因为我们的原则和判断最后达到了和谐；它又是反思的，因为我们知道我们的判断符合什么样的原则和是在什么前提下符合的（罗尔斯，1988：20）。

从上面罗尔斯关于"反思的平衡"的论述可以看出，罗尔斯与康德相比显然采取了一种更明显的经验主义思路，也体现了罗尔斯避免陷入空洞的形而上学的努力。罗尔斯并没有求助于康德的先验主体观点；相反地，在他的设想中，个人是试图从具体的经验环境开始以"反思的平衡"的方式去设想无知之幕和原初状态的，通过从具体到抽象的方式得到正义原则。因此罗尔斯的理论为康德的自律、目的王国等概念提供了一种从具体到抽象的程序性解释。通过阅读罗尔斯的著作不难发现，这种经验主义的思路贯穿了较早的《正义论》（1988）和相对较晚的《政治自由主义》（2011b）这两部著作。在第六章我们提到，罗尔斯关于意志自由的主体的设想仍然无法避免来自目的论传统的批评，因为，以第六章提到的麦金太尔为例，在目的论传统的视角中，即使罗尔斯采取了一种经验主义的方法设想意志自由的主体，但其关于意志自由的主体的设想仍然是高度康德式的，反思平衡过程所指向的理想主体仍然是康德式的先验主体，这一先验主体摆脱了身份、等级和出身等传统约束。麦金太尔（1995）反对这种观点，认为这种方法没法通过任何社会传统进行规定的自我，是不具有任何必然的社会内容和必然的社会身份的自我，这正是导致现代道德分歧无法终止且不可调和的深刻根源。对此，麦金太尔认为，当我们打算着手追寻正义和道德的时候，以那个"康德—罗尔斯式"的、已经彻底脱离了社会和历史背景的自我为出发点，是根本行不通的。人们必须立足于那个在整体性叙述中被理解的社会之上，从社会为我们最初准备好的道德传统和善观念出发去思考正义和道德在持续的道德冲突和论证中补充、调整或印证已有的善观念，并以此为根据最大限度地为行为提供客观的、非个人的正当性论证。

那么，接下来的问题是：上述道义论和目的论两种思想传统各自所主张的原则，是否为我们提供了足够的达到正义和道德之所在的方法？根据第六章的讨论，显然并不足够，因为两者所主张的原则既未能够有效防止产生道德的相对主义和形而上学独断论这两种实质上的他律，也未能够有效防止来自敌对原则的指责。例如，一方面目的论者可能以相对主义指责康德和罗尔斯式的意志自由观点，正如麦金太尔指责康德和罗尔斯式的意志自由观点是导致情感主义的罪魁祸首一样；另一方面，遵循康德和罗尔斯道义论传统的自由主义者，又可能以道德的形而上学独断论指责那些目的论传统的自由理论。不论是道德的相对主义还是道德的形而上学独断论，我们都可以认为两者是他律而不是自律，因为前者否定了个人能够通过意志自律在经验的有限性中达到普遍道德律令的可能，而后者所谓的"一个有规律的社会"或者说"被充分掌握了命运的社会"，不过是屈从于经验事实的任意产物而已，两者显然都是他律的。我们知道，一个正义的社会理应能够使发生于个人身上的经验事实，不是被视为自然的，就是被视为个人的，再没有什么可归因于社会的东西——赚钱了不是自然的幸运就是个人异于常人的努力，亏钱了不是自然的不幸就是个人采取了错误的行动，社会已经为每个人尽其所能做到了最好，所有人与人之间的差异事实都得到了最恰当的处理，个人对此再没有什么可抱怨的。道义论和目的论两种思想传统所主张的原则是否构成了充分的条件，使社会能够顺利进入这种正义的状态？根据第六章的论述，相关的条件显然不够。因为集体自律论证的缺失或仅有个人意义上的自律论证，可能导致道德的相对主义，会使社会看起来始终像是被偶然经验事实裹挟着前进的、毫无规律的事物，人们无法区分什么时候应把事情归咎于社会，什么时候应归咎于个人；反之，个人自律论证的丧失或仅有集体意义上的自律论证可能导致道德的形而上学独断论，会使社会相对于个人来说像是一个异己的对象，仿佛有一个外在的意志在支配着个人的行为，此时，人们无法区分什么时候应把事情归咎于社会，什么时候应归咎于外部自然。在这两种状态中，人们总能够根据敌对的立场把对事实的不满归咎于社会或他人：不是指责他人没有合规律地掌握自己所在社会的整体命运，就是指责个人或团体的特殊意见和利益压迫了他人。这样的社会不是表现得毫无规律，就是表现出异己的性质，因此这样的社会不可能是正义的。笔者相信不论是道义论还是目的论的理论传统，避免这种社会的出现都是其内在的意思。但我们仍需要一条明确的形式规则去实现这一点。

本书的第六章提出了这样一条可能的形式规则，"如果一个社会能够被个人设想为既是个人自律的又是集体自律的，或者说，这个社会的制度能够被个人接受为不论从个人还是集体角度看都是自律的产物，那么这要求个人如此看待自己和他人：个人对经验上可能的社会状态能够有所认知，同时对他人认知以及共同采取行动实现这些社会状态的可能性有所期待"。笔者在第六章尝试性地论证了这条规则是如何能够确保自律在个人和集体意义上实现一致的。论证的过程就不在此赘述了。关于这条形式规则，笔者想在此补充说明的是：有关该规则的整个论证过程并没有参与道义论和目的论历史悠久的争论之中。该规则既没有反对道义论传统，也没有反对目的论传统；既不站在康德和罗尔斯等自由主义者一边，也不站在亚里士多德和麦金太尔等共同体主义者一边，丝毫没有在两种思想传统中间作出裁决的打算。相反，个人自律和集体自律相一致的形式规则，将道义论和目的论都视为是恰当而有效的讨论正义和道德的方法或起点，两者都是人们思考正义和道德问题时所能借助的最具理性思辨力量的工具，都有可能为眼下的社会制度提供最能为人所接受的正当性论证。该形式规则要说的不过是：无论个人在现实中是遵循两种思想传统中的哪一种去审视眼前社会制度的正当性，为了防止落入相对主义和形而上学独断论这类实质上的他律，也为了既把个人视为道德自律的主体，同时又把社会视为合目的的、有规律的自律性整体，在方法上都必须符合个人自律和集体自律相一致的形式规则，使社会不论从怎样的观点看，都最大限度地难以成为人们的归咎对象。这意味着我们必须这样理解价格和市场机制：价格和市场机制不过是人们处理经验事实的诸多方式之一种，甚至在一些场合下还可能是不正当的，没有什么理由赋予它特殊的优先地位，也没有什么理由能让其拥有免受正当性审查的特权。于是，我们就为市场施加了一个正当性的限度，这一限度在"作为事实的市场"与"作为规范的市场"中间划分了一条不可逾越的界限，确定了市场在多大限度上是一个与价值无涉的事实，在多大程度上不过是众多价值规范之一种。换言之，一种市场机制如果能够被视为不可抗拒的客观自然规律，必然同时意味着该市场机制能够在道德上被接受为合理且正当的，反之亦然。

只有从规范的角度去看待市场机制，我们才能够理解为什么一些"非经验性"的人际关系对于一种善的生活来说是必不可少的，市场机制永远不能取而代之。"非经验性"和"经验性"的说法或许不太准确，但笔者想借此表达的是以下观点：非经验性的人际关系，意味着这种人际关系不是由偶然的经验事实决定的；而经验性的人际关系则由偶然的经验事实决定。以价格为导向的市场机制和以功绩为导向的科层组织，都是经验性的人际关系，其中人际关系的成立与否视价格和功绩的状况而定；而家庭关系、宗族关系、教友关系以及一国之内的同胞关系等，往往具有非经验性的特征，其中人际关系的成立与否与这种关系所产生的经验性后果无关。作为一个企业家，我如果没能向消费者提供称心如意的服务，那么就没法和消费者达成交易；作为一个经理人，我如果投资成绩不堪入目，那么投资人可能立马就会离我而去；作为一个公职人员，我如果无法做出令上级满意的功绩，那么就可能升职无望，甚至可能会被勒令离职。但是，父母、亲族、朋友以及爱人，他们却往往与我生死相依，患难与共，不管我在事业上成功还是失败，他们都会一如既往地站在我身边。当我事业顺利时，他们为我感到高兴；当我不幸失败时，他们会和我一起共渡难关。甚至是素未谋面的路人，也有可能在我因一时绝望而自暴自弃时，出于同胞之情向我施以援手。除非冷漠、欺骗、背叛、利用或犯下损害共同价值的罪行，否则人是很难从这种非经验性质的人际关系中脱离出来的。这些非经验性的人际关系并不是什么非理性的事情，恰恰相反，用康德的话来说，这正是人们实践理性能力的体现，是人们在漫长社会生活中自律地思考个人与社会而积累的伟大成就，也是我们抵御市场竞争风险、保护创新试错活动、促进分工扩大的重要基础。这也是为什么我们在面临自然灾难、战争和经济危机等严重困境之时，需要包括行政权力在内的其他非市场机制介入的重要理由。当然，我们不能因此走向反对市场的极端立场，因为不可否认的是，现代形式的、受到理智监管的复杂市场机制同样是实践理性能力充分运用的结果。只是与其他非市场机制相比，我们对它的理性认识并加以有意识地利用，要晚得多罢了。

论及市场机制的道德约束，还有一个十分重要且绕不开的人物，那就是亚当·斯密。众所周知，斯密不仅是现代经济学的开创者，而且他又是一位伟大的道德哲学家。因此在本章的最后，笔者打算用一点篇幅来讨论斯密的道德哲学。斯密在《国富论》（2015）和《道德情操论》（2020）两部著作中体现出的思想是如此不同，以至于很难把两者理解为一个一贯的整体。在《道德情操论》（2020）中，斯密以"同情心"为核心构建了他的道德和正义理论。在该书开篇的"论同情"一章的开头，斯密这样写道："无论人们会认为某人怎样自私，这个人的天赋中总是明显地存在这样一些本性，这些本性使他关心别人的命运，把别人的幸福看成是自己的事情，虽然他除了看到别人幸福而感到高兴以外，一无所得。这些本性就是怜悯或同情，就是当我们看到或逼真地想象到他人的不幸遭遇时所产生的感情。"（斯密，2020：5）在斯密这里，个人经由同情心的引导变成一个"公正的旁观者"，从这些公正的旁观者视角出发，个人能够想象不同的行为处境，由此而产生的感觉就成了正义和道德尺度。这意味着，一种行为是否恰当，要看这种行为是否与同情心下产生的感觉相称。可是，怎样保证不同的个人都有着相同的同情心，或者说，都能够在同情心的引导下进入相同的"公正的旁观者"视角，从而产生客观的正义和道德尺度呢？在该问题上，斯密似乎和康德（1986，2003）、罗尔斯（1988）一样乐观，认为任何一个"有理智的人"，只要恰当地培养和运用上帝所赋予他的同情心，那么就都能够进入相同的公正的旁观者视角，从而产生一致的正义和道德准则，就像康德（1986，2003）和罗尔斯（1988）认为任何一个"有理性的主体"都能够通过合理地剥离偶然的经验事实而达到相同的正义和道德准则一样。斯密的这段话可作为例证："作为某人或某些人自然的感激对象的人，显然应该得到报答，这种感激由于同每个人心里的想法一致而为他们所赞同；另一方面，作为某人或某些人自然的愤恨对象的人，同样显然应该受到惩罚，这种愤恨是每个有理智的人所愿意接受并表示同情的。"（斯密，2020：85）

接下来的问题是：就算每个人都拥有相同的同情心，都能在同情心的引导下到达相同的公正的旁观者视角，从而产生一致的感受，然而，这种经验上的直观感觉真的能使人们达到普遍的正义和道德准则本身，而无须理性的参与吗？虽然笔者更倾向于将斯密视为与康德和罗尔斯一类的道义论学者，因为斯密在《道德情操论》（2020）中明确地反对了现代经济学那种将正义和道德行为还原为策略性行为或以自爱为目的的行为的思想倾向，但在这一问题上，斯密显示出了与康德和罗尔斯的迥然不同。尽管斯密并不反对康德和罗尔斯那种普遍的正义和道德准则观点，但斯密认为由于其自身的有限性，理性不足以成为人们达到普遍正义和道德准则的可靠指引，而从"公正的旁观者"视角出发产生的感觉要更为可靠。相反，康德和罗尔斯则对理性充满自信，认为唯有把理性置于经验之上，才能剥离那些从道德观点看具有偶然性的东西，最终达到普遍的正义和道德准则。斯密在《道德情操论》（2020）的一个脚注中写道：

> 虽然人类天然地被赋予一种追求社会幸福和保护社会的欲望，但是造物主并没有委托人类地理性去发现运用一定的惩罚是达到上述目的的合适的手段；而是赋予了人类一种直觉和本能，赞同运用一定的惩罚是达到上述目的的最合适方法。……（对于自卫和种的繁衍这类重要目的）虽然造物主这样地赋予我们一种对这些目的的非常强烈的欲望，并没有把发现达到这些目的的合适手段寄托于我们理性中缓慢而不确定的决断。造物主通过原始和直接的本能引导我们去发现达到这些目的的绝大部分手段。饥饿、口渴、两性结合的激情、喜欢快乐、害怕痛苦，都促使我们为了自己去运用这些手段，丝毫不考虑这些手段是否会导致那些有益的目的，即伟大的造物主想通过这些手段达到的目的（斯密，2020：95）。

读到这里我们不禁感到熟悉，因为斯密似乎将自己在论述市场机制时所运用的"看不见的手"的思想也一贯地运用在了正义和道德领域。这跟康德和罗尔斯的思想是十分不同的。在康德（1986；2003）那里，正义和道德准则是理性而不是感觉的产物，认为从偶然的经验感觉中不可能产生任何具有客观必然性的正义和道德准则；只有通过理性反事实地做出规范性判断的能力，绝对命令才得以成为可能。而在斯密这里，有限的理性并不足以成为到达正义和道德准则的保证。"人的天性没有将人类的幸福寄托于缓慢而含糊的哲学研究。"（斯密，2020：202）正如在市场机制中自私之心引导人们实现公共利益那样，由同情而产生的感觉也引导着人们达到普遍的正义和道德准则。通过同情而产生的感觉扩大了人们对个人利益或个人偏好的认知及判断，调节着人们在市场中的行为，从而为市场划下了一条规范性的边界。斯密就此写道：

毫无疑问，每个人生来首先和主要关心自己；而且，因为他比任何其他人都更适合关心自己，所以他如果这样做的话是恰当和正确的。因此每个人更加深切地关心同自己直接有关的，而不是对任何其他人有关的事情。……虽然对他来说，自己的幸福可能比世界上所有其他人的幸福重要，但对其他任何一个人来说并不比别人的幸福重要。……当他以自己所意识到的别人看待自己的眼光来看待自己时，他明白对他们来说自己只是芸芸众生之中的一员，没有哪一方面比别人高明。如果他愿意按公正的旁观者能够同情自己的行为——这是全部事情中他渴望做的——的原则行事，那么，在这种场合，同在其他一切场合一样，他一定会收敛起这种自爱的傲慢之心，并把它压抑到别人能够赞同的程度（斯密，2020：102-103）。

从以上的论述可见，斯密在《国富论》（2015）和《道德情操论》（2020）两部著作中都运用了"看不见的手"的思想。那么，现在的问题是：怎样才能把这两部著作中的思想理解成一个完整的、一贯的思想体系呢？尽管斯密在《国富论》（2015）中认为对个人利益的追求将有利于公共利益的实现，但从他在《道德情操论》（2020）中对曼德维尔学说的批评来看，笔者相信，斯密如果来到眼下的 21 世纪，他同样会毫不留情地反驳现代经济学中那种将正义和道德行为还原为个人利益计算的思想倾向。曼德维尔在《蜜蜂的寓言》（2002）中提出了当时颇为惊世骇俗的"个人劣行产生公共利益"的观点，认为美德尽管能够为社会带来实实在在的公共利益，但却不过是一种不必要的、掩饰个人私利的表面装饰，是一种虚荣心下的产物。斯密（2020）认为曼德维尔的错误在于，"把每种激情，不管其程度如何以及作用对象是什么，统统都说成是邪恶的"（斯密，2020：413）。从这来看，如果要前后一致地将《国富论》（2015）和《道德情操论》（2020）两部著作理解成一个理论整体，显然，我们就不能将曼德维尔的观点与斯密"看不见的手"原理等同起来。结合斯密的道德哲学来看，斯密所说的市场机制应被理解为人类追求幸福的诸多手段之一种，"看不见的手"既引导着市场机制中的行为，也引导着非市场机制中的行为（包括正义和道德行为）。上帝伸出"看不见的手"把同情心赋予每个人，人们在同情心的引导下成为"公正的旁观者"，从而决定着市场机制和非市场机制的恰当运用。唯有这样，市场中的个人利益才能真正导向社会的共同幸福。

不过需要注意的是，斯密尽管认为在追寻正义和美德过程中，理性存在着种种不足，但他并没有认为通过理性而发现的正义和道德准则是毫无用处的。关于道德行为应出于同情心还是一般的准则，斯密认为应根据不同的情感性质而定。斯密写道："我们的行为在何种程度上应该来自天然令人喜欢或天然令人讨厌的情感和感情，或者全部来自对一般准则的尊重，都将依这种情感和感情本身而定。"（斯密，2020：212）斯密区分了两类情感：首先，"所有那些亲切的感情可能促使我们做的优雅和令人钦佩的行为，应该来自对一般行为准则的任何尊重，同样也应该来自激情本身"（斯密，2020：212）。其次，"对于那些邪恶和非社会性的激情，具有相反的准则。我们应当抱着出自内心的感激和慷慨态度，不带任何勉强地给予报答，不必过分考虑报答是否适宜；但是，我们总是应当勉强地施加惩罚，更多的是出于施加惩罚是否合宜的感觉，而不是出于任何强烈的报复意向"（斯密，2022：213）。此外，斯密还认为，行为在多大程度上出于对一般准则的尊重，还取决于准则本身是否能制订得明确无误；有一类道德行为必须以明确的准则作为其外在行为的规定，这类道德通常称为正义。总的来说，虽然斯密给予了理性上对一般准则的尊重以一定的重要性，但归根结底，在斯密这里，由同情心而产生的情感仍然是正当行为的最终根据；只是由于某些情感容易偏离同情心的合理尺度从而使人离开"公正的旁观者"视角，才使对外部一般准则的遵守成为必要。

根据同情心的原理，斯密在《道德情操论》（2020）第七卷"论道德哲学的体系"中，对三种道德哲学体系进行了述评。这三种道德哲学体系分别认为道德存在于合宜性之中、谨慎之中和仁慈之中（斯密，2020：352）。首先，那种将美德置于合宜性之中的道德哲学，以柏拉图、亚里士多德和芝诺为代表。暂抛开理论上的差异不谈，这三位合宜性理论的代表人物所提出的理论有这样的共同点，即认为情感本身并不能成为美德的根据，美德体现在那些支配着情感、使之处于合宜状态的正义和理性原则之上。这些原则本身就足以产生美德，而不论这些原则来自理性的洞察力（柏拉图）、习惯或传统（亚里士多德）还是自然的天性（芝诺及斯多葛学派）。其次，那种将美德置于谨慎之中的道德哲学——以伊壁鸠鲁为代表——认为"人性最理想的状态，人所能享受到的最完美的幸福，就存在于肉体上所感到的舒适之中，存在于内心所感到的安定或平静之中"（斯密，2020：390）。"天然欲望的基本对象就是肉体上的快乐和痛苦，不会是别的什么东西。"（斯密，2020：390）因此，这种观点自然地就引出了如此理解美德的方式，认为"正义的全部美德，即所有美德之中最重要的美德，不外是对我们自己周围的人的那种慎重和谨慎的行为"（斯密，2020：392）。人们"不值得为了美德本身而去追求它，美德本身也不是天然欲望的根本目标，只是因为它具有防止痛苦和促进舒适和快乐这种倾向才成为适宜追求的东西"（斯密，2020：395）。最后是那种将美德置于仁慈之中的道德哲学，以晚期柏拉图主义者为代表。他们认为，仁慈是行为的唯一准则，并且指导其他所有品质的运用（斯密，2020：369）。斯密认为这三种观点都是论证正义和道德的有效方式。

不过，产生美德根据是一回事，而将美德运用于实践从而产生赞同或反对的观点是另一回事。后者所涉及的是被斯密称为"赞同本能"的东西。所谓赞同本能是指"有关使某种品质为我们所喜爱或讨厌的内心的力量或能力"（斯密，2020：416）。斯密认为，赞同本能有三种来源：自爱、理智和情感。源于自爱的赞同本能认为，"根据别人对我们自己的幸福或损失的某些倾向性看法来赞同和反对我们自己的行为以及别人的行为"（斯密，2020：416）。源于理智的赞同本能认为，"理智，即我们据此区别真理和谬误的同样的能力，能使我们在行为和情感中区分什么是恰当的，什么是不恰当的"（斯密，2020：416）。源于情感的赞同本能则认为，道德上的赞同或反对"全然是直接情感和感情的一种作用，产生于对某种行为或感情的看法所激起的满意或憎恶情绪之中"（斯密，2020：416）。斯密根据其同情心理论对三种观点进行了批评。第一，关于自爱的观点，斯密认为自爱本身不足以产生道德上的赞同或反对，只有受"公正的旁观者"视角恰当引导的自爱，才能做到这一点。第二，关于理智的观点，斯密认为理智本身也不足以产生道德上的赞同或反对，因为理性通常是极为有限的。第三，关于情感的观点，斯密虽然认同同情心所产生的感觉在追寻正义和道德中的核心作用，但他指出那种认为道德上的赞同或反对来源于直接感觉的观点，存在着不尽人意之处，这主要体现在：首先，感官只是提供事实，其本身并没有所谓道德或不道德之分；其次，情感具有特殊性，难以穷尽，而道德判断具有一般性或普遍性，对不同的情感表现均有效。斯密认为，"观察者同被观察者之间情感的一致性或对立，构成了道德上的赞同或不赞同"（斯密，2020：431）。在斯密看来，道德上的赞同或反对与其说源于情感，不如说源于建立在情感之上的道德感，这种道德感产生于同情心对"观察者和被观察者之间情感的一致或对立"的感知，从而产生出道德判断。

与康德和罗尔斯强调理性的作用不一样，斯密更加强调情感的作用①。当然，斯密所指的情感并非那种直接由感官而来的直接的、具有特殊性和偶然性的情感，而是一种在同情心的恰当引导下、处于"公正的旁观者"视角的情感。不过总的来说，笔者认为康德和罗尔斯的观点似

---

①休谟（David Hume）同样也是一位认为正义和道德原则产生于情感而非理性的苏格兰哲学家。斯密认为正义和道德原则之所以是客观的和必然的，根本原因是每个人都被上帝赋予了相同的同情心；而休谟在《道德原则研究》（2001）中则认为，正义和道德原则的客观必然性来源于人们对公共利益的一致认识和感受。在休谟那里，理性的作用在于分析和推断事实，确认私人的和公共的利益及其相应的实现手段；相应的，情感的作用则在于对事实进行规范性判断，给出"应该"或"不应该"如此行事的结论。如果理性的运用使人们能够充分且一致地认识有关公共利益的事实，那么人们自然就会一致地在道德上将谋求公共利益的行为视为值得赞美的事。而斯密在《道德情操论》（2020）第四卷"论效用对赞同情感的作用"中明确地反对了这一点，认为对事物效用感知不能替代对事物合宜性的感知；我们不能仅仅因为事物拥有特定功能就断定它自身就是合宜的，不能把对一张牢固的椅子的赞美等同于对一个道德高尚的人的赞美。因此，两者相较，休谟似乎更接近于后来的功利主义和现代经济学思想，而作为现代经济学开创者的斯密，却反而更接近于康德的自律和自由意志思想（康德，1986，2003），因为在斯密这里，由上帝直接赋予的同情心以及由这种同情心而产生的合宜感是处于一切事实之上的。这可能与斯密晚年对市场机制进行了更为深刻的反思有关（罗卫东，2023）。

乎更具说服力。因为，从斯密的理论出发，假如我们进一步追问所谓"公正的旁观者"到底是怎样一种状态，怎样才算得上是恰当地运用了同情心以达到公正的旁观者视角，以及所谓公正的旁观者的普遍性边界在哪里，那么，我们将不可避免地需要以康德和罗尔斯的方式去重新思考整个问题。于是，斯密的理论也将同样面对康德和罗尔斯自由主义观点所需要面对的全部批评。

第八章　财产的私人与公共性质

第一节　经济学与道德哲学语境中的
"私人"与"公共"概念

当我们说为市场中分散的个人行动施加了一个共同的、普遍的正当性限度的时候，那么似乎就意味着劳动力和其他非劳动力的财产是在公共意义上，而非私人意义上被运用的。一般来说，我们把财产的私人运用理解成个人能够按照自己的意愿去使用财产，这种个人意愿具有经验上的偶然性和随意性。但通过前面的分析我们看到，如果是市场机制具有正当性的限度，那么这其实就等于说财产的私人运用也是具有正当性限度的，因为我们正是在货币与价格如何协调财产的私人运用这一意义上来理解市场机制的。由于正当性限度具有客观性和必然性，遵循它行事的个人看起来就像被一个外部的普遍意志指挥和命令着去做事一样。当正当性的限度能够体现在法律和政令之中时，遵循财产私人运用的正当性限度，就等价于服从公共机构的号令了。因此，从遵循财产私人运用的正当性限度、正当地运用市场机制来处理经验事实的角度来说，财产是在公共意义上被运用的。在这个意义上，甚至连"个人"的概念也是共同体或集体意志的产物，个人的财产权利也因此是从共同体或集体中衍生出来的①。

---

① 财产私人性质与公共性质，同样明显地体现在法经济学关于"什么是公司利益"的争论之中。（参阅沈晖《公司利益的法律解释》，北京大学出版社 2023 年版。）

在开始讨论正义和道德语境下财产的私人和公共性质之前，有必要先说明所谓"私人"和"公共"这两个概念的含义。正义和道德理论中这两个概念的含义，与经济学理论中这两个概念的含义并不完全重合。通常在标准的微观经济学和公共财政理论教科书中，公共产品通常是由非竞争性和非排他性来定义的（马斯格雷夫，2003）。所谓产品的非竞争性是指部分使用者对该产品的使用并不会减少它为其他使用者提供的相同服务，这意味着边际上增加一名使用者导致边际生产成本为零；而产品的非排他性则指部分使用者对该产品的使用并不会排斥其他使用者同时间的使用。由于公共产品的这两个特殊的性质，于是公共产品的供给过程就不可避免地需要解决"搭便车"或"公地悲剧"的问题，从而导致公共产品的供给决策又进一步地涉及集体决策机制和意识形态等问题（布坎南，2009a，2009b；布坎南、图洛克，2014；布坎南，2015），这些问题在私人产品的供给与需求中通常是不存在的。与公共产品相对的自然就是私人产品了。通常来说，由于私人产品不具有非竞争性和非排他性，其需求和供给问题就可由标准的效用理论来描述。而在标准的效用理论之下，由于边际上任何一单位产品使用的变化都能够通过对产品边际价值进行精确的衡量和激励，因此产品使用过程中"搭便车"或"公地悲剧"的问题在私人产品领域是理论上不存在的。产权和契约理论（哈特，2016；巴泽尔，1997）正是抓住这一点，通过引入交易成本的概念，从产权和契约完备性的角度来区分产品的公共性与私人性。产权和契约理论认为，围绕产品形成的交易契约形式是区分公共产品和私人产品的关键，而交易成本是决定这些不同交易契约形式的关键因素。交易成本通常被理解为一种测度产品边际价值的现实困难。这种困难使产品的边际价值难以被准确衡量并用于激励产品的生产和消费行为，从而导致产品的部分价值被留置在"公共地"上（即租值），公地上的竞争性租值攫取行为将使这部分产品价值消散掉（巴泽尔，1997）。例如，现实中我们通常把一条公路视为公共产品，公路的建造和维护需要耗费大量的人力、物力。假如边际上一单位使用者对公路的评价以及造成的边际损耗都能够准确度量，那么这条公路就完全能够像私人产品一样在市场中被交易；然而正是存在准确度量边际收益和边际成本的困难，导致了公路使用非竞争性和非排他性的特征开始出现，使公路变成了公共产品。因此，从产权和契约理论的角度看，一种产品究竟是公共产品还是私人产品，归根结底是由交易成本以及契约的形式来决定的，而不是产品自身的性质。同样，从产权或契约的不完全性来看，由于其非竞争性和非排他性，公路被视为公共产品。但是，出于经济效率的考虑，人们并不会任由公路的租值停留在"公共地"上被攫租行为耗散掉。人们会设计更复杂的交易契约以尽可能经济地测算一单位使用者为公路带来的边际收益和边际成本，并以之为征收税费的根据。例如，经营者可能会在公路的路口设置收费站，通过甄别拥堵时段和非拥堵时段的使用权、货车和轿车的使用权等方式进行歧视性收费。由于这种定价方式具有一定的边际主义特征，从这个角度看，公路又会显得接近私人产品。总而言之，根据产权和契约理论，同样的产品在不同的交易契约之下，既可能成为公共产品，也可能变成私人产品，具体视交易的契约形式而定。

正义和道德理论中的私人和公共概念，是从行动的理据而非行动所依赖的契约形式来定义的。从正义和道德理论的角度看，当我们说一个行动是"公共的"行动时，或者说一种财产是在"公共的"意义上被加以使用时，这种行动或资产使用方式是以正当性为理据的。简单来说就是：行动或资产的使用方式以正当性为目的，或以正当的价值标准来进行评价，并且遵循正当制度的形式约束。由于正当有着超越个人之上的普遍性（意味着它是客观的）和先验性（意味着它是必然的），"公共的"行动或资产使用方式看起来就像是遵循一个超然的集体意志的命令而产生的后果。这个出于实践理性而在先验上被悬设的集体意志，通过它在经验世界中的代理人来对人们发号施令，这些代理人包括先知、圣人、皇帝、革命领袖、政府、立法机构或计划委员会等。同样由于正当概念那种超越个人之上的客观必然性，每个思考着它并以它为目的的个人，在正当性面前都作为平等的、意志自由的主体被设想，都有着相同的意志自律能力。因此，个人在正义和道德问题面前有着不论富贵贫贱的平等特征，正当的行动对每个人来说也都是责无旁贷的。相对地，正义和道德理论意义上的私人行动或财产的"私人"使用方式，则意味着个人在行动或使用财产的时候无须诉诸正当性的理据，也无须理会他人是否对此表达同意；或者说，个人就算诉诸随意的个人偏好或利益来行事，也能得到他人"默认"的同意。比如晚饭吃白切鸡还是吃红烧肉这种问题，个人通常只需要简单地诉诸偶然的、随意的个人偏好即可，无须向其他人阐明这么做的理据，因此这一问题纯粹是私人的。但诸如支持何种法律政策、是否应当服从法律和政令这种问题，则纯粹是公共的了，因为在这种场合下，个人必须诉诸正当性的理由来解释他为何如此选择，而不能简单地诉诸带有随意性的个人偏好或利益，否则他将无法说服任何人服从制度的安排。

到目前为止，我们分别定义了正义和道德理论下以及经济学理论下的"私人"和"公共"的概念。现在的问题是，这两种不同理论语境下的私人和公共概念，到底有怎样的关系？首先，两者之间的差异似乎是十分明显的。从概念的内涵来看，如前面所述，正义和道德理论中的私人和公共概念由行动的理据来区分，而经济学理论中的私人和公共概念则由交易成本约束下的契约形式来区分。从概念的外延来看，两种语境下的私人和公共概念不一定严格对应。例如一把水果刀被用于切西瓜还是削苹果，这种问题纯粹是私人的。在这个意义上来说，这把水果刀不仅是经济学意义上的私人物品，而且还是正义和道德理论意义上的私人物品，因为它的这两种用途完全无须诉诸正当性理据，只需要根据个人偏好和利益行事就是可被接受的。但从这把水果刀受到"不得用于伤害他人"这一法律约束的意义上说，水果刀的使用就受到了集体意志的约束，个人根据正当性的理据或集体意志的命令行事，而非根据带有随意性的个人偏好和利益行事。这时，这把水果刀就变成了正义和道德理论意义上的公共物品，它是根据正当性理据被"公共地"运用的。类似地，我们通常在经济学意义上将一座大桥视为公共物品，因为交易成本使度量边际上一单位使用者对公路的评价及其造成的损耗十分困难，从而使其具有明显的非竞争性和非排他性的特征。但是，从正义和道德理论的意义上看，这座大桥却完全可能是私人物品，因为当个人付了过桥费之后，他过桥是为了做生意还是为了探亲，又或者是为了旅游，并不会有人关心。除非逃费或者危害公共安全，他做出这些决策的时候完全无须诉诸正当性理据，用不着跟人解释他为什么这么做，也不会引来集体意志严肃注视。因此，总的来说，经济学理论中的私人物品可能在正义和道德理论中反而是公共物品；相反，正义和道德理论中的私人物品，有可能从经济学理论的角度看却是公共物品。两种不同理论语境下的私人和公共概念并非完全一致。

其次，两者之间又有怎样的联系呢？一个社会的正义观念通常会有一个经验世界的代理执行人，那就是政府。这个代理执行人有着两个身体：它是"自然之体"，因为它在经验的世界中执行着具体的法令，由肉体上的有死之人构成，会犯错、会懊恼，可能会受政治家和官员个人、偏好和利益的随意性影响；同时它也是"政治之体"，因为它是正义的象征（或许是不那么准确的象征），是那个超越经验之上的集体意志的代理执行人，而集体意志作为实践理性的一个先验的悬设，它客观、必然、不偏不倚且永恒存在（康托洛维茨，2018）。我们仔细观察一下不难发现，这个被悬设的集体意志或者说政府对正义制度的执行，似乎同样满足非竞争性和非排他性的条件。我们说它是非竞争性的，是因为一个人遵循正义制度行事并不会排斥其他人做同样的事情；说它是非排他性的，是因为人们遵循正义制度行事，不仅不会损害正义的价值，甚至可能令其在社会、在人心扩而充之，增进自身的价值。当人们说政府为社会提供了良好的法律政策执行服务时，人们通常就是在这个意义上来理解政府服务的公共产品性质的。当我们这样来理解集体意志和正义制度的时候，就不难发现，正义和道德理论以及经济学理论两种语境下的"私人"和"公共"的概念，存在着对应关系：集体的经济利益（经济意义上的公共物品）与正义的制度相对应，不正义的行为与"搭便车"行为相对应，前者诉诸带有随意性的个人激情或偏好，后者则诉诸偏颇的个人利益而非集体的经济利益，两者都没有恰当的根据正当性理据行事；以及个人的经济利益（经济意义上的私人产品）与无须诉诸正当性论据的私人行为相对应。由此可以看出，经济学理论语境下的"私人"和"公共"的概念，不过是正义和道德理论语境下的"私人"和"公共"概念的特殊情况。当我们假定经济利益是一种值得追求的正当目的或价值标准的时候，两种语境下的"私人"和"公共"概念并没有区别。两者之所以在前文表现出明显的差异性，纯粹是因为没有揭示出两种理论语境下隐含着何种不同价值观念预设的缘故。一旦说明这一点，两者之间的差异就是表面的。这也解释了为什么在人类早期的历史上，为公共产品生产而缴纳的税收，与向神灵献上的祭品之间，通常有着密不可分的联系，两者时常被混为一谈（亚当斯，2013）。神话传说中在天上掌管着生育、财运、丰收、战争等人间事务的各路神灵，也往往与地上的各类行政职能部门遥相呼应；神灵之间的等级秩序与行政机构的官僚体系也有着某种观念上的一致。相比之下，那种以明确的经济利益去计算税收或牺牲的收益和成本的观念，似乎是经济学出现之后才有的事情，是启蒙思想下将个人设想为意志自由的主体而产生的后果（泰勒，2001；2014）。尽管如此，税收和牺牲这些概念在现代社会也仍然和国家、民族和自由等意识形态因素纠缠在一起，极容易在整个社会引起复杂的正当性争论，而非仅仅是经济学家脑里的经济计算而已。

第二节　规范意义下的私人财产与公共财产

接下来的问题是：一个社会在什么时候允许差异化的个人偏好和利益决定资产的使用和分配呢？在什么时候必须通过正当的制度将人与人之间的这种差异抹平呢？私人财产与公共财产的边界到底在哪里？在日常生活中，我们似乎并不会觉得在每件事上都有必要进行道德思考，但这并不意味着有些事情是不受正当性约束的。因为一般来说，只有那些严重挑战了现行正当性观念的事情才会引起人们的慎重对待，使人们切实地意识到一贯施加于其上的正当性约束的合理性。那些并未显然挑战现行正当性观念的事情，又或者是那些略加思考便能习以为常地用现行正当性观念加以理解的事情，通常就不会引起人们太大的注意。此外，我们日常生活中使用的大部分资产，它们自身的功能性质就限制了它所能应用于其目的上，使人们很难将其与严重的不正当目的联系起来。比如说，一个人提着一杆步枪上街，可能马上就会被武警包围，尽管这个人可能什么也不打算做；但如果这个人拿着的只是一把可爱的玩具水枪，人们就很难想象它能跟什么严重的犯罪行为扯上关系。这也是日常生活中人们并不会对所有资产用途的正当性进行思考的原因之一。但不管怎样，任何能够引起我们道德思考的事情，上述问题总是必须切身面对的。

　　我们不妨先看一个现实的例子，从中考察一下我们能够怎样回答这个问题。例如是否应当强制要求机动车驾驶者系好安全带这个问题，或许有人会认为，只要我个人愿意承受不系安全带所造成的生命危险，别人凭什么要管我？为什么不能任由个人的偏好和利益来决定在驾驶时是否应该系安全带？生活中会给个人生命造成危险的事情很多，比如攀登雪山、科学实验、野外探险还有各类极限运动等，凭什么那些行为就允许个人自行承担生命危险，而开车就不行？我们可以尝试分别从目的论和道义论来反驳这种观点。首先，从目的论角度来说，假设"保存生命"是最能为社会成员接受的共同目的，或者说，是最能为确定无疑的社会信仰或传统所接受的共同目的，而个人往往逞一时之快偏离这一目的，那么不系安全带这个行为与攀登雪山、野外露营以及各类极限运动这些行为相比，显然不具有合目的性。因为，前者人为增大了在驾驶中死亡的危险，故而可被理解成一种本身就指向死亡这一目的的行为，而把死亡当成目的是不正当的；但后者却试图在一定情境下挑战人的生存极限，谋求通过合理的措施、高超的技艺和坚韧不拔的意志在危险中保存自己，从目的上来说，后者显然是正当的。一个社会的成员具有某种集体价值，社会不应允许其成员因一时的激情糟践他人甚至是自己。其次，从道义论角度来说，道义论学者或许会认为目的论事先假定了正当的共同目的多少是随意的，并不是只有这一种共同目的能提供同样的正当性论证支撑；经济上的目的或许有着同样的正当性力量。况且，目的论观点还很有可能导致这样的后果，即不给客观机制留下任何的余地，社会被迫为偶然事件背负上不必要的责任。因此，正确的方法应当通过个人抽象掉经验事实去找出具有普遍性的正当准则，而不是把任何共同目的当成事实接受下来。因此，道义论学者也许会这样回答该问题：一个意志自律的个人应当从自己或他人的短暂情绪、一时冲动或偶然的愚蠢举措中抽身出来，去自律地思考自己应当如何死亡，并付诸行动（这意味着目的不一定是"保存生命"），而不是把"应当如何死亡"这个问题不假思索地抛给那些可能出现在自己或他人身上的偶然因素（情绪、疾病与操作失误等），而这些偶然因素本来是能够合理避免的。这么看的话，不系安全带的驾驶员显然不符合道义论"自律地思考死亡"这一准则，而那些伟大的登山运动员、航海探险家、科学家、航天员还有英勇冲锋的士兵，则毫无疑问是符合这一准则的。我们之所以不会把后者看成一群作死的小丑，却反而向他们致以道德上最崇高的敬意，原因就在这里。因此，"强制系好安全带"在道义论学者这里，或许是一条只要个人能够合理地抽象掉经验事实、自律地思考死亡问题时，都将乐于接受的准则。不过，道义论也无法避免目的论的指责。目的论学者或许会质问：怎样才算得上"合理地抽象掉经验事实"从而达到了自律呢？例如，当我们发现呼吁"强制系好安全带"的人不过是能够从中赚取经济利益的安全带生产商，或者是能够从中获得特殊利益的小范围团体时，这一制度的正义力量就立刻消减大半了。道义论学者可能过分夸大了个人的作用，把个人的偶然喜好当成是正义的制度本身。这正是目的论传统企图从根本上解决的事情。当然，我们还能够从经济学的角度来为之辩护，比如说，如果从降低事故死亡率上获得的经济收益大于为实施该制度所必须放弃的各类成本，那么"强制要求机动车驾驶者系好安全带"的制度就是正当的。不过经济学家在提出他们的建议时，最好先想清楚用经济利益来权衡生与死是否恰当，否则其观点无论是从道义论看还是从目的论看，都是不可接受的。经济学的观点并不会在获得正当性支持这方面天然地更具优先性。当以上各方面都无法为"强制要求系好安全带"提供足够的正当性理据时，那么相反的规定将可能是正当的了。

对于这一假想的关于"是否应当强制要求系好安全带"的道德论战，我们应该不会感到陌生。因为社会在关于别的一些问题上展开的正当性争论，大体上也是这个样子，各方的支持与反驳观点似乎都包含在了上文提及的几个方面。不管怎样，至此我们能够看到，在这些争论中，无论是从目的论角度还是道义论角度，我们似乎都能够找到为其合理支撑的正当性论证。不过两者都留下了一定的缺陷，容易被敌对的观点指斥为他律。回到"应当如何死亡"这个问题上，对于自由主义者来说，通过盲目听从一个共同体目的来安排自己的死亡，是不可接受的，是让意志屈从于任意的外部事实，因此个人应当通过意志自律能力的运用去找到指引自己牺牲和走向死亡的普遍准则；而对于共同体主义者来说，个人再怎样通过"无知之幕"剥离任意的经验事实，再怎样有效地运用意志自律能力，最终仍不过是使行为屈从于一己之私欲，只有国家和社会作为一个集体意志在进行自律的行动时，才能够清楚地告诉人们应当如何死得其所。然而，就像共同体主义批评自由主义者可能过于狭隘地思考正义和道德的普遍性那样，后者同样能够批评前者过于自大地去思考相同的问题。因为如果站在上帝的角度把万事万物（不论有无生命）都看成是共同体的一部分，否定任何可能导致他律的共同体的经验边界，那么任何形式的死亡都将是合乎目的和合乎规律的了——无论是遗憾早逝还是安然善终，人总会尘归尘、土归土，不是成为动物的食物，就是成为植物的养料，毕竟大自然没有浪费——虽然我们猜不透上帝的目的，但是在上帝那里，任何形式的死亡作为一个事实而言都是"必然的"合理的和正当的，所有的牺牲也都"必然的"是具有意义的和趋向于至善的，都是缴纳给最普遍目的的正当税收或贡品。一旦共同体主义的思想走向这一极端，那么人世间出现一个自诩为上帝的家伙，随心所欲地贬低个人意志，在生死簿上闭着眼睛安排人们的牺牲与死亡，就毫不出奇了。

　　上述例子中的各种观点及中间的争论，同样体现在最为抽象的理论思辨之中。关于如何处理人与人之间经验上的差异，罗尔斯（1988）提出了引来颇多争议的所谓"正义的第二原则"，即差异原则。这一原则认为，在不违背"正义的第一原则"即公平原则的前提下，社会和经济的不平等只要其结果能给每一个人，尤其是那些最少受惠的社会成员带来补偿利益，那么这种不平等就是正义的。罗尔斯写道："社会的和经济的不平等应这样安排，使它们：适合于最少受惠者的最大利益；依系于在机会公平平等的条件下职务和地位向所有人开放。"（罗尔斯，1988：84）笔者认为，当个人自律和集体自律趋于一致，从而使人与人之间的不平等不再有什么可归咎于社会和他人的时候，差异原则自然是满足的，因为在这种状态下，不平等对任何人来说都具备最充分的正当性理据，而不论这种不平等具体是什么。但笔者在这里不打算参与关于差异原则内容的复杂争论，因为笔者不敢确定自己是否准确理解了罗尔斯的想法，所以最好还是不要妄加评论。笔者在此关注的，主要是罗尔斯在论述差异原则时提出的另一个引人争议的观点：差异原则意味着天赋和环境的差异是作为社会的共同财产加以运用的。这一点引来了诺齐克的反对。诺齐克在《无政府、国家和乌托邦》（2008）一书中提出的"资格理论"认为，对财产的分配和占有应满足三个原则：第一是获取的正义原则，关于无主物最初如何被占有的方式；第二是转让的正义原则，关于持有物如何从一个人向另一个人转让的方式；第三是矫正的正义原则，关于如何在前两个正义原则被违背的条件下对占有和转让进行矫正的方式。按照这三个原则，一个人有"资格"拥有一份财产，意味着：首先，按照获取正义原则而获得该财产；其次，或者按照转让正义原则从另一个有资格占有该财产的人那里获得该财产；最后，除非通过反复运用获取的正义原则和转让的正义原则，否则任何人都没有资格占有该物。因此，资格理论认为，"如果一个人根据获取和转让的正义原则或者根据不正义的矫正原则（由头两个原则所规定的）对其持有是有资格的，那么他的持有就是正义的；如果每一个人的持有都是正义的，那么持有的总体（分配）就是正义的"（诺齐克，2008：183－184）。诺齐克认为，与罗尔斯的差异原则不同，资格理论是一种历史原则，一种分配的正义性有赖于它如何发生的历史；而罗尔斯的差异原则则是目的—结果原则（或称为最终—状态原则）。在诺齐克看来，目的—结果原则是非历史的，因为这种原则把分配的历史视为经验的事实，而这些事实恰恰是需要被"无知之幕"掩盖掉的东西，同时也是一个自律地追问正义的个人不应当加以考虑的东西。

桑德尔（2011）从"占有主体"的角度比较了罗尔斯差异原则和诺齐克资格理论之间的异同。从这个角度看，财产从道德观点是私人的还是公共的，就取决于我们如何看待财产的"占有主体"了。桑德尔的比较包括以下两个方面：

第一，"诺齐克认为，财产之任意性（分配）并不能破坏应得，因为应得不仅仅依赖于我应得的东西，而且还依赖于我不非法的拥有。罗尔斯的回应是，求助于自我与其占有之间在最强意义上的区别，因此主张，严格地讲，作为纯粹的占有主体的'我'，并不'拥有'——在依附的意义上而不是相关联于我的意义上——任何东西，至少在应得基础所必须的强的、构成性占有的意义上。诺齐克的回答是，这种辩解不能长久，因为它最终导致我们成了这样一个主体：一个被剥夺了经验的自我特性的主体，这同样类似于罗尔斯决心避免的康德式的超验的或抽象的主体。它通过使个体成为无形的东西而使他成为一个不可侵犯的个体，并且使自由主义首先要努力确保的尊严和自律成为问题。"（桑德尔，2011：115）

第二，即使财产的任意性削弱了个人占有和个人应得，差异原则也不是必然的结论。"因为即使没有人应得其自然财产，人们也仍然可能对这些东西以及由此带来的（一些利益）享有权利。"（桑德尔，2011：115）个人不应得某些财产，不一定必须让社会作为一个整体去占有它。"如果某人拥有一项没人可以对其享有资格的财产，那么尽管他可能不应得到这份财产，他仍然对它以及由它带来的利益享有权利，其方式是通过一个并不侵犯任何他人的权利的过程。"（桑德尔，2011：118）诺齐克的资格理论要求以某种已经存在的制度作为标准，而道德或财产"应得"则应当是先于制度而发生的。

在桑德尔看来，罗尔斯的这一观点实际上隐含着这样一种假定：被当作共同财产加以运用（即按一致同意的正义方式加以个人的运用）的只是"我的财产"而不是"自我"本身；"自我"是按康德的方式来理解的，其本身是目的而不是手段。桑德尔认为，罗尔斯这么做实际上还是诉诸了康德的先验论和对自我的形而上学解释。诺齐克也是从这一点来反驳罗尔斯的。如果说罗尔斯所说的"自我"不是先验的和形而上学的，那么这个与共同财产一起作为手段被使用的"自我"只能理解为共同体意义上的自我，是一种交互性主体概念。然而交互主体性概念和超越个人之上的共同体概念也是罗尔斯所正式反对的。这就导致了差异原则的矛盾。笔者认为，这种矛盾实质上就是由意志自律在个人层面和在集体层面上的矛盾所导致的。这体现在桑德尔下面的论述之中：

假设"不存在某种更宽泛的占有主体的观念，例如像罗尔斯的共同财产的概念所要求的那种主体观念，人们就似乎没有明显的理由说明，为什么这些财产应为普遍社会服务而不是为个人服务。相反，没有这更宽泛的占有主体，把'我'的能力和禀赋仅仅作为更宽泛的社会目的的工具，就是把我当成别人目的的手段，因而有违罗尔斯和康德的重要的道德律令"（桑德尔，2011：162）。

反之假设存在某种更宽泛的占有主体的观念，"那些乍看起来好像是我的财产，在某种意义上将之描述为公共财富似乎更为合适。既然其他人以各种方式使我成为我所是的人，并且继续这样做，那么，只要我能确认这些人，似乎把这些人视为'我的'成就的参与者和成就带来的奖励的共同受益人更合适。如果说当这种意义上对（某些）他人的成就和奋斗的参与使我们介入到参与者的反思性自我理解之中的话，那么，我们就可以逐渐通过我们的各种活动不是把我们自己视为带有某些共同性的个体化的主体，而是更多地把我们自己看作是一个更广泛的（但仍然是决定性的）主体性成员；不是把我们自己视为'他人'，而更多地把我们自己视为是一种公共身份的参与者，这个公共身份或是家庭，或是共同体，或是阶级，或是人民，或是民族"（桑德尔，2011：164）。

桑德尔认为，如果存在这样一种"社会整体"，当它是抽象的时候，个人会变成"社会整体"的手段，无法像康德和罗尔斯所说的那样自律地作为最终目的而存在；又或者完全放宽自我和他人之间的界限，把个人彻底变成一种抽象化的主体，与任何经验事实严格隔离开来。如果存在这么一个"社会整体"但它却不是抽象的，那么"被随意确认的任何特殊的社会似乎就不可能比个人更有权对个人偶尔具有的某些特殊禀赋提出什么要求，因为从道德的观点看，这些禀赋存在于这样一个随意确认的共同体中，同样是任意性的"（桑德尔，2011：168）。桑德尔这样总结了康德和罗尔斯思想中的困难，他认为，康德和罗尔斯那种"道义论的自我由于被剥夺了一切构成性的依附联系，更像是被解除行动权力的自我，而非自由解放的自我。正如我们业已看到的，无论是权利，还是善，都不能纳入道义论所要求的那种唯意志论的推导之中。作为建构的行为主体，我们并没有真正构建什么；而作为选择的行为主体，我们也没有真正选择什么"（桑德尔，2011：200）。由于看到康德和罗尔斯思想中的上述困难，桑德尔更倾向于麦金太尔（1995）那种"共同体主义"的思路。桑德尔写道："自由主义教导人们尊重自我与目的之间的距离，而当这一距离消失时，我们也就被淹没在一种陌生的环境中。但如果想要太完美无缺地确保这种距离，自由主义就会削弱它自己的洞察力。……它忽略了这样一种危险：在政治陷入危机之时，其可能导致的结果不仅是失望，而且还有混乱。同时它也遗忘了这样一种可能性：在政治清明昌盛之际，我们在共同体中能够了解一种我们无法独自了解的善。"（桑德尔，2011：206－207）

　　笔者认为，遵循康德和罗尔斯的道义论传统（本书的观点，归根结底是道义论的），这一悖论并非不能解决。只是我们必须为个人如何恰当地设想道德法则的"普遍性"设置一些形式上的规定，以使"意志自由的主体"及其意志自律能力不论从自由主义的观点还是从共同体主义的观点来看，都是可以接受的。实际上，我们并不能把道义论和目的论视作两种势不两立的理论传统。尽管两者之间存在显然的差异，但是它们之间似乎也存在着某种趋同的特征，只要我们将两者看作是追寻正义和道德的思想方法，而不是对正义和道德具体内容的断言。从第六章的论述我们可以看到，只要目的论的或功利主义的观点试图避免那种从道义论观点看多少带有的形而上学独断论特征，并开始寻找更抽象的普遍准则去比较和选择不同行为目的或不同范围、不同层次的共同体价值的时候，自然就会趋向于道义论的观点①，就像密尔（2008）和西季威克（1993）对边沁（2000）功利主义理论的发展那样。相对地，只要道义论

①福斯特（Rainer Forst）在《正义的语境：超越自由主义与社群主义的政治哲学》（2023）一书中指出，桑德尔的共同体主义观点并没有区分家庭、民族、国家等等不同层次上的共同体，而一旦继续追问如何协调这些共同体之间的道德准则，反事实地超越这些共同体概念的经验边界去寻求协调的原则，那么，走向康德和罗尔斯的自律观点就是不可避免的了。共同体主义者只有在作为一个批判者思考康德和罗尔斯式意志自由的空洞性时，才具有真正的思辨力量。

的观点试图避免那种从目的论或功利主义角度看多少带有的相对主义特征（因为道义论的意志自由观点将个人视为是能够摆脱信仰和传统的束缚、完全自律地进行行动的主体——那种为麦金太尔所批评的空洞的主体概念），同样必然会在某种程度上接受目的论的或功利主义的观点，毕竟没有人能够进入先验的世界把纯粹的"普遍"法则揪出来，作为经验认识的对象摆在每个人的眼前，然后一劳永逸地解决现实生活的道德难题。从本书的角度来看，正义不是在抽象得不能再抽象的"原初状态"或意志自由状态中推导出作为事实的合理差异或合理的善观念，而这正是罗尔斯在《正义论》（1988）中运用的方法。这直接导致了罗尔斯到头来还是不得不引入极具争议的"善的弱理论"，为原初状态中的个人偏好作出一些必要的限定。相反，本书认为整个思路应该倒转过来，正义是我们在看到了事实差异或特定善观念的状况下，去理解这些事实差异和善观念，将现实中发生的不满恰当地"归因"。这意味着我们需要考察是否有充足的理据去采取反对这些偶然现象的行动，分析所提出的理据是否能归于客观必然的原则之下，还是只能归于主观上的任意和独断，使人们再没有什么理由去抱怨社会制度，而只能归咎于自身和外部自然。罗尔斯在《政治自由主义》（2011b）中对《正义论》（1988）的修正是一个正确的方向，我们确实没必要过度地限制自己思考正义和道德问题的出发点，事实上我们总是生而接受着一些偶然得来的正义和道德观念，生而成为某个共同体的成员，因此真正重要的事情是如何像孔子所说的那样恰当地做到"君子和而不同"。如果非要真正成为意志自由的有理性主体才能够思考正义和道德，那么在这个问题上就不会剩下什么东西是能够被人们讨论的了。

　　总结上面的观点来看，按罗尔斯无知之幕的构想以及个人进入原初状态的方式，财产分配和运用的正义原则是无法被任何偶然的事实所决定的。而由于任何的财产作为事实而言都需要根据意志自律下的普遍法则得到利用，这实质上就意味着财产是按照集体的或社会共同体的目的加以利用的，个人不过是服从于共同目的之手段而已。这中间就反映了罗尔斯正义原则在个人自律和集体自律上的内在冲突。关于个人利用自然禀赋（注意自然禀赋一个偶然的经验事实）之所得是否"应得"这个问题，如果我们说这是他应得的，那么由于一个意志自由的主体只是按照社会共同的正义规则来行事，他的自然禀赋就不过是得到一种"公共"的运用而已，我们就无法认为这是他应得的了；但相反如果我们说这不是他应得的，那么我们又可能会把某种被随意确认的社会共同目标强加在个人身上，而这些社会目标恰恰又需要接受正义和道德原则的审判。这就是桑德尔所指出的罗尔斯正义原则的内在矛盾。个人认为，这种矛盾纯粹是表面上的，是没有恰当地处理个人自律和集体自律之间关系的结果。一方面，我们说个人利用自然禀赋之所得是"应得"的时候，我们说的是这个人按照个人自律的方式利用了禀赋。尽管他自律地按照普遍道德律令利用禀赋的方式在经验上存在一个限度，同时也可能在某种程度上把利用自然禀赋之所得视为理所当然的事实，但假如他确实在经过努力后，以从经验上看最经得起集体自律观念批评的方式来利用了这些事实，而不是简单地根据武断且任意的个人偏好来加以利用，那么我们完全可以将其所得看作是他个人努力的结果。就此而言，他利用自然禀赋之所得就完全是他的应得。另一方面，集体自律的观念由于其形而上的性质，只要个人在这一过程中遵循康德所说的那样对它加以调节性的运用，那么，把财产设想为在普遍道德律令下得到"公共"运用的财产，就不会损害它作为私人财产被加以运用时所体现的道德性。那种认为设想一个抽象的"社会整体"会使个人作为一个"意志自由的主体"不复存在的观点，是错误的，正如设想上帝存有不会损害个人的意志自律能力一样，因为没有任何具体的个人或社会是道德的"发明者"，普遍的道德律令是每个人在思考自律的过程中所"发现"的结果。康德（2003）在论述"实践理性二律背反"时指出，"对幸福的追求产生出道德意向的某种根据"以及"德行意向必然产生出幸福"这两个命题都是错的，但前者是绝对地错，因为道德是意志的自律而不是由经验幸福所主宰的他律；后者则是相对地错，因为只有把感官世界中的存有当作有理性存在者实存的唯一方式时，后者才意味着他律，因此才是错的。简单来说就是，当我们设想存在着上帝、天道和社会等抽象的集体在对人们普遍地颁布正义和道德的命令时，这种设想并不会使个人意志不再是"自律"；只有当我们把具体的政治领袖或权力集团视为上帝本身，或者是把具体的国家和社会形态视为"上帝之国"本身的时候，才会导致他律。因此，当我们把某种具体的目的和善观念设定为社会的共同目的或共同善，然后以之判断个人行为的正当性时，将没有任何利用自然禀赋事实之所得可以说得上是个人应得的，因为任何根据特定社会目的的分配，都不会给个人留下进行规范性判断的余地；个人最多只能就"分配方案是否达到社会目的的有效技术手段"这个问题对分配方案的技术有效性提出质疑。这时候，个人的行为受到经验上的因果关系法则主宰，因此完全说不上是根据普遍的正义和道德律令的自律，而只是任由经验事实随意摆布的他律。因此，在经验的世界中，道德上的"应得"只能用来奖赏具体的个人，而不能用来奖赏集体，因为自律的集体作为一个悬设，并不存在于经验世界之中。

笔者希望本书提出的使意志自律在个人和集体层面达到一致的形式条件，能够在一定程度上对解决以上问题做出贡献。一方面，个人需要对各类可能的、潜在的或未知的正当性论据保持开放，从而确保个人意义上的自律是可能的；另一方面，个人对他人认知以及共同采取行动实现（已知的或未知的）理想社会状态的可能性有所期待，将所达到的道德判断在经验上最大限度地同样视作通过他人的自律而成为现实，从而确保集体意义上的自律也是可能的。只有最经受得起形式条件这两方面辩驳的行为准则，才有可能是正义的准则，道义论和目的论中的"普遍性"观念也才能够得到恰当地运用。只有一个正义和道德的"普遍性"得到恰当设想的社会，才能够使个人的幸运与不幸都无法归因在社会之上，而只能归因于个人的举措以及不可避免的外部自然事件，个人对社会也因此再没有什么可抱怨的了。就此而言，意志和思想的自由确实是人的一大"缺陷"，要将其引导到那个无可抱怨的正义状态上去，要克服的困难实在是太多了。

参 考 文 献

[1] 阿西莫格鲁, 罗宾逊. 政治发展的经济分析: 专制和民主的经济起源 [M]. 马春文, 等译. 上海: 上海财经大学出版社, 2020.

[2] 奥尔森. 集体行动的逻辑 [M]. 陈郁, 郭宇峰, 李崇新, 译. 上海: 格致出版社, 2011.

[3] 巴苏. 信念共同体: 法和经济学的新方法 [M]. 宣晓伟, 译. 北京: 中信出版社, 2020.

[4] 巴泽尔. 产权的经济分析 [M]. 费方域, 段毅才, 译. 上海: 上海三联书店, 1997.

[5] 鲍尔斯, 金迪斯. 合作的物种: 人类的互惠性及其演化 [M]. 张弘, 译. 杭州: 浙江大学出版社, 2015.

[6] 边沁. 道德与立法原理导论 [M]. 时殷弘, 译. 北京: 商务印书馆, 2000.

[7] 波兰尼. 巨变: 当代政治与经济的起源 [M]. 黄树民, 译. 北京: 社会科学文献出版社, 2013.

[8] 伯林. 扭曲的人性之材 [M]. 岳秀坤, 译. 南京: 译林出版社, 2014.

[9] 伯林. 自由及其背叛: 人类自由的六个敌人 [M]. 赵国新, 译. 南京: 译林出版社, 2011.

[10] 布坎南. 成本与选择 [M]. 刘志铭, 李芳, 译. 杭州: 浙江大学出版社, 2009.

[11] 布坎南. 公共物品的需求与供给 [M]. 马珺, 译. 上海: 上海人民出版社, 2009.

[12] 布坎南. 民主财政论: 财政制度与个人选择 [M]. 穆怀朋, 译. 北

京：商务印书馆，2015.

［13］布坎南，图洛克.同意的计算：立宪民主的逻辑基础［M］.陈光金，译.上海：上海人民出版社，2014.

［14］布罗姆利.充分理由：能动的实用主义和经济制度的含义［M］.简练，杨希，钟宁桦，译.上海：上海人民出版社，2017.

［15］陈纯菁.生老病死的生意：文化与中国人寿保险市场的形成［M］.魏海涛，符隆文，译.上海：华东师范大学出版社，2020.

［16］道格拉斯.制度如何思考［M］.张晨曲，译.北京：经济管理出版社，2018.

［17］德姆塞茨.竞争的经济、法律和政治维度［M］.陈郁，译.上海：三联书店上海分店，1992.

［18］德萨米.公有法典［M］.黄建华，姜亚洲，译.北京：商务印书馆，2005.

［19］福斯特.正义的语境：超越自由主义与社群主义的政治哲学［M］.张义修，译.上海：上海人民出版社，2023.

［20］傅立叶.傅立叶选集［M］.汪耀三，庞龙，冀甫，译.北京：商务印书馆，1982.

［21］贡斯当.古代人的自由与现代人的自由［M］.阎克文，刘满贵，李强，译.上海：上海人民出版社，2017.

［22］哈贝马斯.交往行动理论［M］.洪佩郁，蔺菁，译.重庆：重庆出版社，1994.

［23］哈贝马斯.交往与社会进化［M］.张博树，译.重庆：重庆出版社，1989.

［24］哈贝马斯.在事实与规范之间：关于法律和民主法治国的商谈理论［M］.童世骏，译.北京：生活·读书·新知三联书店，2003.

［25］哈特.企业、合同与财务结构［M］.费方域，译.上海：格致出版社，2016.

［26］哈耶克.法律、立法与自由［M］.邓正来，张守东，李静冰，译.北京：中国大百科全书出版社，2000.

［27］哈耶克.致命的自负：社会主义的谬误［M］.冯克利，胡晋华，等

译. 北京：中国社会科学出版社，2000.

[28] 黑格尔. 法哲学原理 ［M］. 范扬，张企泰，译. 北京：商务印书馆，1961.

[29] 黑格尔. 精神现象学 ［M］. 贺麟，王玖兴，译. 北京：商务印书馆，1981.

[30] 黄晓光. 寻租、立法与官僚体制的纯经济理论 ［M］. 广州：中山大学出版社，2022.

[31] 霍布斯. 利维坦 ［M］. 黎思复，译. 北京：商务印书馆，1985.

[32] 霍尔姆斯，桑斯坦. 权利的成本：为什么自由依赖于税 ［M］. 毕竞悦，译. 北京：北京大学出版社，2004.

[33] 金蒂斯，鲍尔斯. 道德情操与物质利益：经济生活中合作的基础 ［M］. 李风华，彭正德，孙毅，译. 北京：中国人民大学出版社，2015.

[34] 卡普洛，沙维尔. 公平与福利 ［M］. 冯玉军，涂永前，译. 北京：法律出版社，2007.

[35] 卡西尔. 国家的神话 ［M］. 范进，杨君游，柯锦华，译. 北京：华夏出版社，2020.

[36] 卡西尔. 人论 ［M］. 甘阳，译. 上海：上海译文出版社，2013.

[37] 康德. 纯粹理性批判 ［M］. 邓晓芒，译. 北京：人民出版社，2004.

[38] 康德. 单纯理性限度内的宗教 ［M］. 李秋零，译. 北京：中国人民大学出版社，2003.

[39] 康德. 道德形而上学原理 ［M］. 苗力田，译. 上海：上海人民出版社，1986.

[40] 康德. 法的形而上学原理：权利的科学 ［M］. 沈叔平，译. 北京：商务印书馆，2008.

[41] 康德. 历史理性批判文集 ［M］. 何兆武，译. 北京：商务印书馆，2010.

[42] 康德. 判断力批判 ［M］. 邓晓芒，译. 北京：人民出版社，2002.

[43] 康德. 实践理性批判 ［M］. 邓晓芒，译. 北京：人民出版社，2003.

[44] 康托洛维茨. 国王的两个身体：中世纪政治神学研究 ［M］. 徐震

宇，译. 上海：华东师范大学出版社，2018.

［45］克雷普斯. 博弈论与经济模型［M］. 邓方，译. 北京：商务印书馆，2006.

［46］李嘉图. 政治经济学及赋税原理［M］. 郭大力，王亚南，译. 北京：商务印书馆，1962.

［47］卢曼. 法社会学［M］. 宾凯，赵春燕，译. 上海：上海人民出版社，2013.

［48］卢梭. 论人与人之间不平等的起因和基础［M］. 李平沤，译. 北京：商务印书馆，2007.

［49］卢梭. 社会契约论［M］. 何兆武，译. 北京：商务印书馆，2003.

［50］罗尔斯. 正义论［M］. 何怀宏，何包钢，廖申白，译. 北京：中国社会科学出版社，1988.

［51］罗尔斯. 作为公平的正义：正义新论［M］. 姚大志，译. 北京：中国社会科学出版社，2011.

［52］罗尔斯. 政治自由主义［M］. 万俊人，译. 南京：译林出版社，2011.

［53］罗卫东. 亚当·斯密晚年对自由放任思想的反思：基于《道德情操论》版本的考察［J］. 经济思想史学刊，2023（2）：30 - 61.

［54］马克思. 资本论［M］. 中共中央马克思恩格斯列宁斯大林著作编译局，编译. 北京：人民出版社，1975.

［55］马斯格雷夫. 财政：理论与实践［M］. 邓子基，邓力平，译. 北京：中国财政经济出版社，2003.

［56］麦金太尔. 德性之后［M］. 龚群，戴扬毅，译. 北京：中国社会科学出版社，1995.

［57］麦金太尔. 三种对立的道德探究观［M］. 万俊人，唐文明，彭海燕，等译. 北京：中国社会科学出版社，1993.

［58］麦金太尔. 谁之正义？何种合理性？［M］. 万俊人，吴海针，王今一，译. 北京：当代中国出版社，1996.

［59］麦克米兰. 重新发现市场：一部市场的自然史［M］. 余江，译. 北京：中信出版社，2014.

［60］曼德维尔. 蜜蜂的寓言：私人的恶德，公众的利益［M］. 肖聿，

译. 北京：中国社会科学出版社，2002.

[61] 门格尔. 国民经济学原理［M］. 刘絜敖，译. 上海：上海人民出版社，2001.

[62] 米瑟斯. 人的行动：关于经济学的论文［M］. 余晖，译. 上海：上海人民出版社，2013.

[63] 穆勒. 功利主义［M］. 徐大建，译. 上海：上海人民出版社，2008.

[64] 诺齐克. 无政府、国家和乌托邦［M］. 姚大志，译. 北京：中国社会科学出版社，2008.

[65] 诺斯. 经济史上的结构和变革［M］. 厉以平，译. 北京：商务印书馆，1992.

[66] 帕累托. 普通社会学纲要［M］. 田时纲，译. 北京：生活·读书·新知三联书店，2001.

[67] 帕森斯. 社会行动的结构［M］. 张明德，夏遇南，彭刚，译. 南京：译林出版社，2003.

[68] 桑德尔. 公正：该如何做是好？［M］. 朱慧玲，译. 北京：中信出版社，2012.

[69] 桑德尔. 金钱不能购买什么？［M］. 邓正来，译. 北京：中信出版社，2011.

[70] 桑德尔. 精英的傲慢：好的社会该如何定义成功？［M］. 曾纪茂，译. 北京：中信出版社，2021.

[71] 桑德尔. 自由主义与正义的局限［M］. 万俊人，等译. 南京：译林出版社，2011.

[72] 沈晖. 公司利益的法律解释［M］. 北京：北京大学出版社，2023.

[73] 圣西门. 圣西门选集：第二卷［M］. 董果良，译. 北京：商务印书馆，1985.

[74] 司马迁. 史记［M］. 北京：中华书局，1959.

[75] 斯科姆斯. 猎鹿：社会结构的进化［M］. 薛峰，译. 上海：上海人民出版社，2020.

[76] 斯密. 道德情操论［M］. 蒋自强，钦北愚，译. 北京：商务印书馆，2020.

[77] 斯密. 国富论［M］. 郭大力，王亚南，译. 北京：商务印书馆，2015.

[78] 索尔仁尼琴.古拉格群岛［M］.田大畏，钱诚，陈汉章，译.北京：群众出版社，2015.

[79] 泰勒.本真性的伦理［M］.程炼，译.上海：上海三联书店，2012.

[80] 泰勒.现代社会想象［M］.林曼红，译，南京：译林出版社，2014.

[81] 泰勒.自我的根源：现代认同的形成［M］.韩晨，等译.南京：译林出版社，2001.

[82] 滕尼斯.共同体与社会［M］.林荣远，译.北京：商务印书馆，1999.

[83] 涂尔干.社会分工论［M］.渠东，译.北京：生活·读书·新知三联书店，2000.

[84] 涂尔干.社会学方法的准则［M］.狄玉明，译.北京：商务印书馆，2011.

[85] 涂尔干.职业伦理与公民道德［M］.渠敬东，译.北京：商务印书馆，2015.

[86] 涂尔干.自杀论［M］.谢佩芸，舒云，译.北京：台海出版社，2016.

[87] 涂尔干.宗教生活的基本形式［M］.渠东，汲喆，译.上海：上海人民出版社，1999.

[88] 王先慎.韩非子集解［M］.北京：中华书局，2016.

[89] 威廉姆斯.资本主义经济制度：论企业签约与市场签约［M］.段毅才，王伟，译.北京：商务印书馆，2002.

[90] 维塞尔.自然价值［M］.陈国庆，译.北京：商务印书馆，1982.

[91] 沃尔泽.正义诸领域：为多元主义与平等一辩［M］.褚松燕，译.南京：译林出版社，2002.

[92] 西季威克.伦理学方法［M］.廖申白，译.北京：中国社会科学出版社，1993.

[93] 西蒙.人类活动中的理性［M］.胡怀国，冯科，译.桂林：广西师范大学出版社，2016.

[94] 肖特.社会制度的经济理论［M］.陆铭，陈钊，译.上海：上海财经大学出版社，2003.

[95] 谢天佑.专制主义统治下的臣民心理［M］.桂林：广西师范大学出版社，2021.

［96］休谟.道德原则研究［M］.曾晓平，译.北京：商务印书馆，2001.

［97］亚当斯.善与恶：税收在文明进程中的作用［M］.翟继光，译.北京：中国政法大学出版社，2013.

［98］亚里士多德.政治学［M］.吴寿彭，译.北京：商务印书馆，2011.

［99］张五常.经济解释［M］.北京：中信出版社，2015.

［100］朱熹.四书章句集注［M］.北京：中华书局，1983.

［101］ATTANASI G, CORAZZINI L, PASSARELLLI F. Votting as a lottery ［J］. Journal of public economics, 2017（146）：129 – 137.

［102］COASE R H. The nature of the firm ［J］. Economica, 1937（4）：386 – 405.

［103］COASE R H. The problem of social cost ［J］. The journal of law & economics, 1960（3）：1 – 44.

［104］HART O, MOORE J. On the design of hierarchies: coordination versus specialization ［J］. Journal of political economy, 2005（4）：675 – 702.

［105］LUCAS R. Econometric policy evaluation: a cruitique ［J］. Carnegie-rochester conference series on public policy, 1976（1）：19 – 46.

［106］PARISI F. Political Coase theorem ［J］. Public choice, 2003（115）：1 – 36.

［107］RAE D W. Decision-rules and individual values in constitutional choice ［J］. American political science association, 1969（1）：40 – 56.